Tu n'auras pas beaucoup de temps pour comprendre et accomplir des choses. Le temps qui nous est donné, ce que l'on appelle notre vie, ne dure pas assez longtemps. Voilà pourquoi il faut que tout arrive très vite.

L'avion survole l'océan plongé dans la nuit. Soudain, les hublots s'emplissent de lumière. « Regarde, Oriana, l'aurore boréale », murmure son neveu. Elle ne répond pas. Elle est assoupie, étourdie de faiblesse. Elle est assise sur un siège inclinable, couverte d'une fourrure. Elle a froid, même si l'été dure encore. 4 septembre 2006. Oriana Fallaci rentre à Florence.

Sa tumeur est maintenant en phase terminale. Oriana n'a pu être acceptée dans cet état sur les longs-courriers au départ de New York. Alors on a dû recourir à un avion privé. Depuis des semaines, elle ne se nourrit que d'eau et de sucre, et ne pèse plus qu'une trentaine de kilos. En réalité, au cours de sa vie, elle n'a guère été bien plus grosse. Quarante-deux kilos pour un mètre cinquante-six. Elle en riait souvent : « Les gens, quand ils me connaissent, sont très surpris par mon petit gabarit. Alors j'écarte les bras et je leur dis : "Eh oui, tout est là !" »

C'est Oriana qui a voulu ce retour chez elle. Elle vit à New York depuis presque cinquante ans, mais elle désire que tout finisse là où tout a commencé. On a laissé la cabine dans la pénombre, pour ne pas blesser ses yeux malades. À ses côtés, deux médecins, deux femmes, sont prêtes à intervenir en cas d'urgence. Mais elle reste immobile sur son siège pendant tout le voyage, recroquevillée sur elle-même, plongée dans ses souvenirs. Florence vient à sa rencontre lentement, lui apportant son passé.

1

Une famille où personne ne sourit

« Je ne sais rien de la rencontre entre mon père et ma mère. Le seul indice qui m'aide à déchiffrer le mystère de ma naissance est une phrase de maman : "La faute en est à ce chapeau plein de cerises." » Tel était le détail préféré d'Oriana Fallaci dans les multiples légendes familiales qu'elle écoutait petite : un chapeau rouge vif, porté comme un étendard, et qui, des années plus tard, passant de la tête de sa mère à celle d'une aïeule, donnera son titre à son roman posthume, *Un cappello pieno di ciliege*, « Un chapeau plein de cerises ». Nous ne savons rien d'autre. Nous ne pouvons qu'imaginer.

Cela a dû se passer un jour de fin d'été, en 1928, dans une rue de Florence, une de ces journées où le soleil encore chaud invite à sortir. Edoardo Fallaci a vingt-quatre ans et il est désargenté. Il travaille comme artisan graveur et vit chez ses parents. Il rêve d'émigrer en Argentine, pour chercher fortune. Il n'est pas très grand, mais il a un beau visage carré et des yeux bleus impertinents. Tosca Cantini a vingt-deux ans. Fille d'un sculpteur anarchiste, orpheline de mère, on l'a envoyée travailler toute petite chez deux couturières qui se sont prises d'affection pour elle et l'ont éduquée comme une demoiselle. Elles lui ont même trouvé une cliente qui voudrait l'emmener à Paris comme dame de compagnie. Mais en ce jour de septembre, Tosca décide de porter un chapeau voyant orné de fruits rouges, qui met en valeur son visage harmonieux, aux pommettes saillantes. « Quelles belles cerises ! » lui dit le galant Edoardo. Oriana est conçue quelque temps plus tard, lors d'une excursion sur le mont Morello.

« Ma mère me racontait toujours que lorsqu'elle était enceinte de moi, elle ne me désirait pas. Et comme en ce temps-là, pour avorter, on buvait du sel anglais, elle en a pris tous les soirs jusqu'à son quatrième mois de grossesse. Mais un soir, alors qu'elle allait porter le verre à sa bouche, je me suis retournée dans son ventre. Comme pour lui dire : "Je veux naître !" Et alors, tac, elle a renversé le sel anglais dans un vase de fleurs. "Et c'est comme ça que tu es née", disait-elle. » En réalité, Tosca a de tout autres rêves. Elle veut voir le monde, fréquenter les artistes. Elle a beaucoup d'amis dans le milieu bohème de Florence, en particulier le peintre Ottone Rosai, qui la courtise : « Elle disait que c'était un "sacré bel homme". Tout le contraire de mon père qui était petit et maigre. »

Une fois la grossesse confirmée, Edoardo présente Tosca à ses parents. La mère, Giacoma, au mauvais caractère notoire, l'accueille de mauvaise grâce et ne cesse de la malmener. Le père, Antonio, se prend de sympathie pour elle, ce qui aggrave la situation. Tosca devient bientôt une sorte de Cendrillon de la maison : « L'un de mes premiers souvenirs est celui de ma mère qui pleure en lavant le linge dans une bassine. » Cette mère d'une grande intelligence, obligée d'être la servante de toute la famille, marque profondément l'existence d'Oriana. Très souvent, dans ses interviews, elle se souviendra que c'est elle qui, la première, l'incita à avoir de l'ambition : « Maman était cette femme qui me disait, en pleurant parfois : "Ne fais pas comme moi ! Ne deviens pas l'esclave de ton mari et de tes enfants ! Étudie, et va voir le monde !" Je ne voulais pas imiter ma mère, je voulais la venger. » En 1977, lorsque Oriana recevra le diplôme *ad honorem* du Columbia College de Chicago, elle déclarera dans son discours de réception : « Je dédie ce grand honneur à ma mère, Tosca Fallaci, qui n'a pas pu aller à l'université parce qu'elle était une femme et qu'elle était pauvre, à une époque où ni les femmes ni les pauvres n'avaient le droit d'étudier. »

À sa naissance, le 29 juin 1929, on l'appelle Oriana, prénom très insolite pour l'époque. Ses parents, pauvres mais passionnés de lecture, le choisissent en référence à la duchesse de Guermantes de Proust. « Tu n'étais ni rouge ni fripée comme les autres nouveau-nés, disait toujours ma mère. Tu étais blanche, lisse et très belle. Et tu ne pleurais jamais. Tous les enfants pleurent. Toi, jamais. Toujours muette. Tu regardais sans cesse autour de toi, et tu nous fixais, sans un bruit. Au bout de huit jours, j'ai pris peur. Je croyais que tu étais née sans cordes vocales et je t'ai emmenée chez le docteur qui t'a auscultée et a dit : "Non, non. Elle en a." Puis il t'a chatouillée sous les pieds et tu as éclaté de rire. »

Dans la maison de la via del Piaggione où elle voit le jour, tout le monde cohabite : les parents, les grands-parents, les sœurs nubiles du père. Adulte, Oriana se souviendra de cette maison dans les moindres détails et l'emportera avec elle, morceau par morceau : un meuble peint à New York, le lit de ses parents et la bibliothèque vitrée à Florence, la table du salon dans sa maison de campagne. Par les fenêtres, on contemple toute la ville : au premier plan, le dôme de Brunelleschi et le campanile de Giotto, et au-delà, les toits et les ponts de Florence. Dans une chambre trône l'établi de cordonnier de son grand-père, qui répare les chaussures de toute la famille. Fascinée, Oriana l'observe pendant des heures, et l'aide volontiers. Elle a appris à éviter sa grand-mère Giacoma, colérique et qui a la main leste, et elle considère la petite pièce de son grand-père Antonio comme un refuge : « Mon grand-père était très affectueux. Il me protégeait toujours, et dans une famille où personne ne souriait jamais, il souriait tout le temps. »

Après Oriana naissent deux autres filles, Neera en 1932 et Paola en 1938. Plus tard, en 1964, lorsque les filles seront adultes, une orpheline, Elisabetta, sera adoptée. Pas de fils dans la famille. Edoardo considère très tôt Oriana comme le garçon de la maison. « À ma naissance, mon père était désespéré que je ne sois pas un garçon. Alors, il m'a emmenée à la chasse. » Il lui apprend à tirer, et la garde constamment auprès de lui. À la saison des grives, quand les oiseaux survolent la campagne, il se poste avec elle, à l'aube, dans une hutte de chasseurs. Des années plus tard, Oriana se souviendra de tout cela en détail. Le froid piquant du matin, les yeux rivés au ciel, les voix qui murmurent. « "Si elle arrive par la gauche, elle est à moi. Par la droite, elle est à toi. Si elles arrivent à plusieurs, on tire ensemble. Un, deux, et à trois, on tire ! – D'accord, p'pa !" »

Edoardo Fallaci est un homme taiseux, exigeant avec les autres comme avec lui-même. Il éduque son aînée comme un soldat. L'un des souvenirs d'enfance les plus vivaces d'Oriana est lié à cette dureté. Elle a quinze ans, elle marche avec son père dans une rue de Florence, lorsqu'ils sont surpris par la sirène antiaérienne. Ils se réfugient dans un édifice. Le bruit des avions devient de plus en plus assourdissant. Oriana n'a pas le courage de se serrer contre son père. Elle reste recroquevillée dans un coin. Lorsque les premières bombes se mettent à tomber, ébranlant sol et murs, elle éclate en sanglots. Soudain, elle reçoit une gifle qui lui coupe le souffle. Une jeune fille ne pleure pas, siffle son père. Oriana racontera souvent cet épisode, soutenant que dès lors, elle évita le plus possible de pleurer en public. Elle aura souvent des raisons de pleurer, et ne s'en privera pas – « ça fait du bien de pleurer, ça fait vomir la douleur » –, mais rarement devant autrui.

Un autre homme tient un rôle fondamental dans sa vie. C'est Bruno Fallaci, le frère aîné de son père, que tout le monde surnomme Sept Cerveaux. Bruno est l'intellectuel de la famille, il appartient à un monde très éloigné de celui de ses parents : le monde des hommes de plume. Célèbre journaliste, il est marié avec l'écrivain Gianna Manzini. Il est responsable de la rubrique culturelle du quotidien florentin *La Nazione*, puis directeur de *Epoca*. Il est le premier, et peut-être l'unique maître d'Oriana, qui citera ses conseils toute sa vie : « En énumérant les règles du journalisme, il tonnait : "Avant tout, n'ennuie pas ceux qui te lisent !" »

Tosca va souvent faire le ménage dans leur maison, emmenant sa fille avec elle. Gianna Manzini est assise sur le divan avec un livre, et fume des cigarettes parfumées avec un long fume-cigarette noir. De temps à autre, sans cesser de lire, elle tend sa belle main chargée de bagues vers une bonbonnière en verre remplie de chocolats au *gianduja*. « Gare à toi si tu en réclames ! » la réprimande à chaque fois Tosca avant d'entrer chez eux. Dans un livre, Oriana se souviendra de son humiliation en voyant sa riche tante déballer avec langueur les confiseries sans daigner lui accorder un regard, comme si elle n'existait pas. Trente ans plus tard, elle gardait encore le goût amer de cette injustice. Pourtant, elle ne peut s'empêcher de trouver Gianna splendide. Elle l'observe s'habiller pour sortir, mettre son chapeau et son col de fourrure. Gianna Manzini est très grande, élégante, avec des traits fins et de grands yeux toujours maquillés avec soin.

Dans la famille, personne ne l'apprécie. Oriana se souvient de sa grand-mère Giacoma frappant de mauvaise grâce sur la table les fleurs apportées par sa belle-fille en marmonnant : « Des fleurs ! Des fleurs ! Recouds plutôt les boutons de mon fils, oui ! » Un jour, lors d'une promenade avec Oriana et le grand-père Antonio, Gianna Manzini s'assied à califourchon sur le parapet du Ponte Vecchio et menace : « Regardez, papa, je vais me jeter du pont ! Je vais me jeter du pont ! » Avec impatience, il cogne le pavé de son bâton : « Jette-toi donc, mais fais vite, je dois ramener la petite à la maison. » Gianna Manzini se sépare de Bruno en 1933 et déménage à Rome, disparaissant du paysage de l'enfance d'Oriana. Il ne lui reste d'elle qu'un souvenir : sa calligraphie fort élégante, aux grandes voyelles rondes, qu'Oriana s'efforce d'imiter en la copiant pendant des heures sur ses cahiers d'école. Ainsi naîtra son inimitable et si célèbre signature.

Ses souvenirs d'enfance sont surtout des souvenirs de pauvreté. Il n'y a pas assez de nourriture pour tout le monde, et sa mère fait semblant de ne pas avoir faim pour donner sa part à ses filles. Lorsqu'on la prépose aux commissions, Oriana a honte de formuler ses misérables requêtes aux commerçants qui se penchent pour la voir par-dessus le comptoir : cinquante grammes de fromage, cinquante grammes de confiture. « Mais nous étions des pauvres très dignes. En nous voyant dans la rue, par exemple, on ne devinait pas que nous étions pauvres. Nous étions toujours bien vêtus, et propres. Maman était très douée pour "retourner les vêtements", c'est-à-dire refaire un habit neuf à partir de l'envers d'un vieux. » Edoardo est un artisan talentueux, il travaille le bois avec passion, remplissant la maison de meubles réalisés de ses mains. Mais il n'a pas vraiment le sens des affaires, et les finances du foyer sont souvent précaires. « N'oubliez jamais que votre père est un artiste », répète Tosca à ses filles.

Toute petite déjà, Oriana est attirée par un meuble de la maison, objet mystérieux ayant survécu au temps. C'est un coffre de mariage ancien, gravé, avec des pieds en pattes de lion et des poignées en fer. Tout le monde l'appelle le coffre d'Ildebranda, du prénom d'une aïeule dont on raconte qu'elle a été brûlée comme hérétique. Oriana s'assied pour l'observer pendant des heures, en rêvassant. Dès que possible, elle demande à ce qu'on le lui ouvre pour y fouiller. Il contient des souvenirs de famille, dans un désordre mystérieux. Un abécédaire et un boulier, un traité de médecine français, un luth sans cordes, une pipe en argile, un pince-nez, un passeport catalan, une pièce de monnaie antique, un drapeau tricolore rapetassé, la dernière lettre d'un soldat napoléonien mort de froid en Russie. Chaque objet éveille en elle des questions sans fin. Lorsque ses grands-parents ont envie de raconter, elle parvient à saisir des éléments pleins de promesses : Montserrat jouait du luth à l'asile... Caterina soignait les gens de sa campagne avec le traité du docteur Barbette... Giobatta revint de la guerre avec le visage défiguré par un boulet...

Le coffre sera détruit, avec le reste de la maison, une nuit de 1944, au cours d'un bombardement. Oriana en pleurera la perte toute sa vie. Adulte, elle demandera à son père de lui en fabriquer la copie exacte, qu'elle emportera ensuite dans son appartement de New York. Quelques lettres, écrites à Curtatone et Montanara par un aïeul engagé dans la première guerre d'indépendance (1848-1849)[1], seront sauvées grâce à Oriana qui les avait copiées dans un cahier d'école. C'est à cette époque qu'elle comprendra que toutes les choses parlent et peuvent devenir des histoires : il suffit de savoir écouter.

En 1934, lorsque Edoardo Fallaci contracte une pleurésie, l'argent devient encore plus rare. La famille déménage pendant un an dans un entresol de la piazza del Carmine. Oriana s'amuse à observer les pieds des passants par les petites fenêtres à barreaux. Son père est presque toujours alité, affaibli par la maladie. Ses amis qui viennent lui rendre visite essaient de le convaincre de prendre sa carte du Parti national fasciste, qui l'aiderait à trouver un emploi, mais il ne veut rien savoir. « Je revois mon père dans ce lit, tout fiévreux, qui tousse et dit : "Jamais, jamais !" » Dans la famille, tout le monde est antifasciste. Un jour, le vieil Antonio Fallaci est arrêté : « Mon grand-père avait

1. Conflit ayant opposé le royaume de Sardaigne, futur royaume d'Italie, à l'empire d'Autriche. (*N.d.T.*)

soixante-dix-huit ans. Il se chamaillait toujours avec les fascistes dans la rue et ce jour-là il avait crié : “Mussolini ne se sent plus péter !” Alors on l’avait arrêté, emmené au siège du *Fascio*, enfermé dans un cagibi et on exigeait qu’il soit jugé. Ma grand-mère était allée au siège pour l’excuser, et pour un peu ils l’auraient arrêtée elle aussi. »

Se rebeller contre le pouvoir est une tradition dans la famille. Oriana évoquait toujours avec admiration son grand-père maternel, Augusto Cantini, mort sans un sou à l’hôpital des pauvres ; un anarchiste qui, tout jeune, avait déserté pour ne pas aller à la guerre – cette bagarre inutile entre impérialistes, comme il l’appelait. « Les autres enfants grandissaient dans le culte de la Première Guerre mondiale et avec le lavage de cerveau que nous avons tous subi sur cette guerre. Tandis que chez moi, on me racontait l’histoire d’un grand-père qui avait déserté. Maman me disait avec orgueil : “Mon père était un déserteur de la Première Guerre mondiale.” Exactement comme une autre aurait dit : “Mon père était un héros de la Première Guerre mondiale.” » Enfant, elle l’écoute chanter, fascinée, les hymnes révolutionnaires de sa jeunesse : *« Tant que nous restons un troupeau avachi / il est juste de subir les lois de l’oligarchie / Qu’on nous massacre partout ! qu’on nous conchie / Tant que ne brillera pas le Soleil de l’Anarchie*[1] *! »*

Edoardo Fallaci est inscrit au Parti socialiste depuis l’âge de dix-sept ans. En 1923, il a été blessé dans une rixe avec les miliciens fascistes. À partir de 1929, il collabore avec l’imprimerie clandestine de Giustizia e Libertà (Justice et

1. *Finché siam gregge è giusto che ci siaaa / cricca padrone a leggi decretar ! / E se non splende il Sol dell’Anarchiaaa / voi vi farete ovunque trucidaaar.* (*N.d.T.*)

Liberté)[1] et entre en contact avec les autres antifascistes de la ville. Tosca pense comme lui, même si elle ne se rend pas aux réunions : « Pour maman, la politique était un luxe masculin. Elle était si occupée à nous faire survivre et manger, à nous protéger du froid, à nous faire étudier, qu'elle n'avait matériellement pas le temps de nous expliquer en quoi Mussolini était mauvais. Pour elle, il était mauvais, un point c'est tout. » Edoardo et Tosca sont les premiers héros d'Oriana, qui accordera toute sa vie une importance extrême au concept de courage. « J'ai eu la chance d'avoir été élevée par deux parents très courageux. Courageux physiquement et moralement. Mon père était un héros de la Résistance et ma mère n'était pas moins héroïque. »

Toute petite, on la confie pendant de longues périodes à sa tante Lina, l'une des sœurs de son père, qui n'a pas d'enfants mais a épousé un homme riche. Avec elle, Oriana découvre un autre monde : les vacances à Forte dei Marmi, la domestique qui l'appelle mademoiselle, le thé avec les gâteaux de la pâtisserie Robiglio à Florence. Au printemps, sa tante l'emmène aux concerts du Mai musical florentin, après lui avoir fait confectionner par sa couturière une robe longue en velours noir. Quant à son oncle, il est sans gêne et Oriana ne l'aime pas. De plus, il est fasciste : « Dans sa chambre à coucher, il gardait un bâton dont je ne comprenais pas l'usage. Je l'ai compris le jour où il l'a emporté à Incisa Valdarno et ramené tout taché de sang. “Tu sais à qui est ce sang ? m'a-t-il demandé. C'est celui

1. Mouvement politique créé en 1929 à Paris par un groupe d'exilés antifascistes. (*N.d.T.*)

du pharmacien. On lui a donné une petite leçon. Tous les indécis, tôt ou tard, recevront une petite leçon." J'ai couru pleurer dans les toilettes : mon père l'appelait *bigio*, l'indécis. "Ce *bigio* qui croit dans la démocratie, dans la France, dans l'Angleterre !" Mon père n'a jamais appris ses exactions : il était convaincu que c'était un brave homme malgré tout. »

En 1938, Oriana et sa tante vont voir Hitler et Mussolini défiler dans une grande voiture décapotable à travers les rues de Florence, pavoisées de drapeaux à lis rouges et croix gammées noires. Des nuages de plus en plus menaçants s'amoncellent sur l'Europe. La Seconde Guerre mondiale va éclater. L'enfance d'Oriana est terminée.

2

Une enfant rompue à la peur et au froid

La journée du 10 juin 1940 s'imprime profondément dans la mémoire d'Oriana. Elle joue sur la terrasse avec ses sœurs lorsque son père rentre à la maison plus tôt que d'ordinaire. Edoardo a l'air bouleversé. Il jette sa veste par terre et s'effondre sur une chaise en criant : « Ce fou a déclaré la guerre ! » Dans la cuisine, Tosca continue de préparer le repas. Pourtant, elle entrechoque plus fort les casseroles, la voix étranglée de colère : « Salauds, lâches, assassins ! »

La guerre est l'événement fondamental de la vie d'Oriana : « J'ai grandi dans la guerre. Depuis mon enfance je n'ai vu que la guerre, je n'ai entendu parler que de la guerre. » Les bombardements, particulièrement violents à Florence, font partie de ses souvenirs les plus dramatiques. Le grondement des avions qui emplit l'air tel le cri d'un animal monstrueux, les traînées des fusées éclairantes qui illuminent la nuit, le refuge bondé de gens qui pleurent et prient, pendant que sa mère lui dit de ne pas avoir peur. « Je n'ai pas manqué un seul bombardement : une plaisanterie du destin faisait que je me retrouvais toujours, comme un fait exprès, sur le lieu bombardé. Il ne m'est jamais rien arrivé. Dans le danger, j'ai toujours eu une chance étrange, voire extraordinaire. » Oriana se souvient d'un vieillard, leur voisin, qui tombe tandis que tout le monde court vers le refuge. Personne ne vient l'aider. Elle se souvient d'un prêtre fusillé par les fascistes, ainsi que des mois où elle s'est réfugiée avec ses grands-parents à la campagne, à Mercatale Val di Pesa. « J'étais une petite fille rompue à la faim, au froid et à la peur », dira-t-elle un jour en évoquant cette période dans un discours prononcé en Allemagne.

L'année qui court de septembre 1943, date de la chute du régime de Mussolini, au mois d'août 1944, lorsque Florence est libérée par les Alliés, marque sa vie pour toujours, grâce au contact avec les partisans. « Tout ce que je suis, tout ce que j'ai compris politiquement, je le suis et l'ai compris pendant la Résistance. Elle m'est tombée dessus comme la Pentecôte sur les apôtres. » Son père prend la tête d'une révolte antifasciste dans l'entreprise d'instruments optiques Officine Galileo, où il a trouvé un poste d'ouvrier. Puis il entre en clandestinité, pour combattre avec les groupes de résistants. Comme il le fait toujours, il emmène Oriana avec lui, malgré les protestations de Tosca : « Même sa haine du fascisme ne pouvait lui faire surmonter sa peur qu'il puisse m'arriver quelque chose. "Il se sert même de la petite, allez donc !" lui reprochait-elle. » Pour éviter que Tosca ne s'inquiète trop, Edoardo ne la prévient pas lorsqu'il envoie sa fille en mission. Ils appartiennent tous deux à Giustizia e Libertà, lié au Partito d'Azione (Parti d'action).

Dans la Résistance, le nom de guerre d'Oriana est Emilia : c'est Margherita Fasolo qui le lui a choisi. Cette dernière a été sa professeure de philosophie et combat maintenant au côté des partisans. La petite est ingénieuse, son imagination est vive, et on l'emploie surtout comme agent de liaison pour transporter affiches, journaux, messages, parfois même des armes. S'il s'agit d'une grenade, elle la cache dans une grosse salade évidée et calée dans la panière de son vélo. Si ce sont des messages, elle plie les billets jusqu'à les rendre minuscules et les glisse dans ses tresses. Un jour qu'elle transporte un paquet de journaux clandestins, elle tombe de vélo et renverse le précieux contenu par terre. Elle le ramasse à la hâte en regardant autour d'elle, mais personne ne semble lui prêter attention. Petite comme elle est, elle a l'air encore plus jeune que ses quatorze ans et passe inaperçue.

Parmi les membres de la Résistance qui combattent avec son père, plusieurs entreront dans l'histoire de l'Italie : Enzo Enriques Agnoletti, Tristano Codignola, Carlo Furno, Maria Luigia Guaita, Nello Traquandi, Paolo Barile, Leo Valiani, Ugo La Malfa, Emilio Lussu. Oriana les rencontre et les observe attentivement, souvent dans des situations très tendues. Elle se souvient par exemple de Carlo Levi, caché dans un appartement situé en face du palais Pitti. Un jour, son père l'envoie lui remettre un pistolet et des vivres. Carlo Levi lui ouvre prudemment, entrouvrant à peine la porte sur une pièce remplie de livres, sans l'inviter à entrer. Il ouvre le paquet qu'elle lui tend depuis le seuil et fait la moue : « C'est un revolver de femme, je n'en veux pas, lui dit-il. Et ce que tu m'as apporté à manger… il n'y a que ça ? » Oriana ne se laisse pas intimider. Elle le regarde d'un air de défi et lui répond que chez elle, on s'ôte le pain de la bouche pour nourrir les gens comme lui qui vivent dans la clandestinité.

Un soir de novembre 1943, Edoardo Fallaci ramène deux inconnus déguisés en cheminots. Ils s'appellent Nigel

Eatwell et Gordon Buchanan. Ce sont deux soldats britanniques. Ils viennent du camp de Laterina, près d'Arezzo. Alors qu'ils remontaient l'Italie avec d'autres prisonniers dans un convoi en route pour un camp de concentration allemand, ils se sont jetés du train dans un tunnel aux portes de Florence. Nigel est un homme mûr, qui a l'air sûr de lui. Gordon est beaucoup plus jeune et épouvanté. On dirait un enfant qui a grandi trop vite. Ses traits tirés révèlent qu'il n'a pas mangé depuis bien longtemps. On les installe dans la chambre d'Oriana, qui va dormir dans le couloir. La nuit, la pendule à balancier sonne bruyamment les heures, l'empêchant de trouver le sommeil. La lumière de la lune dessine sur le mur des figures menaçantes. Sa chambre lui manque, avec le couvre-lit en dentelle blanche et les livres de classe rangés soigneusement sur les étagères.

Les soldats restent cloîtrés dans la maison pendant un mois. Ils ne sortent jamais, et on garde fermés les volets de leur fenêtre pour ne pas susciter les soupçons des voisins. Oriana passe beaucoup de temps avec eux, les interroge dans son anglais rudimentaire, fascinée par ces deux hommes qui viennent de pays où règne la liberté, ces pays dont son père lui parle sans cesse. Adulte, dans son roman *Pénélope à la guerre*, elle présentera l'un de ces soldats comme le premier amour de l'héroïne adolescente, perdu pour toujours dans la tragédie de la guerre. C'est l'enfant qui commence à se rendre dans la chambre pour lui parler, s'assied sur le lit à côté de lui et reste des après-midi entiers à l'écouter. Il lui caresse le visage et lui dit qu'elle est très belle. Mais, un jour, c'est le désastre. L'autre soldat les surprend enlacés sur le lit et se déchaîne contre son compagnon. Elle s'échappe de la chambre. Derrière la porte, on entend les cris d'une dispute. Sa mère, la main sur la bouche, murmure : « Qu'as-tu fait ? »

Lorsque la Résistance donne son feu vert pour exfiltrer les deux soldats de Florence, c'est Oriana qui les accompagne avec son père à Ancône, dans la région de Pontassieve, pour les confier aux partisans de la région, lesquels auront pour mission de les aider à franchir la ligne de front. Le voyage de Florence à Ancône est long et dangereux. Quarante kilomètres à vélo, au risque d'être arrêtés par les Allemands, qui fusillent en guise de représailles ceux qui viennent en aide à un soldat ennemi. Près d'un barrage, l'un des deux hommes tombe de vélo. « Tonton ! Relève-toi, tonton ! » s'écrie Oriana, priant pour que les Allemands ne les remarquent pas. Dans le roman, elle raconte l'adieu au plus jeune. L'héroïne n'a pas le courage de le prendre dans ses bras. Elle dit seulement : « Si la guerre finit, reviens. – La guerre finira et je reviendrai », répond-il. Une larme coule lentement sur son visage : « Tu t'en souviens, papa ? Toi aussi tu y étais, papa. Lorsque la larme est descendue dans son cou, il s'est retourné et il est parti. Je l'ai regardé s'en aller, blond, sec, sans défense, un enfant presque comme moi, et mon enfance, d'un coup, tout comme mes quatorze ans et ma capacité à pardonner, ont fini là. »

Pendant des mois, ils ne reçoivent aucune nouvelle. Un jour, un compagnon de son père apprend que l'un des deux se trouve sain et sauf, de l'autre côté des lignes, et que l'autre est mort. Lequel, il ne saurait le dire. Oriana n'obtiendra davantage de détails sur leur sort qu'en 1993, grâce à un historien britannique. Nigel et Gordon ne franchissent pas tout de suite les lignes ennemies. Ils restent en Toscane et forment une bande forte de quinze partisans.

Le 4 mai 1944, Nigel est capturé et fusillé par les Allemands près de Norcia. Le 14 juin, Gordon est surpris en plein sabotage d'un pont utilisé par les Allemands pour battre en retraite. Il est sauvé par miracle. Trois jours plus tard, les résistants libèrent la zone. Oriana cherchera longtemps à avoir de ses nouvelles, elle écrira en Angleterre et en Australie, sans succès. Les seules traces qui restent dans les archives de leur unité militaire, le deuxième régiment Transvaal Scottish, sont la médaille décernée par le gouvernement britannique à Gordon, et la médaille de Nigel à titre posthume.

Toute sa vie, Oriana conservera soigneusement une lettre reçue après leur départ. Ce feuillet tout froissé, écrit en anglais, porte la date du 14 décembre 1943 : « Chère Oriana, comme tu dois le savoir, nous sommes partis. Je t'écris cette lettre car je sais que ton père reviendra à Ancône avant Noël. Pendant le voyage, nous ne pourrons envoyer ni messages ni cartes postales au prêtre pour le tenir informé de la situation. Lorsque ton père reverra le prêtre, il aura de nos nouvelles. Et quand les Anglais auront passé Florence, j'écrirai à ta famille. Je te prie de remercier encore ton père pour tout ce qu'il a fait pour nous. Je n'oublierai jamais. Dans quelques années, nous pourrons peut-être nous revoir, j'aimerais beaucoup revenir en Italie. Nous partons demain matin, j'espère que nous n'aurons pas de pluie. Le voyage sera dur, je le sais, mais pas impossible, et je sais que vous tous y penserez et nous souhaiterez toute la chance possible. Je t'embrasse, salue chaleureusement ta famille de ma part. Nigel. » En dessous, d'une autre écriture, une seule phrase : « *Gordon sends his love to his little wife* », « Gordon envoie son amour à sa petite femme ».

« Il se passe des choses importantes à cet âge-là : on tombe amoureux pour la première fois, on découvre le doute pour la première fois », dira Oriana dans une interview, en parlant de cette période. Nous ne savons pas dans quelle mesure l'histoire racontée dans le roman est vraie. Ce qui est sûr, c'est qu'à cet âge se cristallisent des idées qui durent toute la vie. Celle du courage, par exemple, qui sera toujours pour Oriana la vertu suprême chez un homme. Adulte, il lui semblera presque impossible de rencontrer quelqu'un dont il vaille la peine de tomber amoureux. « Quoi que je fasse, que je voie, que j'entende, je le mesurais à l'aune de ce critère : même l'amour, mon Dieu ! Devenue femme, j'ai gâché mes premières années de jeunesse à comparer les hommes que je connaissais à mes héros, les éconduisant parce qu'ils ne leur ressemblaient pas du tout. Peu d'êtres humains, j'en ai peur, ont été hantés par un souvenir ou un malentendu autant que moi. »

Dans le roman, elle parlera d'un autre soldat caché chez elle, un Russe, et le décrira en détail. Gros, si gros qu'il faisait sauter les boutons de sa veste. Des lunettes de myope. L'air profondément malheureux, il regardait une carte de l'Union soviétique et murmurait : « Maman. » Oriana le déteste, parce qu'il a pris la place de Gordon et qu'il est vivant, tandis que l'on n'a plus de nouvelles du jeune Britannique. Ce personnage aussi a réellement existé. Dans les archives d'Oriana est conservé l'un de ses billets écrits dans un mauvais italien : « Mes chers amis, aujourd'hui nous partons pour Patrie ! Nous quatre sommes échappé aux Allemands. J'espère bastonner encore Allemands après construire mon Pays. Saluts et souhaits de votre Vladimir. »

Une enfant rompue à la peur et au froid

En février 1944, à la suite d'une dénonciation, Edoardo Fallaci est capturé lors d'un coup de filet. On l'arrête au moment où il va récupérer du matériel dans un dépôt clandestin de la Résistance. Le soir, ne le voyant pas rentrer, Tosca cuisine en pleurant et répète, pour se donner du courage : « Il a dû avoir des choses à faire. » Le lendemain, la nouvelle du coup de filet est rendue publique. « Je n'oublierai jamais le jour où j'ai lu ce titre dans le journal : "Chef terroriste arrêté" », racontera Oriana. Tosca va aux nouvelles dans la villa où la milice fasciste interroge les prisonniers. Elle parvient à se faire recevoir par le chef, Mario Carità, qui lui dit de prendre le deuil parce que demain, à l'aube, son mari sera fusillé. Oriana racontera très souvent la réaction de Tosca. Elle la considère comme l'un des exemples les plus admirables du courage de sa mère. « Je me suis toujours demandé de quelle manière j'aurais réagi à sa place. Et la réponse a toujours été : je ne sais pas. En revanche, je sais comment a réagi maman. Elle est restée un instant immobile. Foudroyée. Puis, lentement, elle a levé le bras droit. Elle a pointé l'index contre Mario Carità et d'une voix ferme, en le tutoyant comme s'il était son serviteur, elle a articulé : "Mario Carità, demain matin à six heures, je ferai ce que tu me dis. Je m'habillerai de noir. Mais si tu es né du ventre d'une femme, alors conseille à ta mère d'en faire autant. Parce que ton heure viendra très bientôt." » Tosca est enceinte. En revenant chez elle, elle se trouve mal et perd l'enfant.

En réalité, Edoardo Fallaci ne sera pas fusillé. On le torture longuement pour qu'il révèle les noms de ses camarades, mais il ne parle pas. Il ne racontera jamais ces jours-là. Certains de ses compagnons de prison, en revanche, décriront en détail, pendant le procès contre

Mario Carità, les tortures subies. « Ils m'ont installé, à moitié nu, sur un banc, ils m'ont allongé sur le dos, m'ont entravé les pieds et les avant-bras, et bandé les yeux », lit-on dans l'une des dépositions. « Puis ils sont partis en me laissant quelques minutes seul, attaché. À leur retour, j'ai senti qu'on me touchait à l'abdomen ; au bout d'un moment, j'ai senti comme une brûlure de plus en plus intense sur le ventre, on aurait dit qu'il avait pris feu La souffrance était terrible, je hurlais, j'avais l'impression de devenir fou et de m'évanouir. Comme je ne pouvais plus supporter la torture, j'ai réussi à dire que j'étais décidé à signer. Ça ne les a pas empêchés de me faire encore souffrir, puis ils ont fini par arrêter la torture et j'ai vu qu'ils m'avaient posé un godet sur le ventre avec un animal à l'intérieur, une espèce de cafard. Le godet était attaché et collé sur ma peau, et l'animal, pour chercher la sortie, me lacérait les chairs. »

Après les interrogatoires, Edoardo Fallaci est transféré à la prison des Murate. En mai, il est libéré. D'après Oriana, c'est surtout grâce à sa mère. Pendant des jours, Tosca cherche des preuves pour disculper son mari. Elle n'en trouve pas, mais se procure un élément plus efficace : une vieille dénonciation pour antifascisme contre l'un des tortionnaires, qu'elle peut donc faire chanter et qui se voit obligé d'aider le prisonnier. Lorsque Tosca va rendre visite à son mari en prison, elle amène ses filles. « Nous sommes arrivées, avec notre sac plein de vivres, qui nous a aussitôt été volé par les gardiens, et on nous a poussées avec d'autres dans la pièce crasseuse appelée parloir, où se trouvait une longue table. Derrière se tenaient une douzaine d'hommes debout. Parmi eux, un homme au visage terriblement tuméfié et couvert de bleus, avec de grandes lèvres violettes et un œil complètement fermé. Personne ne s'asseyait devant lui. Alors nous nous sommes assises, attendant en silence que notre père arrive. Et tandis que nous patientions, une voix a murmuré : "Mes trésors, vous ne me dites même pas bonjour ?" C'était la voix de mon père, provenant de cet homme si défiguré que nous ne l'avions pas reconnu. Puis il a dit : "Ne vous inquiétez pas, tout ira bien, vous verrez, je n'ai pas parlé, je n'ai rien dit, ils ne savent rien, au pire on m'enverra en Allemagne dans un camp de concentration." Lorsque nous sommes sorties, j'ai demandé à ma mère : "Pourquoi, maman ?" Alors elle m'a répondu fièrement : "Parce que ton père fait de la politique. Parce qu'il combat pour rendre ce monde un peu plus convenable." »

À l'été 1944, le front se rapproche de plus en plus de la ville. Les bombardements détruisent des quartiers entiers. Oriana se réfugie avec sa famille en périphérie, dans un couvent où sont cachés d'autres prisonniers. Un jour, des camions de fascistes encerclent la zone. Les portes sont ouvertes à coups de pied. Oriana a juste le temps de détruire les listes, ultra-secrètes, des militants du Partito d'Azione avec les noms de tous les membres et leurs adresses, qu'on lui a confiées et qu'elle tient cachées dans un potiron. Puis, tout va très vite : « Toute ma vie j'entendrai encore ces bruits de camions, puis leurs sales voix qui beuglent : "Les femmes ne nous aiment plus, car nous portons la chemise noire[1]." Toute ma vie j'entendrai le bruit sourd de leurs bottes qui avancent le long du couloir

1. "*Le donne non ci vogliono più bene, perché portiamo la camicia nera*" : hymne des miliciens fascistes pendant la République sociale italienne en 1943-1945. (*N.d.T.*)

pendant que mon père s'enfuit par les jardins, les coups à la porte de notre chambre, la porte qui cède, et eux qui font irruption. Puis les rafales de mitraillettes, les pleurs. » Son père s'est échappé par la fenêtre, la chargeant de prévenir deux soldats yougoslaves cachés dans une autre aile de l'édifice. Il est trop tard pour fuir, alors les deux soldats descendent dans le puits à sec de la cour et demandent à Oriana de refermer le couvercle. Mais celui-ci est trop lourd pour elle. « On m'a peut-être vue et c'est ce qui les a perdus. Maman et moi avons compris à leur rire que les Allemands les avaient trouvés. Tant que je vivrai, je n'oublierai jamais la façon dont ils riaient en découvrant les deux Yougoslaves. »

La bataille finale pour la libération de Florence se déroule en août. Pendant des jours, on combat maison par maison. La ville est privée d'électricité, d'eau, détruite quartier par quartier par les mines allemandes, qui n'épargnent pas non plus les ponts sur l'Arno, et par les mortiers placés autour de la ville. Dans la nuit du 10 au 11 août, les derniers parachutistes allemands se retirent de la ville : « Couverts de boue et de honte, ils avaient soif et criaient sous chaque fenêtre : "*Wasser !* De l'eau ! *Wasser !*" Les fenêtres restaient fermées, alors ils les défonçaient à coups de crosse, puis reprenaient leur chemin. »

Le 11 août au matin, Oriana transporte les brassards rouges qui arborent l'inscription Giustizia e Libertà, à distribuer aux résistants pour le défilé de la libération. Mais, dans sa hâte, elle trébuche et ils tombent par terre. La foule en délire s'en empare. « Mon Dieu, comme j'étais jeune ! Je n'étais vraiment qu'une enfant. Au siège du commandement, quelqu'un m'a donné une gifle. Les précieux brassards avaient presque tous fini entre les mains de personnes qui, dans le meilleur des cas, n'avaient rien fait pour combattre les nazis et les fascistes, et qui, au pire, en faisaient même partie. »

À présent que la bataille pour la libération de la ville est terminée, Oriana peut rentrer chez elle avec sa famille. Elle retrouve sa maison en partie détruite par les bombes, avec un énorme cratère dans le jardin, mais cela ne suffit pas à gâcher la joie du moment : « C'était un dimanche et je marchais, heureuse, légère. Je portais une robe blanche que venait de coudre maman, des collants blancs, et je prenais garde où je mettais les pieds pour que l'herbe ne tache pas mes souliers blancs. J'étais étourdie par un charivari joyeux et animé, comme si c'était Pâques. C'était la fin de la guerre. » Florence est un tas de décombres, pourtant la foule, dans les rues, est en liesse. Oriana va regarder défiler les Américains dans la ville. Ils ont tous l'air de géants bien nourris. L'un tire sur ses tresses, un autre lui donne du chocolat, qu'elle accepte, honteuse, en sachant que sa mère la réprimandera pour cela. Tosca a une nature plus douce que celle d'Edoardo, mais elle aussi traite Oriana comme une adulte depuis toujours, en lui répétant que la vie est une guerre permanente, que l'on ne gagne qu'avec de la ténacité : « Un jour que je marchais sur des cailloux, ma mère s'est exclamée : "Courage ! En avant ! – Prends-moi dans tes bras, ai-je répondu, il y a des cailloux." Et elle : "Le monde est plein de cailloux, tu t'en rendras compte bien assez vite." »

L'un des soldats américains se lie d'amitié avec son père. Chez eux, on l'appelle Ohio, nom de l'État où il est né, parce que son nom est trop difficile à prononcer. Souvent, le soir, il arrive chez eux avec un grand pain blanc et reste dîner, en soliloquant sur la guerre et en mangeant le peu que les Fallaci ont économisé pour le repas. Lorsqu'il s'en va, Tosca range la cuisine en hochant la tête : « Regarde-moi ça, tous les Américains offrent de la nourriture aux gens, et celui-là, contre un peu de mie, il vient engloutir la nôtre. » Elle se met surtout en colère lorsque son mari lui offre la montre à gousset du grand-père. Edoardo est très attaché à ce souvenir de famille. Mais puisque Ohio, en partant, lui offre une montre en disant solennellement : « *Remember Ohio* », Edoardo ne peut que lui rendre la pareille avec la sienne en disant : « *Remember Florence.* » Lorsque Oriana se rendra pour la première fois en Amérique, bien des années plus tard, sa mère lui dira : « Si tu pouvais retrouver ce raseur d'Ohio. Si tu pouvais récupérer la montre à gousset de ton père : contre paiement, bien sûr. »

Après la libération de la ville, Edoardo Fallaci entre au comité exécutif du Partito d'Azione et s'occupe de l'activité syndicale. Il est l'un des fondateurs de la FIOM florentine (Fédération d'ouvriers métallurgistes) et, pendant quelque temps, directeur du journal *La Libertà del lavoro* (La Liberté du travail). Dans la famille, tout le monde participe à l'effort de reconstruction en militant au Partito d'Azione : le père, l'oncle Bruno, de nombreux parents des branches Fallaci et Contini. Leurs noms sont tous conservés dans les archives de la Résistance à Florence. Dans le dossier « Lycéens » est enregistré le nom d'Oriana, qui travaille un temps comme secrétaire de l'UDI, l'Union des femmes italiennes, liée au parti.

Oriana est démobilisée du Corpo volontari della libertà (Corps de volontaires de la liberté) avec le grade de simple soldat. Elle est fière d'avoir combattu pour la liberté de son pays. Quand on lui apprend qu'elle recevra une solde de 15 670 lires, elle ne sait que faire. Au fond, dit-elle, elle a seulement accompli son devoir. Elle finit par accepter l'argent et achète des chaussures pour ses sœurs et pour elle (personne dans la famille n'avait de chaussures « décentes », mais « papa et maman, pourtant, n'en ont pas voulu »). Par la suite, elle s'inscrit à la Federazione giovanile du Partito d'Azione (Jeunesses du Parti d'action), le seul parti auquel elle adhérera jamais. « C'était un tout petit groupe, composé de généraux et non pas de soldats. Je crois en avoir été l'unique soldat. » Lors d'un meeting politique, on lui demande de monter sur scène pour parler à la foule, en tant que plus jeune représentante de la Résistance. Elle porte une petite robe à carreaux rouges et blancs. « Je me souviens du micro, et je me souviens des premiers mots : "Peuple de Florence, c'est une enfant qui vous parle ! Écoutez ce que nous avons à dire !" Ensuite, je ne me rappelle rien car j'ai dû parler et lire en état de choc. »

3

Une maison pleine de livres

Toute enfant déjà, elle est fascinée par l'écrit. Chaque page lui parle, chaque ligne enflamme son imagination. « Lorsque j'étais petite, maman achetait des écheveaux de laine qu'elle enroulait ensuite en pelote. Puis, pour amorcer celle-ci, elle formait un noyau avec du papier qui pouvait être une feuille blanche, un morceau de journal, un ticket d'épicerie. Au point que chaque fois, je mourais de curiosité ; je regardais la pelote qui s'amincissait pour composer lentement le chandail, et je me demandais : qu'est-ce qu'elle a mis cette fois ? La pelote terminée, j'attrapais le noyau de papier et le déroulais de mes petits doigts impatients. Il arrivait, oui, que la feuille soit blanche. Dans ce cas-là, la désillusion était grande. Mais si quelque chose y était écrit, je la donnais à maman pour qu'elle la lise, et j'écoutais l'histoire, ravie. Même le ticket d'épicerie me racontait une histoire. »

Elle grandit dans une maison où on lit beaucoup. Les livres sont achetés à tempérament. Fait rare chez des personnes de leur milieu, ses parents sont passionnés de littérature. « Nous étions des pauvres pleins de livres parce que mon père et ma mère avaient le "vice de la lecture", comme ils disaient. Ainsi, notre maison en était toujours remplie, nous les considérions comme sacrés. Parce qu'ils étaient le luxe, notre seul luxe, et qu'ils étaient la culture. » Adulte, elle racontera, émue, que l'unique objet de valeur laissé par son père à sa mort consistait en deux grands volumes de la Bible illustrée par Gustave Doré.

La bibliothèque de la maison se trouve dans un petit salon rebaptisé la Chambre des livres ; à l'intérieur, le plus sacré est une étagère où sont gardés les ouvrages préférés d'Edoardo. C'est dans cette pièce, débordante d'ouvrages, que la petite Oriana dort. Un divan « minuscule » fait office de lit. Sur une étagère trône un grand livre dont la couverture représente une femme voilée, qui l'attire irrésistiblement, tout comme son titre mystérieux : *Les Mille et Une Nuits*. Ces contes de son enfance l'accompagneront toute sa vie. Adulte, elle ne cessera d'en acheter de nouveaux exemplaires, souvent dans de précieuses éditions d'époque.

« Le meuble aux portes vitrées était mon paradis interdit, parce que maman ne m'autorisait pas à l'ouvrir. » Elle a neuf ans lorsqu'il lui est permis pour la première fois de toucher l'un de ces livres. Elle est malade depuis plusieurs jours, et alitée avec de la fièvre. Elle s'ennuie et réclame de nouvelles lectures. Sa mère finit par ouvrir la porte du meuble et lui tend un recueil. C'est *L'Appel de la forêt* de Jack London. Oriana s'amourache dès les premières lignes du chien Buck et de sa lutte pour recouvrer la liberté. Elle passe la nuit à lire, tandis que sa mère la gronde depuis sa chambre : « Éteins la lumière ! Vas-tu éteindre la lumière et dormir ? » Des années plus tard, elle racontera son émotion à cette lecture. « Buck a été pour moi une leçon de guerre, de guérilla, de vie. Comme tel il a guidé mon adolescence, la verte saison qui allait me faire devenir ce que j'espère être ou essaye d'être : une femme insoumise qui ne supporte pas qu'on la contrôle. D'autres ont eu des héros plus importants. Le mien était un chien. »

Si Buck est son premier héros, Jack London est son premier modèle. Sa mère lui raconte pendant des heures sa vie aventureuse, ses vagabondages à travers les États-Unis, ses voyages en Alaska, ses traversées des océans. L'oncle Bruno, au contraire, est scandalisé parce qu'elle perd son temps avec un écrivain qui, soutient-il, a trop écrit et pas toujours bien. Mais Oriana lui résiste : « Il me plaisait. Il me plaisait même quand il écrivait mal. J'adorais son imagination, son intelligence, sa capacité à bourlinguer d'un sujet à l'autre. Même son incohérence, le chaos mental qui lui permettait d'écrire sur tout, de la chasse à la politique, de la science-fiction à la sociologie. » Jack London est à ses yeux l'incarnation du journaliste écrivain, qui mêle curiosité et aventure. L'oncle Bruno parle souvent de Virgilio Lilli, le correspondant du *Corriere della Sera* qui a fait plusieurs fois le tour du monde, et de Curzio Malaparte, qui n'a manqué aucun grand événement de son époque. Oriana l'écoute en silence.

Depuis qu'elle a cinq ou six ans, elle pense devenir « un écrivain » (c'est l'expression qu'elle emploiera toujours, refusant de la décliner au féminin). Elle le sent en elle comme une certitude. Mais dans sa famille, tout le monde hoche la tête. « Écrivain, écrivain ! Tu parles ! Est-ce que tu sais combien de livres un écrivain doit vendre pour gagner sa vie ? » lui répète sa mère, évoquant la vie de privations de Jack London, toujours partagé entre boulots temporaires et périodes de vaches maigres. L'oncle Bruno la houspille : « Il faut d'abord vivre, pour pouvoir écrire ! Que veux-tu écrire maintenant, sans connaître la vie ? » Puis il lui raconte que Tolstoï a pu écrire ses romans parce qu'il était prince et que Dostoïevski gagnait au casino de quoi subvenir à ses besoins. « Au point qu'ils ont tous fini par me décourager ; par me mettre en tête qu'être écrivain, c'était bon pour les riches et les vieux. Je ne pouvais donc pas l'être, car j'étais pauvre et jeune. » Convaincue de devoir attendre un âge décent et des conditions économiques adéquates, elle se met à envisager d'être journaliste, un compromis qui, dans la famille, semblerait convenir à tout le monde.

Elle lit tout ce qu'elle peut trouver chez elle. D'abord les Grecs et les Latins, puis, au fil des ans, surtout les Anglo-Saxons : les Américains, en commençant par Melville, et les Anglais, en commençant par Shakespeare. Ce dernier influencera profondément son œuvre. Des Français, elle n'apprécie que Proust. Bien qu'autodidacte et désordonnée, elle acquiert bientôt une culture littéraire prodigieuse. Elle lit énormément et écrit encore plus. « J'ai retrouvé des cahiers remplis de nouvelles absurdes, de contes impossibles. Étais-je poussée à écrire par maman ? » se demandera-t-elle, des années plus tard, dans une interview. « Je suppose que ma mère me poussait à lire, mue par un désir de culture authentique et spontané, car elle venait d'une famille pauvre d'artistes, ainsi que par un désir rageur de revanche. Oui, je crois vraiment que maman a toujours interprété la culture comme une revanche personnelle et sociale. »

Une fois ses devoirs terminés, tandis que Tosca coud en silence dans le fauteuil auprès d'elle, Oriana écrit, accumule des pages et des pages, fascinée par le pouvoir qu'ont les mots de créer un monde à part. Dans un cahier de classe de ces années-là, elle note au crayon, de son écriture ronde : « Étrange comme les jours fériés rendent mélancolique, surtout l'après-midi, et combien elles sont tristes, les cloches qu'on entend sonner lentement dans le lointain. Comme à présent : la brume légère, l'air froid, la lumière blanche et grise, sans soleil, le coq qui chante de sa voix rauque, le poirier qui perd ses feuilles et reste là, presque nu et engourdi par le froid, spectral ; le jardin boueux avec les choux mangés par les vers et encore mouillés de pluie, et les cloches qui s'entrechoquent et produisent des sons bancals et pourtant si beaux. Tout cela créé pour moi l'après-midi d'un dimanche de début d'hiver. [...] Si j'étais un poète, ou au moins un homme de lettres, je pourrais réaliser à partir de ce moment fait de petites choses une sorte d'œuvre d'art, mais je ne le suis pas et me limite à sentir, à penser, à raconter. »

Tosca, qui n'a pas pu faire d'études, pousse Oriana à le faire : « Gare à l'ignorance ! avertit-elle. Quand on est ignorant, on subit tous les abus ! » Elle exige qu'elle ait les meilleures notes. En primaire et au collège, Oriana est une excellente élève, toujours parmi les premiers de la classe. Chez elle, on lit à haute voix ses rédactions, qui gagnent souvent des prix. Elle est terriblement sérieuse pour son âge, disciplinée et introvertie, décidée à être la meilleure. Une voisine se souvient d'elle sur la route de l'école, pédalant rageusement sur un vélo trop haut pour elle. « Mon caractère s'est formé à cette époque : mon mauvais caractère. Avant d'aller à l'école, j'étais très douce, me raconte-t-on. Je suis devenue dure et agressive en y allant. Et enragée en découvrant que j'étais meilleure qu'eux tous. Et qu'ils étaient riches, tant et si bien que leurs mères n'avaient pas besoin de pleurer pour les faire étudier. »

Au collège de l'école normale Gino Capponi de Florence, elle obtient toujours de très bonnes notes. En automne 1944, elle entre en section littéraire au lycée Galileo Galilei, en passant un examen pour rattraper l'année perdue à lutter avec les partisans. C'est une élève brillante mais indocile, prompte à la polémique. « À l'école, j'étais terrible ! Pauvres professeurs, je les ai fait beaucoup souffrir. Comme j'étais très intelligente, j'étais toujours la première, mais j'étais terrible. Si un professeur se trompait, je ne savais pas tenir ma langue. »

C'est une étudiante très politisée. « À chaque fois que je levais la main pour protester ou pour discuter, le professeur de philosophie ricanait : "Écoutons ce que veut cette casse-pied, sinon elle dira qu'on la censure." » Elle fonde avec deux camarades de classe l'Unione studenti (l'Union des étudiants) et essaie d'organiser des grèves, mais comprend rapidement que ses luttes n'intéressent personne, ou seulement pour de mauvaises raisons. Elle désespère même le doux curé qui enseigne le catéchisme. « Quand don Bensi entrait en classe, moi je sortais. Sourde à ses commentaires affligés (l'habituel grognement "Allez, va, il ne faudrait surtout pas qu'un pauvre prêtre essaie de sauver ta sale petite âme"), je prenais mon goûter pour aller le manger dans le couloir. Sans risquer pourtant la vengeance ou la punition. D'autant moins qu'il me pardonnait en ricanant à chaque fois : "Il était bon, ce petit pain ?" »

Elle a perdu la foi très tôt, encore enfant, décidant, après une confrontation serrée avec elle-même, que Dieu n'existe pas. Comme souvent dans sa vie, cette décision de se proclamer athée se cristallise autour de son indignation face à une injustice. Lors de la préparation à sa première communion, sa mère l'envoie faire une retraite dans un couvent. Avant de lui dire au revoir, elle lui remet du chocolat et une banane, trésor extraordinaire pour une petite fille pauvre comme elle. Les sœurs lui disent de tout laisser sur l'autel, en guise de présents à Jésus : « Peu après, je suis entrée furtivement dans l'église, pour voir si l'Enfant-Jésus les avait mangés, mais ils avaient disparu. Même la peau de banane et le papier argent du chocolat. Cela a éveillé mes soupçons. Je suis sortie de l'église, je me suis glissée dans un couloir et là, assise sur la balustrade, il y avait la nonne en train de manger ma banane. » Toute sa vie elle se dira athée, brandissant cette position comme un étendard, tirant fierté de n'avoir jamais demandé de faveurs à Dieu, même dans les pires moments de découragement.

Elle obtient son baccalauréat classique avec d'excellentes notes : neuf sur dix en italien, sept en latin, huit en grec, huit en histoire, huit en philosophie, sept en mathématiques, sept en physique, sept en sciences naturelles, neuf en histoire de l'art. Elle prend cet examen très au sérieux, buvant des litres de café pour rester éveillée toute la nuit. Le jour de l'écrit d'italien, elle choisit le sujet « Le concept de patrie, de la *polis* grecque à nos jours ». Il en ressort un texte très polémique, dans lequel elle demande aux examinateurs pourquoi ils ont donné une composition centrée sur la patrie – concept toujours changeant – et non pas sur la liberté – concept éternel. Le président de la commission lui dit : « Votre devoir nous a fait nous chamailler. Ou nous vous mettions zéro, ou nous vous mettions dix. Nous vous avons mis dix moins. » Puis, la question fatidique : « Que voulez-vous faire plus tard ? – Écrire », répond Oriana en levant son visage vers lui.

4

Une jeune fille à la rédaction

« Mon père se retourna d'un coup, surpris, et s'exclama : "Médecine ? Tu veux t'inscrire en médecine ? – Oui, répondis-je. – Je croyais que tu aimais écrire et voyager, comme Jack London. Quel rapport entre Jack London et la médecine ? – Cronin. Cronin était médecin", répondis-je. » Au sortir du lycée, Oriana décide de s'inscrire à l'université. Pour elle, c'est une sorte d'obligation morale envers sa mère. Dans la famille, on discute longuement du choix de la faculté. Oriana a clairement en tête qu'elle veut écrire, mais l'oncle Bruno soutient que pour devenir écrivain, il n'est pas nécessaire de suivre des études de lettres. Mieux vaut la médecine, dit-il, qui apporte une véritable connaissance de l'homme.

Oriana suit les cours de première année – physique, chimie, biologie, histologie, anatomie – sans se lier vraiment avec aucun de ses camarades. Elle est l'une des rares filles et a un an de moins que les autres. Menue, vêtue des robes cousues par sa mère et de bas en coton, on dirait la petite sœur qui s'est glissée parmi les grands. Elle déteste qu'on se moque d'elle et ne supporte pas que les étudiants les plus âgés la regardent d'un air suffisant. Si les plaisanteries sont particulièrement lourdes, elle rentre chez elle furieuse, et quelqu'un doit l'aider à se calmer. « Pendant une dissection, ces cons avaient mis dans mon sac un morceau de cerveau que j'ai retrouvé plus tard, en fouillant pour chercher mes cigarettes. Cela m'a mise en furie, mais mon père a ri. C'est un rite initiatique, m'a-t-il dit, prends-le comme ça, pense au rite initiatique et rapporte-le en disant que quelqu'un a dû oublier son cerveau dans ton sac puisqu'il n'en avait pas besoin. » Elle a commencé à fumer à l'époque du lycée, préparant ses cigarettes avec les mégots de son père.

« Comme j'étais fière d'être étudiante en médecine ! J'adorais les horizons illimités que m'ouvraient la biologie, la physiologie et la pathologie, je me faisais donc violence pour mémoriser, ce qui m'ennuyait énormément, les noms des os (il y en avait un en particulier que je haïssais, le sphénoïde). Je supportais mal les leçons d'anatomie et la dissection de cadavres. Oh ! quelle horreur, ces morceaux de chair, cette odeur, la vue du sang ! Je ne pouvais pas les souffrir. Mais je souris quand je pense à tout le sang, à toutes les odeurs, à tous les cadavres et aux morceaux de corps que j'allais devoir supporter en tant que reporter de guerre. » Pendant que ses professeurs pratiquent les autopsies, son esprit est ailleurs. Par l'imagination, elle essaie de pénétrer le mystère de l'âme humaine. À l'université, elle note au crayon, dans les marges d'un cahier : « L'autre jour en salle d'autopsie, un médecin faisait l'anatomie d'un cerveau, le cerveau de ce qui avait été un homme ; il avait eu un prénom, des femmes, des enfants. Il avait peut-être été ambitieux, et aimé être bien vêtu et rasé de frais. » Elle passera sa vie à se fâcher avec les médecins et à contester leurs diagnostics, mais ne cachera jamais la grande estime qu'elle leur voue. Elle les considère comme les plus humanistes des scientifiques, qui luttent contre le scandale sans fin de la mort : « J'ai toujours pensé que les médecins devraient faire de la politique plus que n'importe qui d'autre. Les médecins, mais aussi les femmes enceintes. »

Ses parents n'ont pas d'argent pour lui payer ses études. Depuis le début, elle sait qu'elle doit trouver un travail, et pour elle, travail veut dire journalisme. C'est le métier de son oncle Bruno, l'un de ses premiers maîtres, un symbole de la liberté d'expression pour laquelle tout le monde s'est battu dans la famille durant les années du fascisme. « Un jour, j'ai trouvé un journal qui disait des choses différentes de celles que j'entendais à l'école. Entre autres, qu'Hitler et Mussolini étaient deux assassins. Je l'ai apporté à mon père et lui ai demandé : "Qu'est-ce que c'est ?" Il m'a répondu : "C'est un journal qui dit la vérité." Et moi : "C'est pour ça qu'il n'est pas vendu en kiosque ?" Et mon père de répondre : "C'est pour ça, oui." J'en ai été si bouleversée, si scandalisée, que j'ai crié (à ce qu'on raconte) : "Un jour, j'écrirai pour des journaux qui disent la vérité et qui seront vendus dans les kiosques." »

Un jour de fin d'été, elle met sa plus belle robe et se présente via Ricasoli, où sont imprimés les trois quotidiens de Florence : *La Nazione*, *Il Nuovo Corriere* et *Il Mattino dell'Italia centrale*. Elle veut entrer à *La Nazione*, où son oncle Bruno a travaillé pendant des années, mais elle se trompe d'étage et se retrouve devant *Il Mattino*, un quotidien de tendance démocrate chrétienne. C'est Gastone Panteri qui la reçoit. Ce vieux rédacteur en chef la toise, incrédule devant cette gamine si déterminée. Quand il entend son nom, il lui demande si elle est une parente de Bruno Fallaci. « C'est mon oncle », répond Oriana, rejetant la tête en arrière d'un air de défi. Le journaliste décide de lui accorder une chance et lui remet un billet avec l'adresse d'un dancing sur l'Arno. Il veut qu'elle s'y rende et écrive un papier. « J'avais tellement honte, je me souviens, à l'idée d'entrer dans un dancing. Mais j'y suis quand même allée et j'ai écrit un article de mœurs qui, à le relire aujourd'hui, n'était pas mal du tout. Le problème est que je l'avais écrit à la main sur des feuillets quadrillés, de ceux qu'on utilise pour les devoirs en classe. Panteri m'a demandé : "C'est quoi, ça ? Tu ne sais pas taper à la machine ?" Puis il m'a poussée vers un objet monstrueux : une machine à écrire. Je n'avais pas la moindre idée de son fonctionnement : il m'a fallu neuf heures pour recopier mon article, de dix heures du matin à sept heures du soir. »

Elle devient vite une chroniqueuse régulière du *Mattino*. Tous les jours, elle part à la chasse aux nouvelles à travers la ville. Le soir, elle est à la rédaction pour écrire. Elle rentre à trois heures du matin, dans le fourgon qui apporte les journaux empaquetés à la gare. À neuf heures du matin, elle est à l'université pour suivre les cours. Elle a tout le temps sommeil, perd du poids et ne cesse de tomber malade. Au début de la deuxième année, elle est encore inscrite en médecine, mais au bout de deux mois seulement, elle demande à passer en lettres. Puis elle finit par abandonner complètement l'université. « Obligée de choisir entre la médecine qui ne me payait pas et le journal qui me payait, j'ai choisi le journal. »

Pour tous ses collègues, elle est « la gamine ». Avec ses chaussures plates et son visage non fardé, elle paraît bien plus jeune que son âge. Alors que les autres roulent en Lambretta, elle a seulement son vieux vélo du temps de l'école, avec lequel elle doit faire tous les soirs le tour des commissariats et des hôpitaux, souvent en banlieue, très loin de chez elle. Un hiver, elle prend froid en se rendant en vélo à l'Hôpital orthopédique toscan et au commissariat San Jacopino, et tombe gravement malade : « Ce soir-là, le vent soufflait si fort que mon vélo tout branlant n'avançait ni ne reculait : je devais donc pédaler debout. Quelques heures plus tard, une douleur à l'oreille est survenue : une otite. La semaine suivante, j'étais sur la table d'opération de l'hôpital Careggi avec une mastoïdite qui avait dégénéré en un début de méningite. »

Elle est très jeune mais fait déjà preuve d'un talent exceptionnel. Elle a un regard original sur tout et sait raconter ce qu'elle voit dans une langue toscane belle et limpide. Un article écrit ces années-là sur l'expérimentation d'une école alternative s'ouvre de manière très aérienne : « Un beau matin, lorsque notre voiture déboula à San Gersolè dans une envolée de poules avant de décharger sur le seuil fleuri trois personnes, un appareil photo et un appareil pour lampes à magnésium, l'école était en plein travail. » Le portrait d'un franciscain de Pise, qui a fondé une Cité des Enfants pour sauver les petits délinquants des rues, commence sur une image presque cinématographique : « Regardez bien ce gros monsieur à la barbe et aux cheveux gris, aux gestes souples et lents de vieux lion fatigué. Regardez-le bien si vous avez la chance de le rencontrer, et répondez avec déférence à son salut, qui sera, selon toute probabilité, une puissante tape sur l'épaule. Regardez-le, parce que des hommes comme lui, il en existe bien peu en ce monde. »

En lisant ses premiers articles, on a du mal à imaginer qu'ils ont été écrits par une jeune fille à peine sortie du lycée. En juillet 1950, elle relate le procès d'une bande de receleurs et de pilleurs de biens juifs – un récit d'une grande intensité. Elle décrit le lent et douloureux défilé des témoins – parents de déportés ou déportés eux-mêmes – qui, à la demande de la cour, doivent s'en tenir rigoureusement au compte rendu des vols subis, sans rappeler leur tragédie personnelle. Elle fait de l'un d'eux, à qui l'on a volé plusieurs mallettes, un portrait inoubliable, qui montre déjà son grand talent de narratrice. « "Vous devez cantonner votre déposition au vol", lui a dit le président. Alors il a secoué lentement la tête en murmurant : "Le vol, le vol, comme s'il s'agissait de ça…" Puis, si doucement que le public au fond n'a pu l'entendre, il a ajouté que oui, on lui avait bien volé quelque chose : sa fille Matilde, son beau-frère Vittorio, ses petits-enfants, Amiel, treize ans, et Lia, douze ans, tous morts à Auschwitz. Et il retournait nerveusement son chapeau entre ses mains. Il voulait se donner du courage. Mais lorsque, soutenu par son fils et un parent, il s'en est allé, ses épaules étaient secouées de frissons : "Les mallettes ? disait-il. Quelles mallettes ?" »

Un collègue se rappelle leur première rencontre, survenue dans la salle d'un tribunal où se déroule le procès pour l'exécution sommaire de quelques fascistes. Il la remarque dans le groupe des chroniqueurs, blondinette et désinvolte, résolument charmante. Mais lorsqu'il s'approche en essayant de plaisanter, elle le remet à sa place en lui lançant un regard assassin : « Jeune homme, ceci n'est pas une fête. Trois hommes sont morts. Oui, bien sûr, c'étaient des fascistes, mais aussi des êtres humains. » Elle est jeune mais très déterminée. Elle a compris que pour réussir dans ce travail où les hommes dominent, elle doit prouver qu'elle est la meilleure. Elle réécrit des dizaines de fois chacun de ses articles, les peaufinant avec un soin maniaque. Elle étudie chaque sujet avant d'en parler. Elle lit les grands écrivains pour apprendre auprès d'eux l'élégance du style.

La veuve d'un collègue se souvient qu'elle venait souvent chez eux demander à son mari de lui prêter des livres, ou recevoir des conseils : « Parfois, le matin, nous trouvions des billets sous la porte, qu'elle avait glissés pendant la nuit. Elle travaillait et fumait beaucoup. » Elle sait qu'elle est quasiment une gamine, mais se montre bien décidée à s'emparer de ce à quoi elle a droit. « Je crois que le succès est un don qui sied aux jeunes gens », écrira-t-elle, une fois devenue célèbre. « Napoléon était déjà Napoléon à vingt-sept ans. Alexandre le Grand est mort à trente-deux ans. Rimbaud avait déjà écrit ses meilleurs textes à seize ans. »

Lorsque les rédacteurs en chef la traitent avec une douceur amusée, elle se met en colère. Elle veut qu'on la prenne au sérieux, malgré son jeune âge. « Une fois, on m'a envoyée à un procès pour outrage à la pudeur. Je me sentais mal à l'aise mais je n'avais pas le courage de m'en aller parce que je devais écrire mon papier. Au meilleur moment, le juge d'instance s'est mis à hurler : “Sortez cette gamine ! – Je suis journaliste, monsieur le juge ! – Journaliste, c'est ça, oui ! Dehors !” Et l'huissier m'a jetée dehors. »

Avec le temps, elle réussit à se lier d'amitié avec deux collègues, Mario Cartoni de *La Nazione* et Elvio

Bertuccelli du *Nuovo Corriere.* « Comme nous faisions la Cour d'assises tous les trois, Cartoni avait inventé le truc du tour. Quand j'étais dans la salle, eux n'y étaient pas. Et vice versa. Puis on s'échangeait les nouvelles au bar en buvant un Cinzano. Nous étions toujours ensemble, comme les trois mousquetaires. » Dans ses archives se trouvent encore quelques photos de ces soirées à la *trattoria.* Elle est la seule femme au milieu de grandes tablées de collègues, mais aucun d'eux ne semble attirer son attention : « Je le cherchais, bien sûr, mon Jack London, peut-être un Jack London qui ne savait pas qu'il était Jack London ou qui aurait pu le devenir, mais c'était comme chercher un papillon en hiver. Cette période de ma vie est, en ce sens-là, un très long hiver passé dans la vaine attente d'un peu de chaleur. »

« Je ne manquais jamais le dimanche parce que ça me rapportait presque mille lires de plus. D'un certain côté, notre vie était celle du médecin de campagne qui, dans sa charrette, se rend là où on l'appelle, à n'importe quel moment, sans se soucier des jours fériés ou des pauses pour manger. » Elle écrit sur tout. Mœurs, mode, faits divers. Elle travaille tous les jours. Elle ne connaît ni horaires ni distractions.

Un jour, en avril 1951, elle découvre une curieuse histoire. À Fiesole est mort un communiste catholique, qui s'est vu refuser des funérailles religieuses par le curé. Ses camarades du parti ont alors volé les parements et les cierges dans l'église et lui ont organisé des funérailles à leur manière. Oriana écrit un article sur cet épisode. Elle sait qu'il ne pourra jamais être publié dans *Il Mattino* et l'envoie donc à Arrigo Benedetti, qui dirige *L'Europeo*, l'hebdomadaire le plus prestigieux de l'époque.

« Je l'ai envoyé sans me faire d'illusions qu'il le publie. La semaine suivante, à l'angle de la piazza del Duomo et de la via Cavour, je découvre dans le kiosque *L'Europeo* qui arbore en première page l'inscription "Oriana Fallaci", en gros caractères. Et en dessous, le titre "À Fiesole aussi, Dieu a eu besoin des hommes". » Le premier à l'appeler est son oncle Bruno, presque irrité par un tel succès. « C'était un journaliste célèbre et il avait peur que je compromette sa renommée. Il m'a téléphoné et m'a dit : "Tu te prends pour qui, maintenant, pour Hemingway ? Idiote !" et il a raccroché. J'ai grandi à une époque où les jeunes étaient traités très durement : dans la famille, à l'école, au travail. Et cette dureté m'a fait du bien. »

Même Arrigo Benedetti la fait appeler, intrigué par cet article plein de brio : « "Vous êtes très douée, mais dites-moi donc, seriez-vous par hasard une parente de Bruno ? – Oui... – Bien, alors écrivez-moi autre chose. Je veux une longue interview du professeur Cocchi." Cocchi était un célèbre pédiatre de Florence. Il m'a reçue, j'ai écrit l'interview, je l'ai envoyée à Benedetti et lui ai dit : "Vous savez, monsieur le directeur, ce que mon oncle Bruno m'a reproché la dernière fois ? que mon nom ait été écrit en trop gros caractères. – Ce qui veut dire que cette fois, nous l'écrirons en caractères encore plus gros", a répondu Benedetti. Comme tu l'auras compris, l'oncle Bruno et lui n'étaient pas très amis. Avec mon interview de Cocchi, j'ai fait une pleine troisième page, qui a affermi mon entrée dans les hebdomadaires. »

Quelques mois plus tard, son rédacteur en chef à *Il Mattino* lui demande de se rendre à un meeting de Togliatti et d'écrire un papier méchant et amusant. « Vous pouvez toujours rêver, répond Oriana. J'irai d'abord écouter ce qu'il dit, et ensuite j'écrirai un papier sur ses propos. » Elle est rapidement convoquée dans le bureau du directeur. C'est un homme de la vieille école, qui exige de ses journalistes qu'ils lui obéissent. Oriana a déjà provoqué un scandale en osant le tutoyer, puisqu'il fait de même. « On ne crache pas dans la soupe », la réprimande le directeur. Elle lui répond du tac au tac et se fait licencier. « Alors a commencé le drame de l'aveu à papa et maman : pire que si j'avais été recalée à mes examens. Il m'a fallu une semaine pour trouver les mots justes. »

Bruno Fallaci intervient et la fait entrer à *Epoca*, dont il est devenu directeur. « Il m'estimait beaucoup, à présent. Il disait que j'étais douée parce que j'écrivais "comme un homme". Et même si je n'aimais pas cette définition (qu'est-ce que ça veut dire, écrire comme un homme ?), ses mots pansaient mes blessures. Le problème était que l'oncle Bruno ne voulait pas être accusé de népotisme, et me gardait sur le banc de touche. Voyons voir : qu'est-ce que j'ai écrit pour l'oncle Bruno ? Un papier sur les mosaïques de Ravenne, ou plutôt sur la tombe de Galla Placidia qui perdait ses tesselles. Un sur l'histoire de la crème glacée, qui était une page de publicité payée à Mondadori par Motta. Un papier sur l'exposition photographique d'Henri Cartier-Bresson. Et un sur le *David* de Michel-Ange, à Florence, auquel un conseiller démocrate chrétien voulait qu'on mette une feuille de figuier, ce qui fait que les étudiants lui avaient mis une culotte de femme. En dentelle. »

Lorsqu'il finit par lui concéder un article de politique – l'élection de Giorgio La Pira à la mairie de Florence en 1951 –, Oriana déploie tout son talent. Elle ouvre l'article en mettant immédiatement le lecteur en contact avec l'Histoire : « Giorgio La Pira ne voulait surtout pas créer de problèmes. » Elle dépeint cet homme politique original, grand mystique qui vit dans un couvent et donne tout aux pauvres, en lui donnant l'envergure d'un personnage de Dostoïevski, et décrit la manière dont il menait ses meeetings, par exemple : « Après avoir embrassé du regard l'immense place, il s'est signé, a approché sa bouche du micro et a dit : "Au nom du Père, du Fils et du Saint-Esprit..." Cette invocation a stupéfié les communistes, présents en grand nombre. » Ou bien son antifascisme mesuré : « Sa force se cache sous son apparente soumission. Sous le fascisme, grâce à cette douceur, il avait réussi à mener par le bout du nez les secrétaires fédéraux les plus enragés. Quand on lui avait enjoint d'aller garder le Monument aux martyrs fascistes de Santa Croce, il avait répondu : "Oui, oui, j'y vais ; pauvres morts. Mais sans mousquet. Je porte la couronne et je réciterai mon rosaire." L'idée n'avait pas plu aux fascistes qui, au moins pour le sanctuaire, ne l'avaient plus importuné. » Oriana n'a que vingt-deux ans mais démontre déjà son talent de narratrice et écrit sur la politique comme personne ne l'a fait avant elle.

Moins d'un an plus tard, Bruno Fallaci est écarté de son poste de directeur, et elle est licenciée avec lui : « J'avais commis un crime impardonnable : être la nièce de mon oncle. La presse italienne n'a jamais été tendre, ni pour mon oncle Bruno ni pour moi. Sûrement en raison de notre habitude de nommer un chat un chat, je suppose. » Heureusement, Arrigo Benedetti, le directeur de *L'Europeo*, qui apprécie le style et la détermination d'Oriana, et qui l'estime, lui ouvre les portes de son journal. « Il m'a dit une fois : "Prends garde, tu es douée, tu ne te feras pas des amis dans notre milieu rempli de *prima donna* qui veulent accorder bien peu aux femmes. Voire rien. Toi, ce que tu veux, tu le prends, sans attendre qu'on te le donne, et cela te créera quelques inimitiés. » Il lui explique que si elle va vivre à Rome, où se concentrent l'actualité du cinéma et les mondanités, elle aura davantage d'occasions d'écrire pour *L'Europeo*. Oriana décide de suivre son conseil. En 1954, elle quitte Florence, une valise à la main, remplie de ses quelques affaires. Elle a en poche l'adresse d'un ami journaliste, Nantas Salvalaggio. « Nantas m'a trouvé une chambre à louer dans le quartier des Parioli, où je me suis installée. A commencé alors la "Période de la Faim". Mon Dieu, quelle fringale ! J'avais toujours faim, je me nourrissais uniquement de sandwichs, au mieux de biscuits, que ma propriétaire découvrait de temps à autre dans mon armoire, en me reprochant : "Ça attire les fourmis ! Ça attire les fourmis !" »

5

Quelle plume !

Début des années cinquante. À Rome, la saison du grand cinéma italien va s'ouvrir. Oriana écrit pour *L'Europeo* des chroniques de spectacles et de mondanités, domaines dont elle n'a que faire. Sa sévérité naturelle et sa formation politique partisane ne s'accordent pas avec la frivolité du milieu romain. Elle rêve d'écrire sur la politique – le seul sujet qui l'intéresse vraiment –, mais à l'époque, elle ne peut pas formuler cette pensée à voix haute. En tant que très jeune collaboratrice, femme de surcroît, elle court où on lui demande d'aller. À *L'Europeo*, elle n'a qu'un protecteur, Renzo Trionfera, chef du bureau romain. « Quel homme délicieux, généreux. Il me faisait peur ! Mais en même temps, il m'encourageait. Il disait : "Ah, quelle plume !..." Ou bien : "La belle plume d'Oriana..." On aurait dit que la plume d'Oriana était la plume de Marcel Proust. Il s'est battu, en vain, pour que je sois embauchée. »

Les femmes journalistes sont rares en Italie. « Je me sentais seule comme un chien bâtard. Alors, me défendant et attaquant toute seule comme un chien bâtard, je suis devenue le Noir qu'on reçoit à la Maison Blanche. Et j'ai lancé la mode des femmes journalistes en Italie. » En réalité, elle rêve de devenir écrivain, mais en attendant, elle doit se faire un nom et acquérir de l'expérience. Elle sait que le métier de journaliste peut l'y aider.

« Je dois tout au journalisme », dira-t-elle des années plus tard. « J'étais une enfant pauvre : je dois au journalisme de ne pas être une femme pauvre. J'étais une femme curieuse, désireuse de voir le monde : et cela, je l'ai réalisé grâce au journalisme. J'avais grandi dans une société où les femmes sont opprimées, maltraitées : je dois au journalisme d'avoir pu vivre comme un homme. »

Elle sait qu'elle est belle et que cela peut parfois ouvrir des portes. D'autres fois, sa beauté lui permet de cacher combien son intelligence est dangereuse, et de pousser son interlocuteur à baisser imprudemment sa garde. Elle ne craint personne, et le prouve souvent. Une querelle avec un collègue plus âgé qu'elle, Davide Lajolo, devient bientôt légendaire. Oriana se présente à son journal pour lui demander des comptes sur une critique qu'il lui a retirée. Lajolo, qui a combattu lui aussi dans la Résistance, sous le nom d'Ulysse, pose en riant son pistolet sur la table. Oriana, impassible, lui répond en s'appliquant du rouge à lèvres. Ils deviennent évidemment amis. Un jour, Lajolo dira d'elle : « J'ai dîné avec Oriana Fallaci. Elle est la vivacité incarnée. Une intelligence hors du commun, une capacité de travail dépassant celle de plusieurs hommes. Journaliste, chroniqueuse attentive à chaque détail, d'une grande sûreté de vision. Elle a fait le tour du monde avec sa silhouette fragile. Si vous vous arrêtez un instant pour regarder ses yeux, vous comprenez quelle force et quelle énergie elle peut dégager. Avec elle, on ne parle pas, on discute, on polémique. Elle a toujours l'impudence de vous montrer que ce que vous lui dites, elle le sait déjà. Par contre, elle veut savoir ce que personne ne sait, les revers secrets, les non-dits, les faits révélateurs, et non pas l'emballage qui les enveloppe. Une fois qu'elle vous a indisposé avec ses questions inquisitrices, elle vous sourit et vous conquiert pour mieux vous sonder à nouveau, vous faire dire ce que vous vous étiez promis de taire. »

Curieuse de tout, entreprenante jusqu'au culot, elle parvient en novembre 1954 à intégrer un voyage de presse qui inaugure la ligne aérienne Rome-Téhéran. C'est son premier contact avec le monde. Quand elle monte à bord, elle est émue comme si elle entrait dans une fusée en route pour la Lune. L'avion décolle à une heure du matin de l'aéroport de Ciampino : « En bas, Rome brillait comme un bouquet de lucioles, toute palpitante de lumières, et bientôt elle ne fut plus qu'un point lumineux et lointain, telle une étoile tombée de l'infini sur la Terre. » Elle ne ferme pas l'œil de tout le voyage et ne perd pas un détail. Tandis que ses collègues plus âgés ronflent ou boivent des liqueurs, elle reste le nez collé au hublot, prenant des notes. L'aube sur le Bosphore l'éblouit : « Le ciel était encore sombre au-dessus de nous, mais à l'est, du côté de la mer de Marmara, l'horizon semblait en feu et des flammes pourpres, jaunes et violettes déchiraient le bleu, s'effaçaient et s'écartaient en langues roses luisantes. » Elle contemple l'Anatolie, puis les montagnes d'Arménie, et enfin un désert infini : « Il n'y avait ni herbe, ni arbres, ni fleuves, ni lacs sur le plateau désert, on avait l'impression de voler au-dessus d'un paysage lunaire désolé : c'était l'Iran. Après trois heures de terre brune et vallonnée, nous entrevîmes, comme en récompense, le haut plateau de Téhéran. » L'Iran, l'antique Perse, le pays des *Mille et Une Nuits*, qui l'ont fait rêver enfant, s'ouvre devant elle comme une promesse : c'est son premier Orient.

Le voyage est organisé dans les moindres détails, avec des visites en ville et dans les musées. Mais Oriana parvient à entrer dans une mosquée après s'être procuré un tchador noir pour se couvrir, et à se faire recevoir par l'impératrice. Soraya est la deuxième épouse du Chah, et on murmure déjà à son sujet qu'elle tarde à donner un héritier au trône. Elle accepte de rencontrer Oriana parce qu'elle est la seule femme de la délégation italienne. Cependant, elle exige qu'on ne lui pose pas de questions indiscrètes et qu'on ne parle pas de politique. Oriana accepte, et ne pose en effet aucune question de cet ordre. Mais lorsqu'elle rédige son article, elle ouvre son récit sur le coup d'État militaire qui a tenté quelques mois plus tôt de renverser le Chah. Et elle parvient à parler subtilement de politique jusqu'à la dernière ligne.

Le papier qu'elle en tire est déjà un exemple parfaitement réussi de journalisme à la Fallaci. Elle qui entre dans le palais, vêtue de noir comme exigé (toute la cour porte le deuil après la mort récente du jeune frère du Chah), l'erreur du serviteur qui la laisse seule dans la garde-robe de l'impératrice (lui permettant de fouiller dans la lingerie en dentelle et les bottes d'équitation), la dame de compagnie haletante qui vient la chercher et l'emmène dans le bon salon (décrit en quelques coups de pinceau efficaces, qui le rendent présent aux lecteurs, avec ses lustres de cristal et son tapis où les talons s'enfoncent comme dans du sable), et enfin l'entrée d'une silhouette féminine qui semble être la énième dame du palais mais se trouve être l'impératrice en personne (Oriana, confuse, oublie le salut prévu par le cérémonial, ce qui fait rire Soraya et brise la glace).

Avec l'habileté dont elle fera preuve à l'apogée de ses interviews politiques, Oriana fait parler l'impératrice même lorsque celle-ci se tait, décrivant ses silences, ses regards, ses mouvements de tête. L'ennui de la vie de palais se traduit dans la petite grimace de dégoût avec laquelle Soraya décrit le programme de sa journée. L'angoisse de l'absence d'enfant se traduit dans sa réaction en apprenant que l'actrice Silvana Mangano est enceinte : « "Elle attend un enfant ?" balbutia l'impératrice, et soudain son visage s'assombrit. » Oriana a décidé de lui faire admettre que son prochain voyage en Amérique a été organisé pour rencontrer un célèbre gynécologue, et non pas pour visiter Hollywood comme le soutiennent les communiqués officiels. Et c'est ce qu'elle fait dire avec le langage du corps à son interlocutrice, même si celle-ci dément : « Elle reposa lentement sa tasse de thé et baissa la tête. En la relevant, elle avait une expression perdue de petite fille qui ne sait pas quoi dire. Puis elle murmura d'une voix incertaine, comme si elle avait honte de dire un mensonge : "*No, for pleasure.*" Et elle changea vite de sujet. »

La capacité d'Oriana à dévoiler les personnages est déjà contenue là, dans ce premier article international. Si les chefs d'État qui seront mis à nu, vingt ans plus tard, dans ses fameuses interviews politiques avaient pu la lire en ce temps-là, ils auraient été prévenus. Ce ne sera pas ce qu'ils diront ou tairont qui créera l'impact de l'interview, mais le montage qu'Oriana fera de chaque détail. À cette époque déjà, son intuition et son interprétation sont au centre de l'interview et mènent son interlocuteur là où elle l'a décidé. Aucune échappatoire à un tel traitement. Autre qualité incomparable : son talent narratif. Oriana ne se limite pas à aligner questions et réponses, elle construit aussi une histoire, avec un début, une fin, et une bonne dose de suspense au milieu, qui tient le lecteur en haleine jusqu'à la dernière ligne.

De retour en Italie, elle s'occupe à nouveau de cinéma romain et de mondanités, à la demande du nouveau directeur de *L'Europeo.* Arrigo Benedetti a quitté le journal pour fonder *L'Espresso*, et Michele Serra est appelé à sa place. En 1955, elle est embauchée et déménage à Milan, auprès de la rédaction principale de *L'Europeo.* Elle arrive dans les bureaux de l'hebdomadaire le plus prestigieux d'Italie, apportant avec elle son air d'éternelle gamine. Elle a vingt-six ans, ne connaît personne et ne sait pas s'habiller. Elle porte toujours des pantalons, peu courants à l'époque pour une femme, et privilégie le noir. Michele Serra se moque d'elle en disant qu'elle s'habille comme un ramoneur. Pour l'heure, la femme qui règne dans la rédaction est Camilla Cederna, particulièrement élégante et bien introduite dans les salons de Milan, même si elle quittera bientôt le journal pour rejoindre Benedetti à *L'Espresso.* « J'étais fille de prolétaires et donc de personnes auxquelles le sens du mot "salon" échappait, et comme si cela ne suffisait pas, j'étais bien trop jeune par rapport à elle. Je n'osais pas rechercher son amitié, ni même ne serait-ce que son amabilité : je savais que je ne l'intéressais pas. Oh, je me souviens de l'amertume que j'ai ressentie le jour où j'ai été doucement sermonnée par un Emilio Radius très embarrassé – rédacteur en chef et ami de

Camilla Cederna – parce que j'avais "imité dans un article le style de Camilla" (en fait, je l'avais commencé par un adverbe, comme elle). On m'a expliqué que "la Cederna l'avait très mal pris et que je devais trouver mon propre style". »

Elle obtempère, et plutôt rapidement. Elle traite tous les sujets possibles, car elle est convaincue que l'entraînement est la clé pour se perfectionner. Elle écrit sur un père qui essaie de ramener à la maison son fils enrôlé dans la Légion étrangère, sur un adolescent qui se suicide sans raison apparente, sur une voleuse qui exploite les orphelins qui lui sont confiés, sur un Anglais qui a changé de sexe. Elle continue à s'occuper de chroniques romaines et se spécialise bientôt dans le cinéma, grâce à son culot pour dénicher les célébrités et à sa ténacité pour les épier pendant des heures. Elle raconte les amours des actrices étrangères avec les princes romains et la vie des petites reines de beauté. Les vacances des riches à Capri et la lune de miel d'Audrey Hepburn dans les collines romaines. La robe de mariée de Maria Pia de Savoie et le festival de la chanson italienne de Sanremo. Avec le temps, les interviews se multiplient, sa technique s'affine. Oriana commence à trouver son rythme. Sa veine narrative est très riche et compense la rareté des éléments avec lesquels elle doit souvent construire un article. Lorsque, au festival de Venise, les attachés de presse refusent de la laisser passer, elle ne se décourage pas et invente pour son article une ouverture brillante où elle décrit le tapis rouge des stars, commenté à haute voix par le public autour d'elle.

Elle travaille scrupuleusement, mais s'ennuie. Seuls les voyages l'amusent. Voilà pourquoi elle accepte tous les déplacements. Lorsque, en avril 1955, son journal lui demande de raconter l'amour impossible entre Peter Townsend et la princesse Margaret, qui met dans l'embarras la cour d'Angleterre, elle prend un avion pour la Belgique. Depuis des mois, Townsend vit en exil à Bruxelles et refuse de rencontrer les journalistes. Oriana va le dénicher au manège où il fait du cheval tous les jours. Elle l'attend devant chez lui. Elle se procure son numéro de téléphone. Elle n'obtient rien, mais sur ce rien, elle construit un petit récit parfait. Elle écrit un scénario, plus qu'un article, montant habilement ce qu'elle a en main, c'est-à-dire deux phrases échangées devant la porte de chez Townsend. « Townsend avait souri : "Vous ne vous rendez pas facilement. – Vous non plus, capitaine." Un autre sourire. "Vous comprenez que je ne peux pas manquer à un engagement, madame. – Moi non plus, capitaine." La cravache battait en rythme contre sa botte. "Je suis désolé de ne pouvoir vous dire ce que vous désirez. Je voudrais pouvoir le faire. Au fond, vous le méritez." Un autre sourire. Puis la question qui me tenait le plus à cœur : "Vous ne voulez tout de même pas nier que vous comptez épouser la princesse Margaret ?" » Townsend nie, évidemment, mais la façon dont Oriana le décrit – déglutissant péniblement, relevant la tête brusquement puis crispant sa mâchoire – transforme de fait le non en oui.

Le style d'Oriana – qui la rendra célèbre dans le monde entier – est déjà parfaitement formé. Ténacité dans la recherche de l'information, habileté dans la construction de l'article comme un récit, et choix de se mettre en scène en tant que personnage. Elle demande aux photographes qui l'accompagnent de la photographier pendant qu'elle discute avec l'interviewé, parle à la première personne en racontant ses sensations, et interpelle directement le lecteur – Tu comprends ? Tu vois ? Je vais t'expliquer – comme si son article était une conversation.

La révolution hongroise de 1956 marque un tournant fondamental dans sa carrière. Le 23 octobre, Budapest s'insurge contre le régime communiste. Oriana harcèle son directeur jusqu'à ce qu'il accepte de l'envoyer sur place, mais seulement pour écrire une chronique à la fin du soulèvement, lorsque la capitale sera enfin libérée. Dès qu'elle atterrit à Vienne, le 2 novembre, elle découvre que la situation a basculé en quelques heures. Les Soviétiques ont envahi le pays, la frontière est fermée, la capitale isolée. Évidemment, elle n'écoute pas les recommandations de l'ambassade italienne en Autriche et décide d'entrer clandestinement dans le pays. Elle loue un taxi, qui est pourtant obligé de faire demi-tour. Ensuite, elle parvient à monter dans un convoi de la Croix-Rouge, qui est arrêté quelques kilomètres après la frontière par les troupes de l'envahisseur. Dans l'article qu'elle envoie à *L'Europeo*, elle décrit la nuit de neige et de boue, le bivouac des soldats soviétiques. La voilà soudain ramenée à l'époque de la Seconde Guerre mondiale, lorsqu'elle entendait les adultes évoquer la fameuse Légion du Turkestan, constituée d'anciens prisonniers soviétiques d'Asie centrale armés par Hitler et envoyés au combat contre les partisans après le 8 septembre 1943[1]. Tout est comme alors. Seule la langue, avec ces sons gutturaux que les soldats prononcent pour la convaincre de renoncer, a changé.

1. Jour de l'armistice avec les Alliés en Italie. (*N.d.T.*)

Avant de rentrer en Autriche, le convoi de la Croix-Rouge s'arrête dans un avant-poste de frontière contrôlé par des insurgés. Le chef est un vieil homme. Avec une trentaine de jeunes gens, il tient la position, sans aucun espoir de survie. Oriana observe son air las, sa longue barbe, ses yeux cernés. Elle repense à son père prisonnier des fascistes, le visage tuméfié et les yeux baissés. Elle pourrait rester l'écouter pendant des heures, mais le grondement des chars approche et le convoi de la Croix-Rouge se prépare à repartir. Elle aussi doit s'en aller, laissant le vieux résistant à son destin. Il prépare un dernier café puis il salue les étrangers avec le salut d'un gentilhomme d'autrefois : « Mesdames et messieurs, il faut bien mourir un jour. » Oriana sait que le vieil Hongrois ne survivra pas. La seule chose qu'elle peut faire pour lui est de le raconter aux lecteurs, en lui consacrant un portrait extraordinaire qui le fera vivre pour toujours.

En Autriche, elle demande à visiter les camps de réfugiés, pour parler avec les Hongrois en exil. Elle est bouleversée par ce qu'elle voit. Elle transcrit les messages de la radio clandestine, traduits par l'interprète : « Citoyens, comment pouvez-vous ne pas entendre le cri de nos femmes et de nos enfants qu'on assassine ? Peuples du monde ! entendez le cri désespéré d'une petite nation ! » Elle recueille les terribles récits des réfugiés dans une série d'articles. Elle clôt le dernier de façon magistrale, en s'arrêtant sur le visage massacré d'un étudiant à qui ses tortionnaires ont coupé la langue, furieux parce qu'il ne voulait pas donner les noms de ses camarades. « Il ne parlera plus jamais », dit la femme qui lui montre ce visage, « mais vous, vous pouvez parler. Racontez-le, vous entendez ? Racontez-le quand vous rentrerez en Italie. Racontez-le à tous les gens que vous verrez. » Dans les coulisses de la révolution hongroise, Oriana découvre que sa voix de journaliste peut acquérir une dignité nouvelle. Elle n'est plus seulement là pour amuser grâce à son habileté de narratrice. Elle devient témoin, soldat. Elle combat en première ligne pour la liberté et la justice, les deux idéaux avec lesquels elle a grandi.

Ce voyage en Hongrie la trouble profondément, et elle ne s'en cache pas à ses lecteurs. « Il me semble qu'il ne doit plus y avoir de place, dans notre esprit d'hommes et de femmes lucides, pour les amours des stars, les scandales mondains, les avant-premières auxquelles on se rend en smoking et en robe décolletée », écrit-elle dans un article envoyé à Vienne. Elle jette sur la page tous ses sentiments et son indignation, de manière brute. Elle veut toucher le lecteur, le secouer intensément, quitte à être brutale : « Que ceux qui sont encore capables d'apprécier les frivolités et d'ignorer l'agonie d'un peuple se rendent à Vienne et jettent un regard sur ce qui se passe. » Elle ne s'imagine pas reprendre ses chroniques de potins et de mondanités. Malheureusement, c'est ce qui arrive à son retour à la rédaction. Moins d'un mois plus tard, elle est à Londres, pour suivre un scandale à Buckingham Palace. Elle écrit alors un article dans lequel, dès la première ligne, elle ne parvient pas à dissimuler sa frustration : « Occupons-nous à présent du dernier béguin de Margaret… »

Pour Michele Serra, cette idée d'aller en Hongrie n'a été qu'un coup de tête. Il l'a contentée car il connaît désormais le caractère d'Oriana. Il sait qu'il est inutile d'essayer de l'arrêter. Pour elle, en revanche, ce voyage a été un point de non-retour : « Ce fut une expérience importante. Comme de revenir en arrière, aux temps héroïques de la Résistance, d'en humer à nouveau le parfum. » L'Oriana correspondante de guerre naît ici. Le Vietnam n'est pas loin. Mais avant d'y arriver, elle doit convaincre son directeur de la faire voyager. Et de devenir une envoyée spéciale de *L'Europeo*.

6

La découverte de l'Amérique

C'est l'Amérique qui lui offre sa première véritable opportunité de se faire un nom. Depuis sa prime enfance, elle a rendez-vous avec ce pays : « On m'a appris à aimer l'Amérique, même lorsque les Américains sont venus nous bombarder et ont tué un garçon de treize ans qui était mon voisin de classe. Le 11 août, les Américains étaient finalement arrivés à Florence. Pour moi, dans mon imagination de petite fille, ils sont restés pour toujours ces anges en uniforme kaki. Ils étaient merveilleux. Je me suis mise à rêver d'aller aux États-Unis, et bien des années plus tard, j'y suis allée et je suis tombée physiquement amoureuse de ce pays, de ce rêve. »

En décembre 1955, elle participe avec des journalistes italiens à un voyage de presse pour l'inauguration de la ligne Rome-Los Angeles. Une fois encore, elle est la seule femme. Elle visite Hollywood, Washington et New York. Un demi-siècle plus tard, Giovanna Govoni Salvadore, l'interprète, se souvient d'elle avec précision. C'était la plus jeune et la plus menue, dit-elle, mais elle ne passait pas inaperçue : « Elle avait une forte personnalité et n'avait pas sa langue dans sa poche. » Elle a gardé quelques photos de ce voyage. Sur l'une d'elles, toutes deux marchent dans les rues de New York, sur une autre elles visitent un cimetière, et devant l'appareil photo, Oriana plaisante en faisant le signe des cornes. Elle est engoncée dans un manteau trop grand pour elle, son visage est joufflu sous sa frange courte. Petit chapeau, gants, sac à main, un rang de perles et des chaussures plates. On dirait une petite institutrice.

« Elle ne connaissait pas bien l'anglais. Elle m'a demandé d'être son interprète dans les interviews », se souvient Giovanna. Lorsque le groupe s'arrête quelques jours à New York, Oriana annonce au directeur qu'elle interviewera Marilyn Monroe, la star la plus insaisissable du cinéma américain. Depuis presque un an, l'actrice se cache. Elle a rompu son contrat avec son studio de cinéma, a quitté Hollywood et vit à New York, dans un appartement dont personne ne connaît l'adresse. On raconte que les rares fois où elle sort de chez elle, elle porte une perruque noire pour passer inaperçue. Giovanna accompagne Oriana dans sa chasse : « Tout le monde nous disait que nous étions folles. Une fois, nous sommes allées au théâtre, à la première d'une de ses amies, en pensant l'y trouver, et nous sommes restées longtemps dans le théâtre, à visiter les loges. Nous avons fini par rester enfermées à l'intérieur. Nous nous sommes installées pour dormir dans les fauteuils de la salle. Le gardien du théâtre nous a trouvées à l'aube et jetées dehors. »

La recherche devient frénétique. En deux soirs, Oriana se rend dans douze restaurants, dix-huit night-clubs, huit cinémas et quatorze théâtres. Les correspondants italiens à New York se moquent d'elle. Enlève-toi ça de la tête, la préviennent-ils, moi je la cherche en vain depuis six mois. Au siège de la 20th Century Fox, où elle appelle pour obtenir l'adresse de la star, on fait de l'esprit et on lui répond : nous vous serions reconnaissants de bien vouloir nous la communiquer une fois que vous l'aurez trouvée. Bien vite, cette jeune journaliste italienne qui pourchasse Marilyn Monroe devient elle-même un scoop. Ses collègues américains l'appellent pour savoir si ses recherches avancent. On fait des paris sur elle. Au terme de son voyage, elle est obligée de rentrer à Milan sans interview, mais ne s'avoue pas vaincue. Elle décide d'écrire un papier sur sa non-interview avec Marilyn Monroe, renversant la situation et devenant elle-même l'héroïne du récit. Le résultat est formidable et plaît au directeur.

Un an plus tard, en 1957, elle le convainc de l'envoyer à Hollywood. À l'époque, c'est un voyage très coûteux pour un journal italien : « Il m'y a envoyée avec cinq cents dollars, somme tout à fait insuffisante pour un mois à Los Angeles. J'ai dû m'arranger en acceptant l'hospitalité d'une dame italo-américaine qui m'a hébergée dans le garage de son jardin. Un garage sans son automobile, meublé avec un lit, une table et des toilettes. En échange, le reportage s'est bien passé et j'ai interviewé de nombreuses stars. » Cette fois encore, elle a besoin de quelqu'un qui l'aide avec l'anglais. Elle choisit comme guide Paola Brandt Kennealy, née en Italie et expatriée à Los Angeles pour suivre son mari Bill, journaliste et scénariste. Paola se rappelle bien ce mois à Hollywood en compagnie d'Oriana. Elle n'a pas souvenir qu'elle vivait dans un garage, mais qu'elle était certainement l'hôte d'une famille de la communauté italo-américaine : « Je lui racontais tous les potins d'Hollywood pour l'aider à préparer chaque rencontre, je lui conseillais les lieux où se rendre. »

Oriana sillonne la ville dans la Cadillac rouge des Keannealy. Ne sachant pas conduire, elle laisse le volant à Paola qui, des années plus tard, se souvient d'elle avec une grande tendresse. « Un petit oiseau effarouché ; elle était très jeune, gracieuse, avec un visage fort expressif, mais ses yeux laissaient transparaître une grande confusion intérieure. » Elle ne sait rien de ce grand pays, et n'en connaît pas bien la langue. Pourtant, elle ne peut pas se permettre de se tromper. Comme le lui ont toujours répété ses parents, elle doit être la meilleure. Alors, elle fonce tête baissée, feignant de ne pas avoir peur. Même Giovanna, l'interprète de son premier voyage, se souvient de sa nature complexe : « Elle était fragile mais utilisait l'agressivité comme une cuirasse. Elle attaquait la première. Résultat : les Américains étaient souvent terrorisés. »

Elle n'avait pas beaucoup d'amis, se souvient Paola, et surtout aucune amie. Elle n'aimait pas les femmes, elle disait qu'elles avaient la trahison facile : « Ses modèles, c'étaient son père Edoardo et son oncle Bruno, elle parlait d'eux constamment. » Elle devient l'amie de Bill, le mari de Paola : « C'est de lui qu'elle s'est inspirée pour enregistrer toutes ses interviews. Bill tournait toujours avec un magnétophone, alors très inhabituel. » Étonnamment, alors qu'elle deviendra une grande voyageuse, elle a peur de prendre l'avion : « Je me souviens que durant un vol que nous avons fait ensemble, juste après le décollage, elle a sorti un ouvrage de broderie de son sac et s'est mise au travail. Cela me sert à oublier que nous sommes si haut, m'a-t-elle expliqué. » Elle est très douée pour le petit-point. De Paris à Milan elle brode deux feuilles, et écrit à un ami. De Rome à New York, elle termine deux grandes fleurs avec toutes leurs feuilles.

Ce mois passé en Californie lui permet d'étudier de près le monde des stars américaines. Hollywood a un peu plus d'un demi-siècle d'histoire. En 1887 – lorsqu'une pionnière puritaine du Midwest, Daeida Hartell Wilcox Beveridge, décide de s'y établir en abandonnant une Los Angeles dépravée –, c'est seulement une plaine recouverte d'orangers sauvages et de houx. Mme Wilcox appelle son ranch « Hollywood », « Bois de houx ». Elle ignore que peu de temps après, le maire autorisera un certain William Selig, « fabricant de films », à exposer les pellicules en plein air dans le voisinage. Et que trois jeunes gens en rébellion contre le monopole de la Motion Pictures Patents Company de New York – Samuel Goldwyn, Jesse Lasky et Cecil B. DeMille – loueront une étable du ranch pour tourner un film. Le reste appartient à l'histoire.

Oriana essaie de tout regarder avec un œil critique, découvrant la réalité américaine en même temps que les lecteurs de *L'Europeo*. Selon son habitude, elle écrit tout ce qu'elle pense, avec une grande sincérité. La capitale du cinéma lui semble « stupide et géniale, corrompue et puritaine, amusante et ennuyeuse » ; curieusement envahie par des rats qui nichent dans les arbres de Beverly Hills et dont le grignotement, le soir, est plus bruyant que les cigales en Toscane. Elle observe son environnement, mi-amusée mi-sévère, sans en perdre une miette. Elle se lie d'amitié avec Jean Negulesco, un réfugié roumain qui, après avoir été peintre à Paris, est devenu l'un des grands réalisateurs du moment. Pour se rappeler chaque jour qu'il est riche, il achète des œuvres d'art de manière compulsive.

Elle visite la villa de Greta Garbo, laquelle sera, bien des années plus tard, sa voisine à New York. Elle va rencontrer l'une des dernières gloires d'avant-guerre, l'actrice Mary Pickford, qui la reçoit en s'adressant à elle en français, convaincue que c'est la seule langue parlée en Europe.

Elle remplit des cahiers de notes, habile à saisir des scènes sur le vif. Comme le jeune taxi, étudiant en troisième année de philosophie à l'Université de Californie, qui la surprend avec une question inattendue : « Vous qui venez d'Italie, dites-moi : quand est-ce que Nenni s'alliera à Saragat[1] ? » Ou bien le prêtre catholique d'Hollywood qui attend que tous les acteurs soient assis puis s'exclame « OK ! » et se met à célébrer la messe. Ou encore le guide du cimetière local qui lui montre une pièce ornée d'une reproduction de *La Cène* de Léonard de Vinci, vantant ses mérites par rapport à l'original conservé à Milan : « Celle-ci est neuve, et plus grande, en plus. »

Le soir, elle sort avec Paola et Bill. Elle veut tout voir. Elle se rend dans les boîtes à la mode, le Mocambo, le Bentham Cock's, le Romanoff's. Elle ne cesse de poser des questions, exténuant ses guides. Dès qu'elle le peut, elle se fait inviter chez les acteurs, dîne avec leur famille, se baigne dans leur piscine. Au cours d'un dîner chez le réalisateur Henry Hathaway, elle se lasse rapidement de la compagnie des épouses, qui parlent femmes de chambre et cuisine, et s'assied avec leurs maris pour regarder un match de boxe à la télévision. Le monde des célébrités américaines lui convient parfaitement. Elle sait évoquer chacune d'elles de manière personnelle. Elle saisit leurs

1. Pietro Nenni et Giuseppe Saragat : deux représentants opposés du Parti socialiste italien. (*N.d.T.*)

fragilités avec une grande sensibilité. En Judy Garland, elle voit l'ancienne petite fille qui voulait juste chanter et s'amuser, mais a été obligée de devenir une star, constamment au régime. En Loretta Young, une femme très seule qui garde son rosaire suspendu au rétroviseur intérieur de sa voiture pour occuper son temps aux feux rouges et dans les embouteillages.

En certaines occasions, elle s'octroie la satisfaction d'une petite vengeance. Par exemple, avec Elvis Presley qui n'a pas voulu la rencontrer – « Elle est venue d'Italie pour m'interviewer ? Qu'est-ce que ça peut me faire, d'autres viennent bien de Chine » – et qu'elle présente comme un idiot à la bouche en cœur, qui se déplace uniquement s'il est précédé d'une foule de jeunes chargés de crier : « Voilà Elvis ! Voilà Elvis ! » Avec d'autres, elle est plus bienveillante. Frank Sinatra, quelques années auparavant, lui a grossièrement refusé une interview alors qu'il se trouvait à Rome avec Ava Gardner, et Oriana a juré de ne plus jamais lui adresser la parole. Un soir, à Hollywood, elle se retrouve à côté de lui à la première d'un film : « J'ai regardé vers l'écran en l'ignorant. Mais Frank Sinatra a une mémoire d'éléphant. Juste avant que la lumière ne s'éteigne dans la salle, il tapote mon bras d'un doigt, et avec son sourire le plus éblouissant, il me dit : "Hello. Encore fâchée ?" Bon. Il dompterait un serpent, celui-là. Imaginez une femme, alors. »

Elle ne pardonne rien à Hollywood, comme elle ne pardonne rien à Cinecittà. Une amie romaine, qui était sa guide parmi les stars italiennes, lui écrit : « Ici, désormais, on t'a un peu perdue de vue. Oui, les acteurs sont bien tranquilles, plus personne ne se met en colère, plus personne ne peste contre l'infernale Oriana qui nous fait toujours passer pour des crétins. Dommage. » Parmi toutes les stars qu'elle rencontre, celle qui lui plaît le plus est Jayne Mansfield, car celle-ci possède une vertu qu'elle place au-dessus de toutes les autres : le courage. « C'est la fille la plus sympathique, la plus sincère et la plus critiquée d'Hollywood. La seule qui ne m'ait pas déçue », écrit-elle à propos de l'actrice. Elle l'interviewe longuement, enchantée par son culot, et écoute le récit de son ascension insolite, fondée non pas sur ses talents d'actrice mais sur sa détermination à devenir une star.

Elle déteste ce qui, à Hollywood, transpire le mensonge et l'arrogance, c'est-à-dire presque tout. Elle l'explique clairement aux lecteurs : « Souvent, quand j'approche une “star”, j'essaie de comprendre si elle est sincère. Les stars me parlent rarement d'elles-mêmes. À moins qu'il ne s'agisse de personnes très stupides ou très désespérées, je devine toujours à travers leurs gestes et leurs paroles une fausseté effrayante qui suscite le doute. Elles sont trop habituées à paraître telles qu'elles ne sont pas pour devenir spontanées quand elles ne sont plus devant un réalisateur. » Lorsqu'elle perçoit de l'hypocrisie, elle l'identifie d'abord précisément, puis la tourne en ridicule. Dans l'un de ses articles, elle éreinte le très snob Yul Brynner, qui a accepté avec suffisance de la recevoir sur un tournage : « Il a allumé ma cigarette avec une lenteur étudiée. Sa bouche mignonne a soufflé sur l'allumette. Un souffle violent et délicat à la fois. Je décevrais monsieur Brynner si j'écrivais qu'il ne me procura pas un doux frisson. Eh bien, il ne m'en procura pas. »

Elle raconte aux lecteurs du journal comment les studios de cinéma fabriquent les stars, en prenant pour exemple Kim Novak, une gamine insipide d'origine tchécoslovaque qui a été refaite des pieds à la tête et – transformée en star – pose maintenant devant elle en robe rouge : « Lisse et ronde comme les pommes de Californie qu'on vend au Farmer's Market de Los Angeles. » Elle se fait révéler ces détails par l'agent qui l'a lancée, et les raconte, amusée, aux lecteurs : « Elle marchait comme un canard, ne savait jamais où mettre ses mains, serrait toujours entre ses doigts un mouchoir qu'elle agitait avec de petits rires stupides sous le nez des gens. Elle s'habillait sans aucun goût. Tout ce qu'on a dû lui apprendre ! » Malgré tout, elle ne comprend pas la raison pour laquelle Kim Novak est devenue si célèbre et l'éreinte tout au long de l'article, qu'elle clôt sur son voyage en Europe, passage obligé pour une star montante : « Kim est allée à Cannes avec dix-neuf bagages et une absolue ignorance du baisemain. "Quand un homme me baisait la main, je le laissais faire puis je la lui baisais en retour. Il croyait que c'était une plaisanterie et riait aussi. Mais maintenant, j'ai appris." »

À Hollywood, Oriana prend conscience du pouvoir acquis par la presse. Dans cette ville minuscule, un millier de journalistes travaillent et des dizaines de revues de cinéma sont éditées, qui vendent chaque semaine des millions d'exemplaires dans tout le pays. Les journalistes épient les moindres faits et gestes des acteurs pour les raconter aux lecteurs. Voilà pourquoi les stars les craignent et les traitent avec une grande déférence. Oriana étudie attentivement la manière de travailler des *columnists* les plus célèbres – Louella Parsons, Hedda Hopper, Sheilah Graham – qui signent des chroniques de potins et de mœurs publiées simultanément dans des centaines de journaux aux États-Unis. Elle réussit même à obtenir un entretien avec Hedda Hopper, et prend note de ses conseils :

« N'épargne personne. Dis toujours du mal de tout le monde. Réjouis-toi d'être considérée comme une vipère. »

Au cours de ses explorations, elle s'appuie beaucoup sur les membres de la communauté italo-américaine. Elle devient l'amie des sœurs Pierangeli, Marisa et Anna Maria, cette dernière célèbre pour avoir été le grand amour impossible de James Dean. Elle reçoit l'aide de Gregorio Bernardini, un jeune homme qui dirige les bureaux de la Fiat dans la vallée de San Fernando, pour approcher un William Holden passionné de voitures. Elle s'adresse à Valentina Cortese, mariée à l'époque avec l'acteur Richard Basehart, pour avoir l'honneur d'être l'unique journaliste invitée à la réception que Joseph Cotten donne tous les ans. C'est une fête ultra-sélect, mais Oriana, qui s'y ennuie, s'en va très tôt avec Orson Welles et sa femme italienne, Paola Mori. Cette première rencontre avec Welles, elle la raconte évidemment à ses lecteurs : « Il m'a paru si antipathique que pour l'agacer j'ai plongé à cinquante centimètres à peine de l'endroit où il était assis, voire trônait. Un beau plat dans l'eau et splash ! j'ai éclaboussé son costume en soie. Eh bien, savez-vous ce qu'il a fait pendant que je batifolais dans l'eau comme une oie ? Il a éclaté d'un rire d'ogre, a retiré sa veste et son pantalon, les a suspendus soigneusement pour les faire sécher, et a plongé à son tour, transformant cette piscine tranquille en une mer démontée. Puis, me rattrapant comme si j'étais une puce, il m'a dit : “Je hais les femmes. Elles sont sensibles, réalistes, pratiques, imprévisibles, insondables comme les bêtes. J'adore les bêtes : parce qu'elles m'amusent. Voulez-vous venir dîner avec moi ?” »

À partir de ce séjour à Hollywood, ses voyages aux États-Unis se multiplient. Elle a un visa d'entrée à durée indéterminée et tient beaucoup à le conserver. Elle prend un avion pour New York avec la régularité d'un métronome, emportant dans son sac à main son ouvrage de broderie et une longue liste de sujets à traiter : « Un papier sur Élisabeth d'Angleterre en visite officielle aux États-Unis, un autre sur les gangsters, un autre encore sur Mickey Spillane, une enquête sur Broadway, un reportage sur Noël, et un article sur le couple Miller-Monroe. » Mais, le plus souvent, elle se rend à Hollywood où elle commence à avoir ses habitudes : « Ce dont je ne peux pas me plaindre à Los Angeles, c'est la façon dont je suis traitée. On me traite vraiment bien. Il suffit que je téléphone pour qu'on me dise : viens, apporte ton maillot de bain. Je suis plus noire que Sidney Poitier et j'ai des courbatures à force de nager. » Son anglais est devenu excellent, de nombreux acteurs deviennent ses amis.

Des années plus tard, elle fera un voyage en automobile avec Shirley MacLaine. Elles veulent traverser les États-Unis d'ouest en est, mais le voyage s'interrompt plus tôt que prévu en raison d'une violente dispute. L'actrice se souvient : « Je lui avais expliqué que pour les Indiens, les prendre en photo était comme voler leur âme, mais elle ne m'a pas écoutée et les a photographiés quand même. On s'est disputées et séparées. Oriana ne comprenait pas. C'était un voyage d'agrément, mais elle, en réalité, était toujours en train de travailler. » Le carnet qu'elle tient durant le voyage est en effet rempli de notes. Au Texas, un policier les arrête pour excès de vitesse, les obligeant à passer une nuit en prison. Oriana est frappée par le sérieux avec lequel est appliqué le code de la route : « Personne ne double en Amérique. Ils attendent, même si la voiture est à cinq miles, à dix miles, puis ils disent "C'est dangereux." Je ne comprends pas comment ils peuvent avoir des accidents. » Dans le désert, elles crèvent un pneu et se retrouvent dans la panade : « Le vide, le silence. J'aperçois une voiture au loin. Je cours, désespérée, je cours vers elle : c'est une vieille aux cheveux blancs dans une Renault, qui a perdu sa route. "Ne me demandez pas d'aide. Moi aussi je me suis perdue." » À la frontière entre le Nevada et l'Arizona, elles sont contrôlées par la police : « Ils nous demandent si nous avons des fruits, des légumes : telles sont les formalités de leur douane. Je réponds non. La réaction typique de l'Italienne. S'ils nous contrôlent, notre voiture est évidemment remplie d'oranges, de bananes, de raisin, de pêches. Nous avons aussi des carottes, du céleri, des poivrons verts que Shirley aime déguster, avec du sel. » En Alabama, elle s'arrête dans une ville qui s'appelle Florence, détail qui l'amuse beaucoup.

Ses articles sur les stars du cinéma américain sont publiés dans *L'Europeo* au cours de l'automne 1957, dans une série intitulée « Hollywood par le trou de la serrure », et rencontrent un grand succès. Les lecteurs italiens ne sont pas habitués à entendre parler des stars de cette façon. Oriana ne les craint nullement, ce que le public adore. Et puis elle est amusante, exubérante, curieuse, elle prend son lecteur par la main et l'emmène avec elle chez les célébrités. Elle est toujours présente dans ses articles, jusqu'à devenir elle-même un personnage. C'est ce qui fait qu'on se souvient d'elle et qu'on l'aime. Elle est en outre si irrévérencieuse que le lecteur se sent presque vengé de son quotidien morose.

Au printemps 1958, la maison d'édition Longanesi lui propose de publier un recueil de ses articles. Le titre en sera *I sette peccati di Hollywood*, « Les sept péchés d'Hollywood ». Pour Oriana, qui a toujours rêvé d'être écrivain, c'est un moment décisif. « Depuis que je suis petite, je veux écrire des livres. Non pas être écrivain, mais écrire des livres, parce que j'aime les livres, le papier des livres. Au moins, il n'est pas utilisé pour emballer les chaussures. Oui, car une fois j'ai apporté mes chaussures chez le cordonnier pour faire refaire le talon et il me les a rendues enveloppées dans un de mes articles. Savoir qu'une semaine après on est mort me dérange un peu. »

Les livres ont toujours été au cœur de ses réflexions pour l'avenir. « Je n'oublierai jamais l'émotion que j'ai ressentie lorsque j'ai eu mon premier livre en main. C'était comme si j'avais mis au monde un enfant. Je me suis mise à trembler et j'ai couru aux toilettes pour pleurer. » Pour sa préface, elle obtient un texte d'Orson Welles. Celui-ci ne cache pas son admiration pour cette jeune journaliste italienne qui a mis à nu la communauté des stars avec talent et audace : « Oriana Fallaci a un regard toscan pénétrant qu'elle a bien fait de fixer pendant quelque temps sur notre caravansérail. » Le réalisateur est le premier à saisir l'un des secrets d'Oriana, qui sait cacher sa nature de journaliste aguerrie sous le plus trompeur des masques féminins : « Mata Hari aussi était belle. Chacune de ces deux espionnes habiles, à son époque, a exploité le préjugé masculin bien connu qui veut que l'intelligence soit réservée, chez le sexe faible, aux moins attirantes. À Hollywood, il n'y a rien de plus commun qu'une belle femme. La grâce fascinante d'Oriana Fallaci lui a servi à passer inaperçue. »

« À ma mère et à mon père », telle est la dédicace du livre. Les ventes sont excellentes. Le nom d'Oriana, déjà connu des lecteurs de *L'Europeo*, commence à être familier pour le public italien. Ses collègues vont l'interviewer, étonnés du succès soudain de cette jeune femme aux cheveux crêpés. Certains essaient encore de plaisanter sur son apparence inoffensive et la décrivent comme « l'envoyée spéciale blonde comme les blés, à la bouche en cœur ». Mais, bien vite, tous s'aperçoivent qu'ils ont face à eux une rivale qui occultera, en quelques années seulement, tout autre nom de la presse nationale, devenant l'unique journaliste d'Italie – homme ou femme – connu et lu dans le monde entier. Giorgio Fattori, le nouveau directeur de *L'Europeo*, a compris depuis longtemps que lorsque son nom est annoncé en couverture, les ventes augmentent. Oriana a enfin atteint la renommée dans son pays. Ce pourrait être un moment très heureux pour elle. En réalité, ces mêmes années, elle vit l'une des expériences les plus difficiles de son existence. Une histoire d'amour malheureuse qui la transformera pour toujours.

7

Premier amour

Il s'appelle Alfredo Pieroni et travaille comme correspondant à Londres pour un journal aujourd'hui disparu, *La Settimana Incom illustrata*. Lorsqu'elle fait sa connaissance, Oriana vient de rentrer d'Hollywood et prépare la sortie de son premier livre. Elle a six ans de moins que lui, et elle est beaucoup plus célèbre. Elle n'avait jusqu'alors que sa carrière en tête, mais devant ce confrère elle s'arrête, frappée pour la première fois par une rencontre avec un homme. Elle n'est pas préparée à ce qu'elle va vivre et se retrouve désemparée.

L'Oriana amoureuse est une Oriana tout à fait inédite, très douce et fragile. Il est difficile de croire qu'elle soit vraiment l'auteur des brouillons de ses lettres à Alfredo conservés dans ses archives. La femme qui écrit est une femme qui rêve d'une vie de couple, se dit disposée à tout abandonner, même son travail, pour ce rêve. Une femme qui mendie l'amour, qui excuse tout et justifie tout, qui s'humilie et s'efface devant l'homme qu'elle aime. Pour la première – et peut-être l'unique – fois de sa vie, Oriana est complètement vulnérable. Elle sera blessée profondément au cours de cette relation, y perdant un enfant et presque la vie. Ce qui aura des conséquences énormes sur son caractère et sa vision de l'existence.

Dans ses premières lettres à Alfredo, elle essaie de dédramatiser et de jouer au flirt. Elle accompagne un mot d'un dessin où elle se représente en petite femme amoureuse, avec un grand nœud sur la tête, qui demande ce qui est arrivé à mademoiselle Fallaci. Dans une autre lettre, elle lui explique qu'elle veut plaider la cause de « l'Oriana » qui lui fait de la peine, la pauvre, à souffrir d'amour après leur rencontre. Mais, bien vite, elle se met à écrire sans aucune retenue. Elle déclare qu'elle l'aime – irrémédiablement, obstinément, tendrement, dit-elle – et fait tout pour combler la distance qui les sépare. Elle l'inonde de lettres, passe ses journées à côté du téléphone pour tenter de lui parler. En réalité, leur relation n'en est pas vraiment une, car Alfredo ne partage pas ses sentiments. C'est un monologue : une longue lettre adressée à une personne qui ne répond pas.

Au début, Alfredo est intrigué par cette confrère gracieuse comme une poupée, aguerrie comme un homme, et dotée d'un rare talent, dont tous les journalistes ne cessent de parler en Italie, tantôt avec admiration, tantôt avec envie. Flatté par ses attentions, il est disponible pour une aventure, mais rien de plus. Rapidement, le sérieux des sentiments d'Oriana l'effraie. Plus elle lui envoie de lettres d'amour, puis il essaie d'endiguer sa fougue. Il ne veut pas qu'elle raconte à d'autres leur relation, ne l'invite à Londres que lorsqu'elle insiste. Il ne lui écrit jamais. De temps à autre, il commet l'erreur de promettre un coup de fil, pour l'oublier aussitôt, et Oriana passe sa journée près du téléphone. Il ne lui cache pas qu'il a d'autres aventures. Elle est très jalouse, mais accepte la situation comme elle accepte tout d'Alfredo.

Ses territoires de chasse pour les articles mondains de *L'Europeo* sont depuis toujours Rome et Paris. Mais à présent, elle fait en sorte d'être envoyée à Londres. Toutes les excuses sont bonnes : un scandale lié à Alexandra de Kent, le nouvel amour d'Ingrid Bergman, un gourou indonésien qui soigne des personnes célèbres par la méditation. Aller à Londres pour le journal signifie voir Alfredo, dormir chez lui, ne serait-ce qu'une seule nuit. Oriana, qui théorisera toute sa vie sur l'amour à distance, rêve en réalité, avec Alfredo, de l'exact contraire. Une maison, une vie commune, des enfants. Ces années-là, c'est le rêve bourgeois de n'importe quelle femme.

Elle adore lui rendre de menus services. Les rares fois où elle réussit à dormir quelques jours chez lui à Londres, elle est la femme la plus heureuse du monde. Elle cuisine, s'occupe de la maison, aimerait qu'il n'ait pas de femme de ménage pour pouvoir prendre les choses en main. Elle lui dit qu'elle voudrait être parente du pilote de la ligne Londres-Milan pour récupérer tous les jours ses chemises sales et les lui rendre lavées et repassées le lendemain matin. Elle inonde son adresse londonienne de paquets : un plant de basilic, une cravate Pierre Balmain, une *focaccia* de Cova, une robe de chambre en soie, un parapluie pour le climat anglais, des médicaments quand il est malade, une montre à gousset en or achetée chez son bijoutier préféré sur le Ponte Vecchio. Et de très nombreuses pièces de tissu pour son tailleur, ou bien des échantillons afin qu'il choisisse ses préférés.

Alfredo est un homme très élégant. Grâce à lui, Oriana apprend à distinguer une grisaille d'une laine shetland, un gilet d'un veston croisé. Dans son habillement, elle a jusqu'à présent privilégié l'aspect pratique, mais à cette époque elle dépense des fortunes chez la couturière, annonçant une robe neuve dans chacune de ses lettres. Des robes bleues surtout, parce que c'est la couleur préférée d'Alfredo. Elle lui tricote un chandail pour pouvoir enlacer le mannequin en rêvant de l'embrasser lui, tout en prenant les mesures pour le modèle. Je tricote maintenant plus vite que je n'écris des articles, annonce-t-elle fièrement dans une lettre.

Elle accepte de se rendre à Paris pour une longue série de reportages sur les grands de la mode. Dans ses interviews aux stylistes, elle se montre irrévérencieuse, comme d'habitude. Elle décrit le jeune Yves Saint Laurent comme un garçon extrêmement timide et terrorisé par la presse : « "Enchanté", dit le petit roi, et cette phrase lui coûta un tel effort que nous craignîmes un instant de le voir s'évanouir. Il ne s'évanouit pas, mais chancela. » Et Coco Chanel comme un diable en jupons, bien que miniature : « C'était une créature minuscule : si minuscule qu'on aurait pu la soulever avec le petit doigt. » Ce ne sont que portraits au vitriol. Elle ne montre de considération que pour Pierre Balmain, séducteur et plein de vitalité : « Le seul couturier qui ne ressemble pas à un couturier, parmi tous ces messieurs qui font un métier de femmes. » En réalité, ce monde frivole lui plaît encore moins que le cinéma.

Les maisons de couture lui semblent tristes comme des ministères, les modèles, de pitoyables créatures mal nourries et les robes scandaleusement chères, pour elle qui a grandi dans la pauvreté. Chaque fois qu'elle est reçue chez un styliste, elle se sent jugée : « Il est toujours embarrassant pour une femme d'affronter le jugement d'un grand couturier », avoue-t-elle aux lecteurs. Mais l'Oriana de toujours finit par refaire surface, refermant sa série d'articles par une invitation ouverte à l'indépendance : « Maintenant, vous savez qui ils sont et ce qu'ils pensent : chacun à sa façon. Soyez sophistiquées. Non, soyez simples. Habillez-vous en noir. Non, habillez-vous en rouge. Mettez les poches à leur place. Non, mettez-les sur les fesses. Soyez originales. Non, soyez normales. La conclusion la plus logique est donc la suivante : habillez-vous, mesdames, comme il vous plaira. »

La pensée d'Alfredo la suit partout, obsédante. Elle comprend rapidement que leur relation est déséquilibrée. Imaginer le perdre la bouleverse, lui fait envisager des gestes terribles. Lorsque son journal l'envoie à Paris pour écrire sur une romancière qui s'est suicidée par amour, elle est profondément troublée. Elle aussi a souvent des idées noires. La seule idée qu'Alfredo décide de rompre la dévaste, lui faisant imaginer que, pour elle, ce serait la fin. Elle ne veut pas utiliser de grands mots, elle s'excuse dans chaque lettre, mais ensuite elle cède et lui avoue que désormais, il est le centre de sa vie.

Rien d'autre ne semble exister. Son travail, qui était jusqu'alors le seul moteur de son existence, lui semble maintenant dénué de sens. Son journal l'envoie de nouveau à Téhéran car les rumeurs d'un divorce entre le Chah et Soraya deviennent de plus en plus insistantes, mais chaque détail de ce séjour la contrarie. Elle se plaint de ne plus éprouver d'intérêt pour le journalisme, de détester les voyages et les gens. De retour en Italie, elle écrit un article rageur sur le couple royal iranien, l'ouvrant par une phrase qui semble parler d'elle et d'Alfredo : « Leur histoire d'amour est finie. Elle n'existe peut-être même pas. »

Au printemps 1958, elle s'aperçoit qu'elle est enceinte. Elle sait qu'Alfredo n'a nullement l'intention d'avoir un enfant avec elle, et que cela pourrait même l'éloigner pour toujours. Elle doit donc décider seule, à la hâte, que faire de l'enfant. C'est un moment très délicat de la vie d'Oriana, qui n'a jamais caché avoir vécu sa maternité manquée comme une tragédie et admis avoir subi plusieurs fausses couches.

Dans une lettre de sa correspondance, elle semble en effet envisager l'avortement. Elle s'informe sur les personnes qui pourraient l'aider, à Londres ou à Paris. En Angleterre aussi l'avortement est illégal. Il se pratique clandestinement, mais au moins, là-bas, elle serait à l'abri de la curiosité de ses collègues et de sa famille. Son idée, explique-t-elle à Alfredo, est de se faire opérer à Londres puis de se rendre à Paris, la seule ville étrangère où elle pourrait se reposer quelques jours, même gravement malade, sans éveiller les soupçons. Elle dit qu'elle a trouvé deux ou trois adresses, et que le temps presse : « Je devrais agir au plus vite parce qu'ensuite ce sera trop tard, et même dangereux : il ne vaut pas la peine, après tout, d'aller en enfer si vite et de cette manière. » Cela va contre tous ses principes et son instinct, mais à ce moment-là, elle n'a de pensées que pour Alfredo : « Je sais avec certitude que je dois le faire, sinon je détruirais ta vie, ou du moins je la gâcherais. »

Les informations contenues dans les archives d'Oriana ne sont pas assez claires pour reconstituer avec précision ce qui s'est passé par la suite. Ce qui est certain, c'est qu'en mai 1958, à Paris, Oriana s'évanouit à quelques pas de son hôtel, rue de Berri. Le fœtus est mort, et si elle n'est pas opérée d'urgence, elle aussi risque sa vie. C'est une amie allemande qui la sauve, car elle connaît son état. Prévenue de son malaise, elle la fait transporter à l'hôpital et informe les médecins de sa situation. Oriana est opérée d'urgence. Elle devra subir une autre intervention un mois plus tard, car les hémorragies ne s'arrêtent pas et les complications sont nombreuses. Les médecins ne lui cachent pas que cet accident pourrait l'empêcher d'avoir d'autres enfants.

C'est un terrible traumatisme pour Oriana. Elle ne sait pas comment elle pourra revenir en Italie, à présent qu'elle se sent « résignée et recousue », écrit-elle dans une lettre, et de surcroît obligée de mentir à tout le monde. Elle fait une longue dépression nerveuse, dont elle cache les causes à ses collègues de la rédaction et à sa famille. Elle perd le sommeil et se gave de somnifères, prend des calmants et des antidépresseurs en dépit du bon sens. Elle est souvent alitée avec de la fièvre, elle souffre de terribles maux de tête et a du mal à écrire. Elle a sans cesse envie de pleurer. Le directeur de *L'Europeo* lui accorde un congé de quelques mois, lui imposant de prendre une pause. Il pense qu'Oriana travaille trop. Il n'imagine pas ce qu'elle est en train de vivre. Vu de l'extérieur, on dirait la jeune femme déterminée de toujours, mais à l'intérieur, c'est un champ de ruines. « Mon Dieu, comme j'ai changé ! lâche-t-elle dans une note. Je me sens vieille, même si personne n'y croit puisque je suis jeune et que j'ai ce visage et ce corps. »

Sa relation avec Alfredo est de plus en plus difficile. Lui-même, peut-être épouvanté par l'accident, la fuit. Alors, Oriana essaie de se l'attacher avec un projet professionnel qui lui permet de continuer à lui écrire et à lui téléphoner. À l'automne 1958, elle le convainc d'écrire un livre sur la classe politique italienne, où il réunirait ses articles et les compléterait. Elle les trouve très beaux. Lorsqu'elle est seule, elle les lit et les relit comme si c'étaient des lettres d'amour. C'est elle qui se chargera de tout, promet-elle : obtenir un contrat de son éditeur, effectuer des recherches, l'aider avec ses propres contacts. Pendant des mois, elle s'en occupe à temps plein. Elle effectue quelques interviews pour lui, lui envoyant ensuite les enregistrements intégraux. Elle active ses connaissances pour lui en procurer d'autres. Dans ses nombreuses lettres à Alfredo, elle lui détaille le travail accompli, comme une secrétaire dévouée : elle a téléphoné pour lui fixer une interview avec les directeurs de la société chimique Montecatini, trouvé un rapport sur la banque d'investissement Mediobanca grâce à un ami qui travaille à la Bourse, interviewé Giorgio La Pira à Florence. Elle se propose même de transcrire le texte. Elle tape vite à la machine, assure-t-elle, et sans erreurs, mieux qu'une dactylo.

Au cours de cette période, son journal lui commande une longue série d'articles sur le cinéma romain, pour essayer de reproduire le succès de sa série sur Hollywood. Intitulé « *Dietro le luci di Cinecittà* », le reportage avance péniblement pendant des mois. Oriana n'a pas le cœur à écrire. Elle ne pense qu'au livre d'Alfredo. Elle n'a qu'un seul désir, s'effacer professionnellement pour se consacrer à lui. « Je n'ai plus envie d'être talentueuse. Toi, tu es doué et c'est ce qui me plaît. »

L'Oriana ambitieuse semble avoir disparu, tout comme l'Oriana combative, notoirement intraitable et soupe au lait. Après chaque dispute, c'est elle qui écrit la lettre de réconciliation, en s'excusant et en tentant le compromis.

Elle inonde Alfredo de courrier. Elle écrit des lettres qu'elle regrette aussitôt puis en envoie d'autres pour s'excuser, qui talonnent les précédentes. Elle se sent idiote et ne comprend pas ce qui lui arrive : « Que puis-je y faire, si c'est toi que j'aime désormais, et si je pense que tu es le meilleur ? Et s'il n'y a personne en dehors de toi, et si, pour cette raison, je permets qu'on me malmène sans réagir ? Je n'ai jamais dit ces choses à personne, je ne les sentais pas et ça n'aurait pas pris. »

Leur relation à distance devient un cercle vicieux. Elle comprend qu'il ne l'aime pas et pleure. Il déteste ses pleurs et l'évite. Ses dernières lettres, écrites au printemps 1959, sont dramatiques. Alfredo ne veut plus la voir. Il ne répond même plus à ses coups de fil. Il a une relation avec une autre femme à Londres et ne s'en cache pas. Oriana insiste et l'appelle pendant des heures, sans honte, même la nuit. Elle ne se maîtrise plus. Elle a vécu pendant deux ans avec la conviction qu'Alfredo était l'homme de sa vie et ne parvient pas à accepter que tout n'a été qu'un malentendu. Ses dernières lettres sont désespérées : « Tu étais le but de ma vie. Je ne demandais rien, il me suffisait de savoir que j'existais pour toi et que je pouvais te parler, te voir de temps en temps, t'être proche, t'aider. À présent, j'ai tout perdu, et cette décision est un fardeau trop lourd pour moi. J'en meurs. »

Le 28 juin, elle parvient à faire une escale à Londres, au cours d'un déplacement pour *L'Europeo*. Elle a écrit à Alfredo pour l'informer qu'elle restera vingt-quatre heures à l'hôtel Normandie, avant de poursuivre son voyage vers Bruxelles : elle ne quittera pas l'hôtel, dans l'espoir qu'il l'appelle. Le lendemain, c'est son anniversaire. Bien que tout soit fini, elle l'implore de lui accorder une dernière soirée. Elle passe vingt-quatre heures allongée sur le lit, près du téléphone, qui reste muet. Puis elle saisit dans son sac à main les boîtes de somnifères qu'elle emporte toujours avec elle à présent, et les avale toutes. Sa famille, prévenue par la direction de l'hôtel, envoie une de ses sœurs prendre en main la situation discrètement, pour ne pas faire éclater de scandale.

8

Le tour du monde

Son amour malheureux pour Alfredo marque un tournant dans la vie d'Oriana. Elle ne parlera jamais de lui. Seules quelques allusions filtreront dans les interviews qu'elle donnera au fil des ans, en racontant sa jeunesse. « Obsédée par la crainte d'être tenue en laisse et neutralisée par une muselière, j'ai erré pendant des années comme un chien sans collier : libre et ombrageux. Je repoussais ceux qui tombaient amoureux de moi et m'interdisais de tomber amoureuse. Bien sûr j'ai souffert, et j'ai fait souffrir, mais je n'ai pas jeté l'ancre. Je ne l'avais pas jetée non plus quand je m'étais offerte à mon premier amour. Du reste, il n'a pas été joyeux. Il n'a servi qu'à me faire deviner qu'aimer signifie se rendre, les poignets menottés. »

Il lui faut longtemps pour s'en remettre. Rapatriée par sa famille, elle est hospitalisée dans une clinique psychiatrique, expérience traumatisante dont elle parlera des années plus tard dans une lettre à un ami intime, décrivant les lits à sangles en cuir et les barreaux aux fenêtres. Dans cette même lettre, elle raconte sa dépression, son obsession de la mort, l'impression d'avoir été expulsée par Alfredo en même temps que l'enfant qu'ils auraient pu avoir ensemble. Elle décrit l'image terrible du fœtus, petit comme une noix, jeté par le médecin entre les gazes et les fioles. Cette image la hante. C'est comme si elle était morte elle aussi, confesse-t-elle, et toute la tendresse et la chaleur dont elle était capable lui semblent désormais mortes avec l'enfant et son amour pour Alfredo.

Pendant quatre mois, elle interrompt son travail à *L'Europeo*. Mais elle sait bien qu'écrire est pour elle la seule manière de ne pas se laisser mourir. Lorsqu'elle reprend son activité, à la fin du mois d'octobre 1959, elle choisit de publier un guide très personnel et irrévérencieux sur l'art de vivre à l'hôtel. Parmi les premiers commandements se trouve une référence claire à la terrible aventure qu'elle a vécue en juin : « Ne vous suicidez pas dans un hôtel : ça les énerve beaucoup. » Oriana est de retour et elle a décidé de l'annoncer à tout le monde, à sa façon. Au culot.

Pour l'aider à se rétablir, le directeur de *L'Europeo* lui propose de faire un voyage à la découverte de la condition féminine dans différents pays du monde. Au début, Oriana s'y oppose. Elle n'a jamais aimé écrire sur des sujets féminins : « Les femmes ne sont pas une faune spéciale et je ne comprends pas pour quelle raison elles devraient constituer, surtout dans les journaux, un sujet à part, comme le sport, la politique et les prévisions météo. » Mais un dîner avec une amie, par ailleurs célèbre, qui éclate en sanglots en lui racontant sa vie, produit en elle un déclic : « Comme quelqu'un qui ne se souvient pas qu'il a des oreilles mais les retrouve tous les matins à leur place, et ne s'aperçoit de leur existence que le jour où il a une otite, je me suis dit que les problèmes fondamentaux des hommes naissent des questions économiques, raciales, sociales, alors que les problèmes fondamentaux des femmes naissent surtout du fait qu'elles sont des femmes. »

Elle part durant l'hiver 1960 avec le photographe Duilio Pallottelli. Objectif : réaliser un tour du monde pour rencontrer les femmes qui vivent hors d'Europe. Les pays concernés seront la Turquie, le Pakistan, l'Inde, l'Indonésie, la Malaisie, Hong Kong, le Japon et Hawaï. Ils ont pour bagages une dizaines d'appareils photo, une machine à écrire, quatre valises et une fourrure qui servira à Oriana au Japon où il fera froid. La première étape du voyage est la Turquie, où Oriana rencontre les Turques libérées par la révolution laïque d'Atatürk – des femmes juges, des femmes soldats, des femmes pilotes, qui lui semblent beaucoup plus émancipées que ses concitoyennes : « Des musulmanes qui ne portent pas le voile et sont donc libres, respectées et malheureuses comme nous le sommes en Occident, c'est-à-dire en sachant qu'elles le sont : ce qui est toujours un avantage. »

C'est au Pakistan qu'a lieu son premier contact traumatisant avec l'islam. À Karachi, elle assiste par hasard à un cortège matrimonial. La foule porte en procession une personne cachée sous des kilos de tissu rouge, comme un paquet. Qui est-ce ? demande Oriana. Rien, une femme, lui répond-on. Scandalisée par cette réponse, elle demande à pouvoir la rencontrer. Les invités accèdent à sa demande, même s'ils ne comprennent pas l'intérêt qu'elle suscite chez cette journaliste étrangère. Elle découvre alors la mariée. C'est une gamine au minois tout pâle, aux yeux clos et enduits de poussière d'argent, d'où coule une larme. Oriana essaie de la consoler : « Je lui ai dit qu'il n'y avait pas de raison de pleurer : j'avais vu l'époux, il était beau et avait l'air gentil. » Ce n'est pas vrai. L'époux est un homme lubrique qui a déjà essayé d'entraîner dans sa chambre cette journaliste occidentale qui se promène les bras nus. Mais Oriana est profondément touchée par les pleurs de cette épouse-enfant, et veut l'aider. Les femmes qui l'accompagnent ne comprennent pas son trouble. Toutes les épouses pleurent, lui dit l'une d'elles, moi j'ai pleuré pendant trois jours.

C'est là, devant ce paquet ambulant, que naissent les premières perplexités d'Oriana sur l'islam. Sur cette religion et sa manière de traiter les femmes, elle a déjà des mots très durs : « Ce morceau de terre où les vieilles filles et les mariages d'amour n'existent pas, où les mathématiques deviennent opinion, est constituée de six cents millions de personnes dont la moitié, à vue de nez, sont des femmes qui vivent derrière le brouillard épais d'un voile, ou plutôt d'un drap qui les couvre de la tête aux pieds comme un suaire : pour les cacher aux regards de quiconque n'est pas leur mari, leur enfant ou un esclave. Ce drap, qu'il s'appelle purdah, burqa, hijab, niqab ou djellaba, a deux trous à la hauteur des yeux ou bien un épais grillage de deux centimètres de haut et six centimètres de large : à travers ces trous ou ce grillage, elles regardent le ciel et les gens comme à travers les barreaux d'une prison. Une prison qui s'étend de l'océan Atlantique à l'océan Indien, en traversant le Maroc, l'Algérie, le Nigeria, la Libye, l'Égypte, la Syrie, le Liban, l'Irak, l'Iran, la Jordanie, l'Arabie Saoudite, l'Afghanistan, le Pakistan, l'Indonésie : le royaume illimité de l'islam. »

« La première impression d'une Occidentale en arrivant dans des pays rigoureusement musulmans, c'est, comme au Pakistan, d'être la seule survivante d'un déluge universel où ont été noyées toutes les femmes. » Elle n'accepte pas les interdits et essaie d'aller partout, suscitant réactions et protestations. Dans le tramway, on la repousse avec indignation parce qu'elle est montée du côté des hommes. À la banque, on la laisse attendre pendant des heures jusqu'à ce qu'elle soit rejointe par son photographe, car on n'accepte pas de remettre de l'argent à une femme. Elle sait qu'elle ne passe pas inaperçue, et elle est habituée aux compliments. Mais au Pakistan, les attentions des hommes l'agacent horriblement. Elle déteste se sentir déshabillée par leurs regards. Son voyage à la découverte de la condition féminine vient de commencer mais elle n'a aucun doute. Elle a déjà trouvé la pire condition au monde, celle des femmes de l'islam : « Elles sont donc les femmes les plus malheureuses du monde, ces femmes voilées, et le paradoxe est que souvent elles ne le savent pas, puisqu' elles ignorent ce qui existe au-delà du drap qui les emprisonne. »

Étape suivante : l'Inde. Elle visite New Delhi, où elle découvre que la prohibition est en vigueur et qu'on boit l'alcool en cachette. Calcutta, qui la touche avec tous ces gens qui dorment dans les rues. Jaipur, que quelqu'un lui a décrite comme la Florence indienne. Elle rencontre la vieille Rajkumari Amrit Kaur, unique fille du raja héritier de Kapurthala, qui lui rappelle sa grand-mère « lorsqu'elle allait au bord de la mer et s'habillait de blanc en se couvrant la tête avec un foulard pour s'abriter du soleil ». Elle essaie le sari, qu'elle considérera toute sa vie comme le plus beau vêtement féminin et le moins pratique au monde. Elle est touchée par les progrès des femmes indiennes, qui sont au pouvoir depuis des années. Pendant qu'elle interviewe quelques spécialistes du contrôle des naissances, un détail la bouleverse pourtant. On lui raconte que les femmes qui sortent des cliniques où elles ont été stérilisées sont inconsolables et pleurent parce que, disent-elles, « à quoi sert d'être un arbre si l'arbre ne peut pas donner de feuilles ? ». Après ce qu'elle a vécu l'année précédente à Paris, cette phrase ravive en elle une plaie ouverte.

Elle quitte l'Inde et arrive à Kuala Lumpur, où elle rencontre les matriarches de Malaisie qui vivent dans la jungle et se transmettent terre et enfants entre elles, ne se servant des hommes que pour se reproduire. À Singapour, elle interviewe Han Suyin, médecin et écrivain, née de mère flamande et de père chinois. Quoique jeune encore, celle-ci a déjà vécu une vie pleine d'aventures. Elle a perdu son premier mari en Chine, tué par les communistes, et son grand amour, un journaliste occidental, pendant la guerre de Corée. Elle s'est remariée avec un Britannique, s'occupe de ses patients et continue d'écrire. Oriana l'écoute longuement, en prenant des notes. Elle lui demande de lui parler des Chinoises, qu'elle espère rencontrer au cours de sa prochaine étape. Han Suyin s'entretient avec elle pendant des heures. Même si elle a des contentieux ouverts avec le gouvernement communiste, elle ne cache pas les actions positives de Mao vis-à-vis des femmes : « On n'attend peut-être pas cela d'une catholique qui décrit la Chine. Mais je suis médecin, et je vois la vérité. Laquelle, comme le scapel, blesse mais guérit. »

Son visa pour entrer en Chine ne lui est pas accordé. Oriana doit se contenter de s'arrêter à Hong Kong. Elle se rend jusqu'à la frontière pour observer le grand pays interdit. Dans le train du retour, elle voit une vieille

Chinoise aux pieds bandés. Elle l'observe, horrifiée, sautiller sur ses moignons comme un oiseau blessé. « Elle m'a raconté : “Vous voyez, de mon temps nous devions avoir les pieds les plus petits possible, pas plus de neuf centimètres. Les miens sont plus longs car je ne les ai pas bandés depuis quarante ans. On commençait à les enserrer à l'âge de cinq ans avec des bandes de coton d'un centimètre et demi de large et deux mètres de long. On enveloppait tous les orteils sauf le gros, en les serrant chaque jour plus fort jusqu'à ce que les os se brisent. Alors les orteils pouvaient se replier sous la plante du pied. Nous devions rester au lit à cause de ça, c'était une souffrance atroce. Une nuit, je souffrais tellement que je les ai débandés, mais ma mère m'a battue et je n'ai plus osé recommencer. Tu ne te marieras pas si tu as de grands pieds, disait ma mère. En effet, un homme, avant d'épouser une femme, lui demandait : quelle longueur font tes pieds ?” »

À Hong Kong, Oriana se rend dans les bars de nuit où l'on peut acheter n'importe quelle fille pour quelques sous, visite Shau Kei Wan, la baie où les femmes vivent sur des jonques, et travaillent en portant leurs bébés sur les épaules et les moins jeunes attachés par une corde à leur cheville. Le *Standard*, le journal de l'île, l'interviewe comme si elle était une star en tournée mondiale. Tout en répondant aux questions, Oriana retire la perruque qu'elle a mise pour l'occasion et la jette distraitement dans un tiroir. Le journaliste, stupéfait, lui demande pourquoi elle porte une perruque alors qu'elle a des cheveux : « Parce que cela me plaît et que j'ai l'air bien coiffée », répond-elle sans se démonter. En attendant son départ pour le pays suivant, le Japon, elle se fait confectionner chez un tailleur une *qipao*, l'étroite robe traditionnelle chinoise, et achète de nombreux cadeaux pour sa famille : des baguettes pour le riz, des statuettes du Bouddha, du papier à lettres brodé.

Le Japon est le pays qui la déconcerte le plus. Trop de contradictions en trop peu de temps. Les femmes japonaises sont parmi les plus émancipées d'Asie, tout en maintenant les traditions de leur antique civilisation. Elle interviewe une vieille princesse impériale qui a vécu tous les changements apportés par les Américains et les défend vivement : « Écrivez, s'il vous plaît, que sur les ruines de nos villes détruites est née une nouvelle génération de femmes, que ces femmes ne sont plus un symbole esthétique ou un objet gracieux, mais des êtres capables de décider de leur destin. Écrivez que les Japonaises d'aujourd'hui savent lire et écrire, et leurs livres sont les best-sellers de tout le pays, n'en déplaise aux traditionalistes acharnés. Écrivez que tout cela est arrivé grâce à la guerre. Les femmes, au Japon, sont les seules à avoir gagné la guerre. »

La dernière étape du voyage est Hawaï. Oriana découvre qu'à une époque y vivaient les femmes les plus libres du monde. Elles ne connaissaient pas la jalousie et faisaient l'amour sans honte, même hors mariage. Elle est particulièrement touchée par Mary Kawena Pukui, responsable du musée anthropologique et qui essaie d'enseigner les traditions aux nouvelles générations : « Elle était joyeuse et un peu fofolle. Soudain, elle s'est levée et s'est mise à danser le *hula*. "Vous voyez ? Ça veut dire je t'aime", a-t-elle dit en croisant les bras sur sa poitrine et en agitant les doigts. "Et ça, ça veut dire enfant" », a-t-elle ajouté en berçant ses bras comme si elle endormait un nouveau-né. Puis : "Ça veut dire arbre", a-t-elle dit encore en levant les bras au ciel et en repliant ses paumes. "Le vrai *hula* n'est pas celui que l'on danse pour les touristes à Honolulu.

Le *hula* raconte par gestes une histoire accompagnée d'une musique lente. Comment pourrait-on raconter une histoire au rythme des chansons modernes ? Il n'y a plus de poésie." » Oriana quitte l'archipel en cachant dans sa valise des bulbes de fleurs exotiques, que la loi interdit d'exporter mais qu'elle veut rapporter à son père.

Son voyage terminé, elle ne cache pas aux lecteurs qu'elle est troublée. « D'un bout à l'autre de la Terre, les femmes comme les hommes vivent dans l'erreur, dénués de ce sain équilibre qu'apportent la justice et le bon sens. Soit les femmes vivent isolées comme les bêtes d'un zoo, en regardant le ciel et les gens depuis la prison d'un drap qui les enveloppe tel le suaire d'un cadavre, soit elles vivent comme des dompteurs en veste rouge à brandebourgs, en faisant claquer un fouet. Je ne sais pas si j'ai éprouvé davantage de peine devant la musulmane qui mendiait une place dans un hospice, que devant la femme soldat d'Ankara qui remportait des médailles dans les compétitions de tir avec les hommes. Je ne sais pas si j'ai été plus effrayée par la doctoresse indienne qui aide son pays à fabriquer moins d'enfants, ou par la geisha de Kyoto qui restait immobile comme un papillon fixé au mur par une épingle. Bien sûr, la servitude est terrible et glaciale, mais la liberté mal comprise peut l'être tout autant. Très souvent, au cours de ce voyage, je n'ai su décider laquelle des deux était la pire. »

Avant de rentrer à Milan, elle s'arrête à New York, une ville qu'elle adore d'habitude, mais qui cette fois lui fait horreur. Elle trouve les gratte-ciel sales et les rues assourdissantes, et il lui semble que les femmes courent et sont toujours en guerre contre les hommes. Pendant toute la durée de son séjour, elle se sent fatiguée et mélancolique. La dépression dans laquelle l'a jetée sa rupture avec Alfredo n'est pas finie. Lorsqu'elle est triste, elle n'a aucun plaisir à voyager, explique-t-elle dans une lettre. Elle se sent perdue quand elle se retrouve dans des pays où rien ne lui est familier. Et en même temps, tous les lieux lui paraissent identiques. Tout ce qu'elle voit, sa vie remplie d'émotions et sa condition de femme indépendante, lui apparaît comme l'échec de ses rêves de jeunesse, un paravent derrière lequel elle dissimule sa tristesse. Cet état d'âme se reflète dans les reportages qu'elle écrit pour *L'Europeo* et dans son nouveau livre.

Publié en 1961 sous le titre *Le Sexe inutile* et dédié à sa sœur Neera, ce n'est pas son livre le plus réussi. Mais il détermine deux choses importantes dans sa vie. D'une part, il marque le passage des thèmes mondains aux sujets plus engagés, d'autre part, il la transforme en une célébrité internationale. Le livre est traduit en onze langues, et réalise de très bonnes ventes. Le nom d'Oriana sort des frontières de l'Italie. Ses articles sont repris et publiés par les grands journaux européens. C'est elle-même, avec sa vision du travail de journaliste, qui les propose grâce aux confrères étrangers qu'elle rencontre au cours de ses déplacements.

Son but principal : accéder aux journaux américains. « Vous êtes la presse la plus puissante du monde », dira-t-elle, des années plus tard, dans un discours devant une association de journalistes américains. « Parce que vous appartenez à un pays puissant, que vous êtes riches et avez tous les soutiens qu'offre la richesse, mais aussi parce que l'anglais est plus répandu que l'italien, le français ou l'allemand. Lorsque vous donnez une information, c'est l'Information.

Je peux bien la contester mille fois dans mes journaux italiens, français ou allemands. Ma version ne franchira jamais mes frontières si je ne l'imprime pas en anglais. »

Celle qu'un confrère définit comme « la journaliste la plus turbulente d'Italie » reçoit pour ses interviews dans sa maison de Milan. En réalité, elle y vit très peu, juste le temps de se reposer entre deux voyages. Un interviewer la décrit ainsi : « Sa maison se trouve dans une petite rue inconnue de tous les taxis, il s'agit en fait de l'ancien grenier d'une villa. Par les fenêtres on voit les toits des autres villas, et les arbres. Elle n'a pas d'ascenseur parce que la Fallaci, cette voyageuse qui passe son temps en avion, a peur des ascenseurs. Après deux volées d'escaliers, on arrive devant une porte où est inscrit : “Les télégrammes et les express sous la porte, s'il vous plaît. Les paquets chez la dame du dessous, s'il vous plaît.” On pourrait imaginer une fille ordonnée, mais derrière la porte se trouve la fille la plus désordonnée d'Italie, qui vit dans un horrible capharnaüm de livres, de valises, de journaux, de chaussures, de bouteilles et autres curiosités. Elle a la manie de collectionner les objets précieux et inutiles : vases étrusques, vieilles horloges, épées, revolvers, téléphones cassés, bocaux de pharmacie, poupées laides, estampes napoléoniennes, vêtements orientaux. »

Elle vit toujours en courant, complètement absorbée par son travail et dénuée de tout sens pratique. Une traductrice qui, quelques années auparavant, l'aidait à retranscrire ses interviews des stars d'Hollywood, se souvient : « Nous travaillions dans son appartement de Milan et il y avait ce petit chien qui aboyait, aboyait. J'ai fini par lui demander : “Mais est-ce que tu lui as donné à manger ?”

La pauvre bête mourait de faim. Oriana avait oublié de la nourrir. » Lorsque les journalistes arrivent chez elle pour la promotion de son livre, Oriana se fait photographier avec les cheveux détachés et le regard malicieux. « Pourquoi as-tu intitulé ton livre *Le Sexe inutile* ? » lui demandent-ils. « Pour le vendre », répond-elle, rejetant en arrière sa tête fanfaronne et soufflant en l'air la fumée de sa cigarette. Elle découvre combien il est amusant d'être un personnage, surtout s'il fait parler de lui.

9

La revanche de Pénélope

Désormais, elle est ouvertement hostile aux sujets que son directeur lui demande d'écrire. Elle signe souvent ses articles sous un pseudonyme. Elle s'est même lassée du monde du cinéma. Elle a trop souvent participé aux festivals de Cannes et de Venise, elle est allée trop souvent à Hollywood. Elle a l'impression de connaître tout un chacun, et lorsqu'elle doit se rendre aux fêtes du monde du cinéma, elle erre dans la salle, un verre à la main, l'air ennuyé. Angelo Rizzoli, producteur de cinéma et propriétaire de la maison d'édition qui publie ses livres, a de l'estime pour elle. Il la qualifie en plaisantant du « plus beau petit cul de l'entreprise », et insiste pour qu'elle écrive des scénarios.

Mais Oriana rêve de se consacrer à tout autre chose. Si elle est obligée de préparer un article mondain, elle se venge avec des interviews qui sont de petits chefs-d'œuvre de méchanceté. Elle est de plus en plus souvent le personnage principal de ses articles et ne cache pas aux lecteurs tout le mal qu'elle pense des stars. « Je ne suis jamais troublée par une interview. Mon état d'âme, avant la rencontre, c'est l'indifférence ou l'ennui », commente-t-elle dans un article. La seule chose qui parvienne encore à l'amuser est de transformer l'interview en récit où théâtre et satire se mêlent. Devenir, en somme, ce qu'elle rêve d'être depuis toujours. Un écrivain.

Et c'est ainsi qu'un article routinier sur le chanteur Claudio Villa devient un petit récit amusant dans lequel Oriana explique qu'elle n'éprouve aucune curiosité pour la star adulée, mais finit par être bouleversée par l'émotion de ses amis. Elle les a invités à dîner chez elle. Lorsqu'elle leur annonce qu'elle doit rencontrer Villa, la scène s'anime autour d'elle, comme au théâtre. Sa bonne pousse un hurlement et laisse tomber par terre le plateau avec le faisan offert par Vittorio Gassman. Ses amies se lèvent d'un bond, scandalisées : « "Mon Dieu, pourquoi n'es-tu pas allée chez le coiffeur ce matin ? Mets au moins ton chapeau ! Tu ne vas quand même pas y aller avec ce chandail ? Vite, allez, habillons-la !" Piétinant le faisan de Gassman réduit à l'état de carpette, tout excitées, elles ont procédé à mon habillage avec le même soin que l'on prend pour un torero ou une dame qui a sa loge à la Scala. Et à dix heures, je me souviens, j'étais prête, bien que le rendez-vous ait été prévu à onze heures. À dix heures et quart nous étions déjà en bas dans la rue, en route pour la maison de disques Fonit, dans la via Meda : un long cortège de voitures, comme pour un mariage. »

À présent, elle se permet de ridiculiser ouvertement les stars. Cary Grant, qui a la malchance d'être son voisin dans un avion, se retrouve décrit comme un monsieur facétieux à la fleur de l'âge, qui essaie de la convertir à une vie saine par l'hypnose : « "Bien sûr, il faut de la force morale, et une grande expérience. Vous ne pouvez pas y arriver seule. Voulez-vous que je vous hypnotise ?" Et, sans attendre ma réponse, il s'est mis à me fixer obstinément, yeux dans les yeux. “Je t’ai convaincue. Tu ne bois pas, tu ne fumes pas, tu ne portes pas de lunettes de soleil. Relax. Tu te sens en sécurité, tu te suffis à toi-même sans ces poisons. Relax. Tu...” Comment lui refuser ce plaisir ou le décevoir ? Son désir d’aider les gens est si sincère, et son regard tellement agréable. »

Salvador Dalí, qui fait l’erreur de menacer avec un pistolet en plastique le petit chien d’Oriana dans un hôtel de Venise, se retrouve ridiculisé sans pitié de la première à la dernière page d’un de ses articles, qui se conclut ainsi : « J’ai oublié de dire qu’il est très ami de Franco et très antipathique. » Lors d’une interview de Gina Lollobrigida, sa première remarque est la suivante : « Je ne crois pas que tu sois aussi bête qu’on le croie. » Puis elle lui demande : « Ne crois-tu pas qu’il est immoral de gagner des millions et des millions en un film ? »

Dès que possible, elle essaie de traiter des sujets plus sérieux, surtout politiques. Elle écrit un portrait d’Antonio Segni, tout juste élu président de la République, et une chronique des noces d’Anna Maria Fanfani, la fille du président du Conseil. Elle interviewe Nilde Iotti, compagne du secrétaire du Parti communiste Palmiro Togliatti. Lorsque son journal l’envoie à Athènes pour raconter le mariage du roi Juan Carlos d’Espagne avec Sofia de Grèce, elle ouvre son article en parlant des grèves des ouvriers des Asturies. Quand on lui demande d’interviewer l’acteur Maximilian Schell, elle lui pose surtout des questions sur l’antifascisme de sa famille, qui a fui Vienne occupée par les nazis quand il était enfant.

Envoyée à Monaco pour couvrir la crise fiscale entre la France et la principauté, elle présente son article comme une chronique ironique du front : « Je suis là, au point le plus exposé de la bataille si la guerre entre la France et la principauté de Monaco devait éclater : une chambre au deuxième étage de l'Hôtel de Paris [...] Je me sens comme il y a six ans, lorsque les correspondants de guerre que nous étions (parce qu'il est clair désormais que nous sommes là en tant que correspondants de guerre) suivaient la révolution hongroise et craignaient que les blindés soviétiques n'entrent dans Vienne d'un moment à l'autre. »

Après avoir désamorcé le pathos de son introduction par le ridicule de sa conclusion, avec un prince Rainier aux faux airs de chef d'État aguerri mais qui n'était juste qu'un peu de mauvaise humeur, et sa femme Grace qui semblait une otage à Paris alors qu'elle était seulement venue faire du shopping, Oriana clôt son article en s'exclamant avec perfidie : « Eh bien, j'aurais mieux fait de rester via Veneto[1]... »

Elle sait avec certitude qu'elle veut écrire sur d'autres sujets. Elle désire revenir aux temps héroïques de la guerre et, pour ce faire, a besoin d'un sujet qui l'éloigne définitivement du journalisme de mœurs. Une autre sorte de guerre, la conquête de l'espace, lui fournira cette occasion tant attendue. Mais avant, elle doit régler ses comptes avec Alfredo, en refermant pour toujours un chapitre douloureux de sa vie.

Elle s'y engage à travers un roman intitulé *Penelope alla guerra*, « Pénélope à la guerre », publié en Italie en 1962. Elle l'a écrit d'un seul jet en 1959, en un peu plus d'un mois, après sa rupture avec Alfredo. Elle le

1. La rue la plus huppée de Rome. (*N.d.T.*)

réécrit un an plus tard et le reprend enfin une troisième et dernière fois, en 1961. « Il me manquait encore quelque chose. Alors, j'ai pris l'avion et je suis allée à New York. J'y suis restée presque deux mois. »

Pénélope à la guerre est en effet l'histoire d'une femme qui découvre en même temps New York et l'amour. L'héroïne, Giovanna, surnommée Giò, est une scénariste italienne qui se rend en Amérique pour recueillir des idées pour un film. Elle y retrouve Richard, l'homme dont elle est tombée amoureuse pendant la guerre, alors qu'elle n'était qu'une enfant qui aidait son père dans la Résistance, et lui un jeune soldat en fuite. Elle essaiera de se faire aimer de lui et découvrira que c'est impossible, car Richard est homosexuel. C'est un roman, mais, comme toujours dans les livres d'Oriana, un roman où tout est vrai.

Car *Pénélope à la guerre* parle d'elle à chaque page. Giò a son âge, son effronterie, sa passion pour l'écriture. Comme elle, elle ne passe pas inaperçue : « Étrange jeune fille, fascinante à sa manière. Elle parle peu et a de très beaux yeux. Elle devient féroce quand elle est en colère. » Le livre est un roman-manifeste, à travers lequel Oriana fait le point sur la carte de sa vie. Elle a trente-trois ans. Elle a survécu à un amour malheureux. Et elle a décidé de réagir, en devenant « la Fallaci ».

Dans son roman, elle raconte deux amours, celui pour un homme et celui pour New York. Le premier, condamné dès l'origine, le second destiné à durer toute la vie. Le regard que l'héroïne pose sur la ville est celui d'Oriana, qui y arrive lors de son premier voyage de presse aux États-Unis et se trouve conquise : « New York est un miracle qui me surprend chaque jour un peu plus. On ne voit ni statues, dans cette île découpée en rectangles identiques, ni coupoles, ni jardins. La ville s'élève dans cette forêt de ciment, grise, droite, sans une courbe, sans une volute bizarre, sans un brin de verdure. Partout où le regard se perd, il ne trouve qu'angles durs, escaliers géométriques en fer, cubes de pierre. Pourtant tout cela, en cette absence de grâce, a un goût magique : depuis les gratte-ciel qui se raidissent comme des géants pétrifiés, à la peur qui vous coupe le souffle lorsque vous avancez dans des rues interminables ; mais au fond de chacune, une déchirure de bleu vous libère de cette peur. Avec le soleil, les vitres brillent plus que des diamants. Dans le noir, elles scintillent plus que les étoiles. »

Dans le roman, elle peut raconter des aspects plus personnels de son premier voyage aux États-Unis, décrire son énervement à la douane, où chaque bagage est contrôlé, puis son soulagement lorsque tout est en règle et que les policiers vous saluent « avec de lourdes poignées de main et de doux noms : mon miel, mon petit fromage frais, mon sucre. » Elle peut décrire cette ville de New York qui l'a conquise en quelques jours, lorsqu'elle restait éveillée pour ne rien manquer. Les lumières qui, la nuit, tremblent dans le vent, les ascenseurs des gratte-ciel qui vous retournent l'estomac, Times Square avec ses clochards, l'Armée du salut, le nougat et le tir à la cible. Mais aussi les grands taxis jaunes, les journaux du dimanche épais comme des livres, les biftecks énormes, le métro brinquebalant.

En 1963, un an après la publication de *Pénélope à la guerre*, elle déménage aux États-Unis. « J'ai rangé ma maison milanaise, une mansarde de quatre pièces, vraiment charmante, puis j'ai mis l'indispensable dans deux petites malles et, répétant le même geste que le jour où je m'étais rendue à Rome sans même savoir où j'allais habiter, je suis partie à New York. » Cette ville l'attire comme un aimant. Elle écrit dans un article, se confiant à ses lecteurs : « Je ressens un tel besoin de voir New York, ce pont tendu entre la vieille Europe et l'hallucinant mystère que l'on appelle Amérique. » Elle loue un appartement dans un gratte-ciel de Manhattan, dans l'East Side : minuscule, mais d'où l'on voit le ciel immense au-dessus de la ville. Un ami, qui connaît sa tristesse secrète depuis la rupture avec Alfredo, le compare à une cage pour un petit oiseau qui pleure.

Oriana fait là un choix pour la vie, dicté par l'instinct mais aussi par la raison. Elle a commencé très tôt à penser à son travail hors des frontières du journalisme italien, et cette métropole est le tremplin dont elle a besoin. « Je vis à New York parce que c'est une ville internationale, elle est ce que Paris était pour nos grands-parents. C'est un tel brassage de cultures, de groupes ethniques, avec un tel jeu d'intelligences, d'intérêts, une telle foire d'opportunités. Aujourd'hui, de surcroît, qu'on le veuille ou non, le nouvel impérialisme est celui de la langue anglaise. L'anglais est la langue de la science, de la culture contemporaine : pour être lu, un auteur doit écrire en anglais ou être traduit dans cette langue. Du temps de l'Empire romain, la langue internationale était le latin, et avant lui le grec. Si j'étais née à Carthage, tôt ou tard je serais allée à Rome. »

Ce qu'elle voit en Amérique ne lui plaît pas toujours, et elle ne s'en cache pas. Certaines superficialités dangereuses, par exemple : « Les Américains ne connaissent pas d'autre bonheur que le bonheur matériel, qu'on appelle bien-être. Et puisqu'ils sont généreux comme le sont presque toujours les gens bien nourris, ils voudraient propager ce bonheur au monde entier : comme si le bonheur était une denrée. » Ou bien le rythme enragé de cette métropole qui ne s'arrête jamais et écrase ceux qui tombent : « Les journées ici sont plus courtes qu'en toute autre partie du monde, la vie plus dure que partout ailleurs. Il faut vraiment être un soldat comme moi, *rough people*, avoir la peau dure, pour résister et survivre. C'est la guerre ouverte entre New York et moi, et je n'ai aucune intention de la perdre : ceux qui sont vaincus, ici, sont morts. » Son rapport à l'Amérique sera toujours paradoxal. Il est certain que quelque chose a commencé entre elle et ce pays. L'Amérique lui apparaît comme le lieu où l'on peut naître une seconde fois. Exactement ce dont elle a besoin à ce moment-là.

Pénélope à la guerre est aussi un livre sur l'amour, largement influencé par son histoire personnelle. Un livre féministe, étiquette qu'elle revendique elle-même à cette époque. Et surtout, un livre à thèse : le rapport entre les sexes a changé, et la femme est devenue l'homme véritable. L'histoire de Giò et de Richard raconte justement cela – « une relation amoureuse entre une femme-homme et un homme-femme » –, s'inspirant de l'expérience d'Oriana.

Toutes les étapes de sa relation malheureuse avec Alfredo sont reprises dans le roman, et traversées par l'héroïne en un raccourci vertigineux. Il y a d'abord l'illusion romantique qui a bouleversé Oriana lorsqu'elle a rencontré Alfredo : « La seule manière de devenir quelqu'un, si l'on naît femme, est d'aimer un homme. Je suis une créature normale. Je désire ce que désirent les femmes normales : un mari et des enfants. » Puis l'aveuglement avec lequel elle a esquivé tous les signes négatifs, fermant les yeux devant la réalité : « Un premier et rapide coup d'œil à sa lettre lui avait fait deviner qu'elle avait été mise à la porte. Une seconde lecture, plus attentive, lui avait fait comprendre quelle lutte il avait dû mener pour s'imposer la rédaction d'une telle lettre Un troisième examen, très soigneux, lui révéla ce qui n'était pas dans la lettre mais qu'elle aurait désiré y trouver. » Et enfin l'attente, des journées entières, d'un coup de fil qui n'arrive pas : « Ce téléphone muet avec ces numéros figés dans ces trous immobiles redevenait une présence maligne et vivante qui lui faisait perdre la tête. »

Il y a les longues nuits sans sommeil : « Il savait quelles pensées tourmentaient Giovanna la nuit : lorsque l'extrémité incandescente de sa cigarette s'agitait dans le noir, puis s'éteignait en étincelles, et qu'il fallait alors attendre qu'une autre allumette éclaire deux yeux éveillés, deux joues émaciées. Des pensées de colère et d'orgueil blessé la tourmentaient ; la fatigue éprouvée en découvrant que l'on a été détroussé de ses sentiments, la misère d'avoir investi son capital affectif dans une entreprise vouée à la faillite. » Il y a aussi la description très crue de l'opération à l'hôpital pour extraire le fœtus mort de son corps, qu'elle n'a jamais racontée à personne et qu'elle déverse sur la page, encore brûlante. « C'était Pâques et devant la clinique, les cloches de l'église sonnaient, sonnaient, sonnaient. Un vieil homme bronzé entra, avec des mains aux veines gonflées, et me dit : "Je suis le chirurgien. Allons-y, mon enfant." »

Il faudra tout le livre à l'héroïne têtue d'Oriana pour accepter la réalité et reprendre sa vie en main, car Richard ne l'aime pas. Elle devra toucher le fond – enfermée dans une chambre à côté de Richard – pour voir l'absurdité de la prison dans laquelle elle s'est enfermée toute seule.

« Soudain, elle se sentit étouffer. Mon Dieu, comme son monde était devenu étroit ! Quand elle avait douze ans, la Terre était vaste et par la fenêtre de ses sentiments, elle pouvait observer un horizon sans limites. » C'est Oriana qui parle ici, enfin réveillée de son amour obsessionnel pour Alfredo qui l'a presque menée à la mort, et bien décidée à suivre de nouveau ses rêves.

« Giò, l'héroïne, c'était moi à cette époque. Un épisode, dans ce livre, frôle le fait divers. C'est celui où Giò renonce à sa virginité. Je l'ai vécu aussi. Lorsqu'il a découvert que j'étais vierge, il s'est mis à pleurer. Moi, je le consolais, je lui disais : "Ce n'est rien, ce n'est rien, ne pleure pas !" À cette époque, la perte de la virginité, en Italie, est un sujet encore très sérieux. Mais l'héroïne du roman d'Oriana s'en libère comme d'un poids. « Giò se bat pour autre chose que le droit de vivre et de travailler à égalité avec l'homme : pour le refus de la virginité comme vertu, bref, pour l'égalité sexuelle », déclare Oriana dans une interview. « Pense à la scène où, par un acte de volonté et même de liberté, et non par amour, elle couche avec un homme pour la première fois. Celui qui pleure, après la défloration, ce n'est pas elle, mais lui. »

C'est la femme qui insiste pour monter dans la chambre avec l'homme, le poussant littéralement jusqu'à la porte. C'est la femme qui s'assied à côté de lui sur le divan, elle encore qui s'impatiente de ses tergiversations et qui, plantant ses yeux dans les siens, prononce ces mots : Je n'ai pas envie de rentrer à la maison, ni de regarder la télévision. La Chose, comme l'appelle Oriana dans le roman, s'accomplit sans trop d'atermoiements. Pourtant, une fois rentrée chez elle, son héroïne réalise ce qui s'est passé : « Elle ressentit pour la première fois une grande stupéfaction, puis une immense peur : comme si sa chambre s'ouvrait en grand sur un abîme noir qui la précipitait tout droit en enfer. Elle toucha son ventre pour vérifier s'il avait changé : il était identique. Elle ne trouva qu'une question angoissante : Qu'est-ce que je vais faire, maintenant ? Rien pour l'instant, se dit-elle à haute voix. Je vais prendre un bain. »

Ce sont des pages extraordinaires, si l'on considère l'époque où elles ont été écrites. Elles suscitent de nombreuses polémiques en Italie. Une intervieweuse demande à Oriana si elle ne pense pas que, tout compte fait, la femme est plus heureuse en position de soumission : « Jamais de la vie, vous plaisantez ? Cela, ce sont des racontars pour les hommes idiots et les femmes bêtes. La soumission est toujours un péché mortel. Ceux qui se soumettent vont en enfer : comme les tyrans. »

Dans ces mots, on peut mesurer la distance qu'Oriana a désormais instaurée entre elle et les lettres désespérées qu'elle envoyait à Alfredo quelques années auparavant. *Pénélope à la guerre* est un bilan de tout ce qu'elle a appris jusqu'alors sur l'amour. C'est une dure leçon, mais réaliste. À ceux qui lui demandent si, pour la femme moderne qui veut elle aussi travailler, l'amour est utile ou préjudiciable, elle répond : « Juste inconfortable : car il complique l'existence, éloigne du succès, dépense de l'énergie. Mais il est indispensable : le travail sert à beaucoup de choses, mais pas à cela. »

Pénélope à la guerre raconte comment Oriana aurait voulu vivre l'amour, et comment elle devra accepter de le vivre. De nature passionnée, elle est romantique et excessive mais apprend vite la leçon. Après la désillusion vécue avec Alfredo, elle se force à considérer l'amour différemment, comme une fièvre qui, tôt ou tard, finit par passer. Elle revendique la liberté de coucher avec qui bon lui semble, sans engagement. D'avoir « un ventre et des désirs, comme les hommes ». Si certaines ruptures amoureuses la blessent plus que d'autres, elle apprend à ne pas trop le montrer. Elle a découvert assez tôt que les souffrances intérieures sont les moins acceptées. Elle fait dire à l'héroïne de son roman : « Incroyable comme les gens sont sourds à la douleur qui n'est pas physique. Si vous avez mal au ventre ou à un pied, tout le monde essaie de se rendre utile et vous montre du respect. Mais si vous avez mal à l'âme, personne ne vous aide. »

Elle affermit aussi son mauvais caractère, difficile par nature, et qu'elle cultive à présent à dessein, pour se forger une cuirasse. Pour ne pas se faire blesser de nouveau, explique-t-elle dans une lettre, elle cultive la « charognerie » comme une vertu. Elle ne reniera jamais ce choix. Des années plus tard, elle dira à un ami qui l'accuse d'être antipathique : « Ce n'est pas moi qui suis antipathique. C'est la vie qui est antipathique avec moi. »

Elle refuse de se lier de manière définitive à quelqu'un. « Pendant des années, je n'ai permis à personne d'être mon geôlier, et les avions ont été les complices les plus fidèles de mes évasions. Fuir ne m'était pas trop difficile, voire pas du tout. Pour célèbres qu'ils soient, et parfois estimés, ces hommes ne valaient pas grand-chose. » Elle admet sans hypocrisie qu'elle n'aime pas dormir seule, surtout quand elle travaille dans une ville étrangère, et cherche donc volontiers de la compagnie. Collègues, acteurs, photographes : les hommes qu'elle prend puis oublie sont nombreux. La liste est si longue, écrit-elle dans une lettre, que parfois elle ne se les rappelle pas tous.

Elle s'endurcit, devient presque cynique. Un homme peut lui convenir pour avoir de la compagnie, et s'il n'est pas stupide il peut rester un ami, mais pas question de parler d'amour. Elle écrit dans une lettre : « Je vais te dire une chose terrible : je ne suis jamais amoureuse. Que puis-je y faire ? Je ne peux pas. Alors, parfois, je fais semblant : mais au bout d'un moment, les pauvres s'en aperçoivent et le prennent mal. Ou bien est-ce ma faute ? ! C'est comme le whisky : j'en bois par politesse. Je n'arrive pas à le savourer. Si j'en goûte, ça me fait mal. Or tomber amoureux fait mal, et moi, je ne veux pas avoir mal. »

Après dix ans passés à *L'Europeo* et trois livres à succès, elle est désormais très célèbre. Elle fréquente le monde des acteurs avec une aisance qu'aucun autre journaliste italien ne peut revendiquer. Elle a parmi eux de bons amis – Ingrid Bergman, Anna Magnani, Sofia Loren, Sean Connery – auprès desquels elle apprend les secrets de la célébrité qui lui serviront bientôt, lorsqu'elle deviendra la grande star du journalisme international.

Certains voudraient même la convaincre d'être actrice. En 1965, lorsque la troupe qui travaille pour le film américain *L'Extase et l'agonie*, sur la vie de Michel-Ange, arrive en Italie pour débuter le tournage, le producteur lui demande d'interpréter une femme de la famille des Médicis. Il dit qu'elle a le visage idoine. Oriana considère la proposition un moment, mais le directeur de *L'Europeo* refuse de renoncer pendant un mois entier à sa journaliste la plus célèbre. Au fil des ans, elle refusera d'elle-même d'autres propositions, trop prise par son travail pour s'interrompre. Elle répondra d'ailleurs négativement à Luchino Visconti, qui voudrait qu'elle interprète la nonne de Monza dans *I promessi sposi,* d'après *Les Fiancés* de Manzoni. Celui-ci ne peut se faire une raison devant ses refus : « C'est une actrice-née. Je ne comprends pas qu'elle ne l'ait jamais été, et qu'elle ne le soit pas. »

Ses collègues italiens, envieux de son succès, l'appellent « la sorcière de la piazza Carlo Erba », en référence à l'adresse de la rédaction de *L'Europeo.* Ils jasent souvent à propos de la liberté de sa vie sentimentale. Elle feint de ne pas en être blessée. Elle a décidé qu'elle veut être une femme neuve et se libérer du passé. Quand un journaliste américain lui demande ce qu'elle changerait dans sa vie si elle pouvait revenir en arrière, elle répond : « Avant tout, j'abandonnerais bien plus tôt tous les tabous avec lesquels j'ai grandi. Lesquels ? Les tabous sociaux, les tabous religieux, les tabous sexuels, tous. Tu sais ce que ça veut dire, être une enfant catholique née dans un pays où l'on te dit que tout est péché, tout est faute ? Le sexe est péché tant que tu n'es pas mariée, après il ne l'est plus. Tu grandis sans savoir si le sexe et l'amour sont la même chose ou pas. »

Elle vit en femme libre. Elle déclare haut et fort que l'amour est un piège pour contrôler les gens et revendique sa liberté, son droit à la réserve. « Je suis une femme très discrète en ce qui concerne mes relations sentimentales, mes relations avec les hommes. Je l'ai toujours été : à tel point que l'on a rarement su qui j'aimais ou qui m'aimait. On sait si peu de choses sur moi dans ce domaine que lorsqu'on m'a interviewée pour *Life,* on voulait savoir si j'étais lesbienne. »

La solitude lui est nécessaire pour travailler : « Je ne sais pas écrire avec quelqu'un dans mes pattes. Alors que les hommes parviennent à s'isoler pour travailler parce que leurs épouses n'osent pas les déranger, les femmes n'y parviennent pas car les hommes les dérangent tout le temps. Que ce soit pour vous faire une caresse ou vous demander un café. Vous êtes là, en train d'écrire une chose difficile, et le voilà qui arrive pour vous demander un café, ou sous le prétexte de vous octroyer une petite pause. Si par hasard il se tait, ce qui est rare et presque miraculeux, vous sentez sa présence. Vous n'êtes jamais seule, même dans le silence. Alors que moi, pour écrire, j'ai besoin d'être seule. »

Elle vit toutes ses relations sentimentales en sachant qu'elles finiront. Parfois même de façon dramatique. Mais, désormais, elle a découvert qu'on a beau s'y efforcer, on ne meurt pas de chagrin. Elle a décidé qu'à chaque homme qui la blesse, elle peut dire, comme l'héroïne de son roman : « Je n'ai besoin de rien ni de personne. » Et remplir sa solitude par ce geste qui deviendra sien : glisser une feuille dans la machine à écrire, allumer une cigarette en plissant les yeux pour les protéger de la fumée, et commencer à taper bruyamment sur les touches.

10

La conquête de la Lune

En 1963, Oriana publie en Italie un nouveau livre, *Gli antipacti*, « Les Abusifs », qui contient plusieurs de ses interviews de personnalités de la jet-set réputés pour leur mauvais caractère. C'est la maison d'édition Rizzoli qui la sollicite. Après avoir édité *Le Sexe inutile* et *Pénélope à la guerre*, elle publiera tous ses livres. Oriana n'est pas particulièrement intéressée par cette opération mais se laisse convaincre. Elle finit par la considérer comme son adieu au monde des stars, qu'elle fréquente de moins en moins. Dans *L'Europeo*, ses incursions hors du terrain des mondanités sont désormais la règle. Elle interviewe la sénatrice Merlin, qui a décrété l'illégalité des maisons closes, le prix Nobel Salvatore Quasimodo, qu'elle n'apprécie vraiment pas, et Cesare Zavattini, qui est l'un de ses proches amis depuis des années.

Une interview la touche tout particulièrement : celle de l'écrivain Natalia Ginzburg, qui vient de remporter le prix Strega avec son roman *Les Mots de la tribu.* Depuis toujours, Natalia Ginzburg est l'une des personnes qu'Oriana admire le plus. Elle a affronté avec une grande dignité la mort de son mari, Leone Ginzburg, mort sous la torture des nazis, a participé aux réunions du Partito d'Azione et écrit des livres qu'Oriana aime beaucoup. Même son apparence physique lui plaît, son « visage masculin, douloureux, presque taillé dans le bois ».

Durant l'interview, Natalia Ginzburg accepte d'évoquer plus longuement la mort de son mari : « Leone n'avait jamais eu l'espoir de s'en sortir vivant. Il avait été frappé à deux reprises par les nazis, qui lui avaient brisé la mâchoire. Leone s'est senti mal, cette nuit-là, et il a demandé à l'infirmier d'appeler un médecin. Mais l'infirmier n'a appelé personne et lui a juste donné un café. Alors Leone est mort, et personne n'était là quand il est mort. C'est le balayeur qui l'a trouvé, à l'aube. » Elle accepte aussi de lire le poème qu'elle a écrit sur la mort de son mari : « Les hommes vont et viennent dans les rues de la ville. / Ils achètent nourriture et journaux, vaquent à leurs occupations. / Leur visage est rosé, leurs lèvres fraîches et pleines. / Tu as soulevé le drap pour regarder son visage, / tu t'es penchée pour l'embrasser d'un geste familier. / Mais c'était la dernière fois. C'était le visage familier, / juste un peu plus fatigué. Et le costume était celui de toujours. / Et les chaussures étaient celles de toujours. / Et les mains étaient celles / qui coupaient le pain et versaient le vin. / Aujourd'hui encore dans le temps qui passe tu soulèves le drap / pour regarder son visage pour la dernière fois. / Quand tu marches dans la rue personne ne se tient à tes côtés, / si tu as peur personne ne prend ta main. / Et cette rue n'est pas la tienne, et cette ville n'est pas la tienne. » Oriana enregistre toute l'interview, la gorge nouée par l'émotion. Puis elle écrit un article dans lequel elle confesse aux lecteurs : « Je l'écoutais en silence, réfrénant, pour la première fois depuis que je fais ces interviews, une grande envie de pleurer. »

Mais les personnages qui la touchent sont désormais bien rares. Elle a besoin d'un projet qui la sorte du quotidien du journal. Un moment, elle pense écrire un livre sur les héros de sa jeunesse, les partisans du Partito d'Azione. Elle approche quelques-uns d'entre eux, mais comprend qu'elle fait fausse route. La réalité est toujours décevante, comparée au souvenir. Les héros de son enfance ont vieilli, grossi, et lui semblent tous moins grands que lorsqu'elle les regardait avec ses yeux d'enfant.

À l'un d'eux, l'écrivain Carlo Cassola, qui lui a envoyé une invitation à signer un appel sur le désarmement nucléaire unilatéral de l'Occident, elle écrira très durement : « La raison pour laquelle je ne peux pas répondre aux questions que vous m'avez envoyées [...] n'est pas que je récuse catégoriquement votre idée sur le désarmement unilatéral. C'est la justification que, dans votre lettre, vous me donnez : "Au pire, que pourrait-il nous arriver ? Une invasion ? Dans l'imminence de la fin du monde, peu importe que l'on soit libre ou asservi. Que l'on continue de jouir des bienfaits de la liberté ou que l'on soit sous le fascisme, cela revient au même." Eh bien, on en lit, des choses horribles. Mais j'ai rarement lu une phrase aussi horrible que celle-ci, aussi lugubre, et moralement suicidaire. » Le seul héros de la lutte partisane pour lequel elle aura jusqu'à la fin une authentique vénération est le socialiste Pietro Nenni. « Vous m'enchantez sans faire d'efforts. Vous appartenez à mon éducation, à ma culture, à mes sentiments », lui écritelle.

Elle décide enfin d'aller voir de près les nouveaux héros de son temps, ces astronautes américains qui travaillent pour arriver sur la Lune avant les Russes. En 1957, l'URSS a envoyé le Spoutnik, le premier satellite à être mis en orbite autour de la Terre, et depuis, entre les deux superpuissances, la course à l'espace a commencé. C'est une guerre, et Oriana veut en connaître les combattants. Tout, dans cette aventure, semble destiné à l'enthousiasmer. Elle croit fermement au progrès – « Rien du monde qui m'entoure ne me convient sauf les conquêtes de la science », dit-elle – et puis, elle se souvient bien des rêves de son enfance, lorsqu'elle lisait les romans de Jules Verne.

Elle demande au directeur de *L'Europeo* l'autorisation d'écrire une série de reportages sur le sujet. Elle effectue deux longs séjours à la Nasa, l'un en 1963, l'autre en 1964, restant presque une année avec les astronautes. De nombreux articles pour le journal en sont issus, ainsi qu'un livre, *Se il sole muore* (« Si le soleil meurt »), publié en 1965. La dédicace est plus longue que d'ordinaire : « À mon père qui ne veut pas aller sur la Lune, parce qu'on n'y trouve ni fleurs ni poissons ni oiseaux. À Theodore Freeman qui est mort tué par une oie pendant qu'il volait pour aller sur la Lune. À mes amis astronautes qui veulent aller sur la Lune parce que le Soleil pourrait mourir. »

« Si le soleil meurt » est autobiographique, comme tous ses livres. Il est construit comme un dialogue à distance avec son père, un homme de l'ancien temps qui ne comprend pas cette frénésie de voyages dans l'espace. Edoardo Fallaci ne veut rien savoir des diableries modernes. Oriana n'a jamais pu le convaincre ne serait-ce que de monter dans un avion. Elle y est presque parvenue une fois, en lui vantant les merveilles des Jardins botaniques royaux de Kew, aux portes de Londres. Mais il a fini par changer d'avis et Oriana est partie seule avec sa mère, qui l'a regretté aussitôt et a répété pendant tout le vol, en regardant nerveusement par le hublot : « Ton père a raison, pourquoi cette hâte ? »

Durant la longue et très intense année qu'elle passe avec les astronautes, Oriana se sent pour la première fois très éloignée de son histoire familiale. Tout en observant les grandes fusées dans lesquelles la Nasa compte envoyer les hommes dans l'espace, elle repense en souriant à son grand-père Antonio qui, lorsque les avions alliés bombardaient Florence, mettait son chapeau au lieu de descendre au refuge et sortait dans la rue pour crier, en levant sa canne vers le ciel : « Bande de malappris ! »

Selon son habitude, elle se prépare très méticuleusement. Elle interviewe des écrivains célèbres, comme Ray Bradbury et Isaac Asimov. Elle lit de nombreux livres sur le programme spatial. Elle regarde les vidéos de la Nasa. Elle veut tout voir, rencontrer tout le monde, entrer partout. Elle se fait conduire au sommet d'une fusée, pour appréhender sa hauteur. Elle demande à porter une combinaison spatiale. Elle se soumet au test d'altitude avec le psychologue de la mission, à San Antonio, qui se passe très mal. Elle a trop tendance à inventer. Quand le psychologue lui fait passer le test de Rorschach, elle voit dans les taches d'encre tout ce qu'il est possible d'y voir, ce qui affole le médecin. « Une ceinture pelvienne, une souris, la pipe de mon grand-père, la boucle d'oreille que j'avais perdue à Paris, une balle de calibre 22, une anémone, et un poulet. »

Lorsqu'elle visite le site de la Nasa à Downey, en Californie, elle se rend compte que, pour la première fois, elle se trouve là pour une autre raison que le cinéma. À présent, les nouvelles stars sont ces pilotes qui se préparent à conquérir l'espace. Un ami italien, venu en Californie pour être acteur, se plaint, inconsolable : « Toi aussi ! Tout le monde vient pour cela à présent. Pas un chien qui viendrait pour nous, les acteurs. »

À Houston, elle obtient l'autorisation d'interviewer quelques astronautes. Ils vivent dans des villas mitoyennes, qui lui apparaissent comme les cellules d'un couvent. Ils ont tous femme et enfants, les cheveux coupés court et les idées précises. Elle rencontre un premier groupe de sept d'entre eux – Shepard, Grissom, Glenn, Carpenter, Schirra, Cooper, Slayton – pour une série d'interviews minutées par le service de presse de la Nasa. Elle dispose de peu de temps et se retrouve devant des hommes qui lui semblent des clones. Il lui faut user de toute son habileté pour découvrir l'originalité de chacun d'entre eux. Mais c'est ce qui la fascine le plus dans le programme spatial, comme dans tous les sujets qu'elle suivra dans sa carrière : le facteur humain.

Elle fait face à chaque astronaute, son magnétophone dans son sac et son micro à la main. Elle offre des cigarettes pour briser la glace. Elle leur demande à tous s'ils ont peur, pour ajouter, en riant : « Moi, quand je suis en avion, je me dis que les avions s'écrasent. » Elle est bien disposée à leur égard, car elle aime les gens courageux. Mais elle n'a pas perdu son culot. À Alan Shepard qui a été le premier Américain à voler en orbite autour de la Terre, elle déclare : « On dirait que vous avez un complexe, commandant. Le complexe d'avoir été le premier. »

En janvier 1964, elle reçoit un télégramme qui l'informe que Tosca a fait un infarctus. Elle interrompt son séjour à la Nasa et rentre précipitamment à Florence, où elle trouve sa mère alitée, encore vivante mais subitement vieillie. Dès que les médecins le lui permettent, elle l'emmène en convalescence à la campagne. Quelques années plus tôt, avec ses droits d'auteur, elle a acheté une ferme à Casole, près de Greve in Chianti. Elle l'a conçue comme le lieu de retraite de ses parents et le centre de la vie familiale, l'endroit où retrouver ceux qui lui sont chers chaque fois qu'elle passe en Italie.

Comme tous les esprits nomades, elle est obsédée par ses racines. Elle a choisi une région qu'elle connaît depuis son enfance, le berceau des Fallaci. Elle aime le petit village de Casole, et autour, la Toscane dans toute sa gloire : « Ma maison à la campagne est très belle, comme un paysage de Léonard de Vinci, elle donne sur les collines, les montagnes et les cyprès. » Un autre détail l'enchante : Giovanni da Verrazzano, le premier navigateur qui a remonté l'Hudson et découvert la baie où surgirait un jour New York, est originaire de Greve, tout comme Amerigo Vespucci qui a donné son nom au Nouveau Monde.

Au fil des ans, toujours grâce à ses droits d'auteur, elle achète plus de terrain, agrandissant le domaine qui devient un petit bourg : une maison de maître massive avec vingt-deux pièces, un moulin, quelques resserres éparses à rénover, et des hectares de terres tout autour. La maison comporte une tour, qu'Oriana se réserve. Elle veut que Casole offre toutes les commodités : elle fait construire une piscine, creuser un étang avec des carpes. Elle demande qu'on cultive dans le jardin des plantes de toutes sortes : arbousiers, citronniers, chênes, cyprès, arbres fruitiers. Elle nourrit une véritable passion pour les arbres, parce que ce sont des créatures douces et silencieuses, qui ne se nourrissent que d'eau et de soleil, et ne font de mal à personne. « Il y a un cyprès, dans le jardin de ma maison de campagne, un très haut et magnifique cyprès : il aime, et c'est réciproque, une très haute et magnifique dame cyprès de l'autre côté de la route. La nuit, ils se parlent, s'envoient des graines légères qui retombent dans le bois, dans la prairie, et au printemps on trouve toujours deux ou trois petits cyprès qui sont leurs enfants : nés de ces nuits d'amour. »

Elle aime se rendre à Casole, surtout en automne, quand le bois resplendit de couleurs. C'est sa saison préférée, même si elle se plaint que les vacanciers la lui gâchent, le dimanche, en envahissant les parages pour voler le raisin, les châtaignes et les champignons. À Casole, on fabrique des kilos de confiture et on produit de l'huile et un vin fabriqué à l'ancienne qui coûte aussi cher que du champagne. Depuis qu'il a fermé sa boutique d'artisan à Florence et pris sa retraite, Edoardo Fallaci s'amuse à faire le paysan et à élever des animaux que personne n'a le courage de tuer, et qui vieillissent donc en paix avec lui. Il y a des lapins, des poulets, et des ruches pour les abeilles. Sans compter de grands rosiers, un jardin potager, des graminées et du romarin qui finissent en bouquets pour parfumer les tiroirs.

La cheminée de la cuisine est si grande qu'un homme peut s'y tenir debout. Dans la maison s'accumulent meubles et souvenirs des voyages d'Oriana. Il y a beaucoup de souris qui, la nuit, rongent tout, même les livres, mais elle refuse qu'on dispose des pièges pour les tuer. Elle aime les écouter, allongée dans son lit, imaginant que ce sont des âmes défuntes : « Ce sont peut-être vraiment des fantômes, et je les chéris parce qu'ils n'embêtent personne, ils marchent et c'est tout, de haut en bas, pour nous rappeler ceux qui ont vécu là avant nous. Les fantômes nous aiment, on ne peut vivre sans penser à ceux qui ont vécu avant nous. »

Pendant la convalescence de Tosca, Oriana s'assied avec elle dans le jardin de Casole et lui parle de la conquête de la Lune. Elle lui en raconte tous les détails, toutes les anecdotes. Elle aime quand sa mère écarquille les yeux comme une petite fille. Elle lui a apporté des sachets de nourriture déshydratée des astronautes, mais son père les fait disparaître les uns après les autres, les donnant en pâture aux animaux de la ferme pour souligner son mépris à l'égard de la conquête de l'espace. Oriana doit s'en faire envoyer d'autres, que sa mère place ensuite en lieu sûr, dans la vitrine fermée à clé où elle accumulera au fil des ans tous les trophées que sa fille si célèbre lui rapportera de ses voyages : un caillou du Parthénon, une petite poupée de Kyoto, du caoutchouc recueilli en Malaisie, une topaze achetée au Brésil, une bague choisie à Calcutta.

Une fois que Tosca se remet timidement aux fourneaux, Oriana est près d'elle et regarde par la fenêtre les feuilles qui tourbillonnent dans le vent. La vision des arbres l'enchante toujours : « As-tu jamais remarqué comme ils sont beaux, nos cyprès, par la fenêtre de la cuisine ? On a envie de les caresser, et si on tend le doigt, on a l'impression de sentir leurs pointes en pinceau, lisses comme du velours. »

Elle reste quatre mois en Italie. De temps à autre, le journal l'envoie faire un reportage à l'étranger, mais sans l'éloigner de l'Europe. Elle rédige une série d'articles sur les monarchies scandinaves. Du vieux roi de Suède Gustave VI, qui se rend en Italie l'été pour se consacrer à sa passion – les fouilles archéologiques des tombes étrusques –, elle se souvient avec sympathie de sa réaction quelques années auparavant, lorsqu'elle le poursuivait à Florence : « Il visitait le musée des Offices, et, je le suivais avec mon photographe. Soudain, il s'est arrêté et, d'une voix de baryton, m'a dit : "Vous savez que je travaille ? – Oui, Majesté. – Et vous savez que je suis en vacances ? – Oui, Majesté. – Alors arrêtez de me suivre. – Non, Majesté. » Bien. Croyez-vous qu'il se soit mis en colère, ou m'ait fait arrêter ? Jamais de la vie. Il m'a regardée d'un air désarmé, surpris, et a fait : "Ah bon !" »

Pour observer de près le roi de Norvège Olav V, elle va assister à une compétition de ski, même si elle souffre terriblement du froid et s'est acheté pour l'occasion bottes, manteau et chapka. Afin de rencontrer le gendre du roi, un bourgeois qui possède une boutique de vêtements, elle pousse à bout la vendeuse en l'obligeant à déballer tous ses échantillons jusqu'à ce qu'il sorte de l'arrière-boutique pour voir ce qui se passe. Mais malgré ses efforts, tout lui semble vieux désormais en Europe. « Nous sommes en 1964, écrit-elle dans l'un des articles de la série, d'autres planètes nous attendent. »

Quand sa mère est rétablie, elle ressent de nouveau une grande envie de revenir voir les astronautes. Elle est déterminée à écrire un livre sur eux et a besoin de recueillir d'autres informations. En apprenant que la fondation Ford a décidé de lui attribuer une bourse d'étude pour couvrir ses dépenses de voyage, elle trouve le courage de repartir. Mais sa joie est de courte durée. Face aux trop nombreuses questions de l'employé chargé de son dossier (« Croyez-vous en Dieu ? », « Suivez-vous un régime ? », « Avez-vous des maladies contagieuses ? »), Oriana s'impatiente et l'envoie au diable.

Surtout, elle n'accepte pas qu'il veuille connaître à l'avance le détail de ses déplacements et lui assigner un accompagnateur. « Je ne sais jamais quand je pars ni quand j'arrive. Il se peut, par exemple, que je me trouve à Saint Louis et que j'aie soudain envie de courir à Mexico pour y acheter un sombrero. Alors je vais à l'aéroport et cinq heures plus tard me voilà à Mexico. Cela peut vous sembler bizarre, mon père dit que c'est saugrenu : mais les gens qui écrivent sont toujours un peu saugrenus », lui explique-t-elle dans une longue lettre piquante qui a pour effet immédiat de la priver du financement prévu.

11

Miss Root Beer

Oriana repart pour les États-Unis en mai 1964. À Houston, elle rencontre un deuxième groupe d'astronautes. Comme le veut le protocole, elle les interviewe dans une petite pièce vide. Huit astronautes, dix minutes chacun. Elle doit se disputer avec l'attaché de presse pour arracher un peu de temps supplémentaire : « Interviewer une personne est très fatigant, c'est un examen réciproque, un effort de l'attention et des nerfs », lui explique-t-elle. Les astronautes entrent à tour de rôle, saluent, s'assoient. Comme les autres fois, ils ont tous l'air semblables. Mais lorsque l'un d'eux refuse de passer dans la petite pièce – il a l'impression d'être chez le dentiste, il pousse les hauts cris, parce qu'il y est déjà allé, chez le dentiste –, Oriana comprend qu'elle a enfin trouvé quelqu'un avec qui parler.

Il s'appelle Charles Conrad, mais tout le monde le surnomme Pete. Il est courageux, athlétique et sûr de lui comme tous les astronautes, mais il a en plus un grain de folie et une gaieté contagieuse. Pete et Oriana deviennent bientôt inséparables. Il apprécie qu'Oriana ne soit pas l'une des habituelles admiratrices qui veulent les épouser, bien qu'ils soient tous déjà mariés. Bien sûr, il ne comprend pas pourquoi cette journaliste italienne, si jolie, ne l'est pas. « Tu ne t'ennuies pas, toute seule ? » lui demande-t-il. « Je suis toujours seule, répond-elle, même quand je suis avec les gens. »

Ensemble, ils rient à n'en plus finir. Ils lancent le projet Fromage, pour ouvrir sur la Lune – qui, selon eux, se révélera être en fromage – une chaîne de drive-in où ils vendront des boissons. Le soir, ils sortent pour danser le twist et boire. Oriana, peu à peu, s'y habitue. « Je peux boire de tout, même du whisky qui, selon moi, pue », dit-elle. La seule chose qu'elle ne supporte pas, c'est la *root beer*, la bière de racines : voilà pourquoi Pete la rebaptise aussitôt Miss Root Beer.

Les mois passés avec Pete et ses compagnons sont très joyeux, un hymne à leur jeunesse à tous : « Trente ans est un âge magnifique. Un âge libre, rebelle, hors la loi. L'angoisse de l'attente est terminée, la mélancolie du déclin n'a pas encore commencé, nous sommes lucides, enfin. Nous sommes un champ de blé non plus vert mais mûr, et pas encore sec. » Le soir, ils marchent sur la plage, chaussures à la main. Ils répètent les paroles que Pete prononcera lorsqu'il ira sur la Lune. Oriana est heureuse parce qu'elle se sent l'une des leurs.

La veuve de Pete, Jane Dreyfus, se souvient encore, après tant d'années, des moments passés avec Oriana : « Elle venait toujours chez nous. Elle s'asseyait au bord de la piscine et se relaxait. Elle parlait pendant des heures, racontait son enfance durant la guerre. Elle avait vraiment été courageuse à cette époque. Je crois qu'elle aimait la compagnie des astronautes parce qu'elle y retrouvait la même attitude envers la vie, le même courage. C'est sur ce critère-là qu'elle s'est liée avec eux. » Elle raconte en riant que les femmes des astronautes regardaient souvent Oriana avec méfiance. Pas étonnant. Oriana est une femme à la vie sentimentale libre, qui n'a pas la langue dans sa poche (« Elle disait tellement de gros mots, en italien certes, mais nous toutes nous les comprenions ! » dit Jane en riant). Elle promène son indépendance comme un étendard. « Aujourd'hui, du point de vue sexuel, je suis absolument libre, et ce depuis de nombreuses années, déclare-t-elle à un journal. Le sexe est si sacrément important. Il n'est pas indispensable, comme l'intelligence, mais sans lui, on est moins intelligent. C'est une forme de substance vitale, comme la nourriture, comme le sommeil. »

Jane a conservé les lettres d'Oriana, joyeuses et pleines de descriptions des paquets qui voyagent de l'Italie aux États-Unis. Elle se souvient qu'elle aimait beaucoup rire et adorait faire des cadeaux. Elle couvrait ses amis d'attentions de toute sorte, parfois drôles, parfois plus incommodes. Elle envoie à Pete des montagnes de chapeaux, qu'ils collectionnent tous les deux, et un costume de torero parce qu'elle trouve que la cérémonie d'habillage des astronautes rappelle celle de la corrida : « Avec la tristesse qui grandit avec la peur. » Elle envoie à Jane une robe très coûteuse de chez Pucci, pour qu'elle l'exhibe lors d'une *party* à Houston : « Elle est merveilleuse et n'est peut-être pas à ta taille, mais je te l'apporte quand même. Elle est en velours : ce velours imprimé florentin, si spécial, qu'Emilio Pucci a inventé il y a des années. Elle a toutes les couleurs que je voudrais voir sur toi, jaune et rouge, vert et marron, des couleurs violentes, avec de longues *sleeves*. Si elle ne te va pas, nous pleurerons ensemble et je la rapporterai quand je reviendrai à Florence. » Elle lui avoue que, pour la première fois de sa vie, avec eux elle se sent chez elle : « Votre amitié à tous m'est précieuse. En Amérique, à travers les astronautes, j'ai trouvé ce que je n'ai jamais trouvé en Europe, ni dans le reste du monde. »

Jim Lovell, qui commandera en 1970 le vol mouvementé de l'Apollo 13, est son invité avec sa famille à Casole. Un demi-siècle plus tard, il se souvient comme Oriana avait été bien acceptée par tous à la Nasa : « Quand elle était parmi nous, elle était l'un des nôtres. » Il raconte une soirée où ils étaient sortis en quête d'un endroit où dîner : « Oriana disait, avec son accent italien si drôle : "J'ai faim ! Où va-t-on dîner ?!" » explique-t-il en imitant une femme qui crie et détache bien les syllabes. « Il n'y avait aucun restaurant et nous avons fini par trouver un bar qui vendait des hamburgers. Oriana nous regardait, perplexe. "Comment je mange ça ?" a-t-elle demandé. "Eh bien, avons-nous répondu, tu le prends avec les doigts et tu le manges." Mais elle a crié : "Je ne mange pas avec les doigts !" Il y avait des cure-dents sur la table, eh bien elle a mangé tout son hamburger en utilisant des cure-dents. Nous n'en croyions pas nos yeux. » Oriana a une personnalité explosive et ne fait rien pour s'en cacher. « Je suis une casse-pieds, je sais », racontera-t-elle à un journaliste, des années plus tard. « Tu sais ce que disaient les astronautes américains ? Si on veut être sûrs de revenir de la Lune, on n'a qu'à emmener Oriana avec nous. »

Lorsqu'elle apprend que l'un de ses amis astronautes, Theodore Freeman, est mort en s'écrasant avec son avion pendant un vol d'entraînement, elle est bouleversée. Elle se rend à Washington pour ses funérailles. Les astronautes présents sont tous calmes. Personne ne pleure. Oriana est scandalisée, elle les insulte. Pete finit par lui clore le bec et lui donne une leçon qu'elle n'oubliera jamais : « Tu crois vraiment que ça ne nous fait ni chaud ni froid de le savoir enfermé pour toujours dans un cercueil ? Ça pourrait très bien être moi, demain matin, qui m'y retrouve. S'il était possible de négocier, je le ferais peut-être. Je ne me le suis pas demandé, mais je le ferais peut-être. Mais comme on ne négocie pas avec la mort, c'est moi qui suis vivant. Et comme je suis vivant, je ne perds pas mon temps en pleurnicheries. Et comme je ne perds pas mon temps en pleurnicheries, je vais de ce pas boire un martini : un double, même. »

À l'automne 1964, elle met fin à son long séjour parmi les astronautes et revient en Italie. Dans son appartement de Florence l'attend une lettre de son père : « Je t'ai acheté un arbre. Tu te souviens du chêne au-dessus de la source ? Le grand, celui avec les racines découvertes où tu grimpais quand tu étais petite. Eh bien, le propriétaire voulait le couper pour en faire du bois. Alors je l'ai acheté, pour qu'il reste là. Maman n'était pas d'accord : tout cet argent, disait-elle, pour un arbre dans le champ d'un autre. Mais je savais que ça t'aurait déplu si je l'avais laissé abattre, alors je l'ai acheté et je te l'offre. Tu le trouveras quand tu reviendras, il est là qui t'attend. Toujours à la même place, au-dessus de la source. » On dirait une lettre venue d'un autre monde.

Elle reprend son travail au journal et se consacre à l'écriture de son livre sur les astronautes, dont elle parle avec admiration et regret. « J'ai rencontré beaucoup de gens en Amérique, et je sens que les astronautes sont parmi les meilleurs. J'ai grandi en Italie avec un grand respect et une grande admiration pour le courage, le sacrifice et la discipline. À la fin de la guerre, je cherchais autour de moi à retrouver ces qualités. Mon test pour évaluer les gens, c'était de me demander : "Est-ce que cette personne se serait tue si elle avait été arrêtée et torturée par les fascistes ?" Et souvent, ma réponse était non. La raison pour laquelle j'aime ces garçons, c'est parce que, eux, ils se seraient tus. »

Elle donnerait n'importe quoi pour aller sur la Lune. Elle note dans l'un de ses cahiers le dialogue avec l'un d'eux : « Ensuite, Dick me raccompagne au motel. "Dommage, dit-il, qu'on ne puisse pas t'emmener là-haut. Tu irais, pas vrai ? – Tout de suite, dis-je. – Mais c'est risqué, on peut mourir. – Bien sûr, dis-je. Mais on doit bien mourir, et c'est une façon amusante de mourir, ça en vaut la peine. – Merci, répond Dick, c'est le plus beau compliment qui ait jamais été fait à quelqu'un dans mon métier." »

Si le soleil meurt est un grand succès, en Italie comme à l'étranger. Oriana est invitée à parler à la télévision. Personne avant elle n'a décrit les astronautes de cette façon, avec un mélange de camaraderie, d'admiration et d'ironie. Devant la caméra, elle parle sans timidité. Elle se sent comme une ambassadrice de ses amis lointains, dont elle ne se lasse pas de chanter les louanges : « En premier lieu, ce sont des personnes qui étudient, énormément. Ils étudient la journée, ils étudient la nuit, ils étudient chez eux, ils étudient à l'entraînement. Ce sont tous des ingénieurs, des diplômés en astronautique. Ils étudient la géologie, la chimie, les mathématiques, la physique, la biologie. Et non seulement ils étudient, mais ils sont aussi soumis à des entraînements intensifs, dans le désert, dans la jungle ; leurs journées ne seraient pas pires s'ils étaient au bagne. »

Au premier alunissage, en juillet 1969, elle est à Cap Kennedy, avec des milliers d'autres journalistes, afin de suivre l'événement pour son journal. Le premier homme à faire un pas sur la Lune est Neil Armstrong, qu'Oriana connaît seulement de vue. L'honneur n'est pas revenu à Pete (il s'en est fallu de peu), qui conduira la mission suivante et marchera sur la Lune quelques mois plus tard, en novembre 1969. Pour l'accueillir, il ne bénéficiera pas de la même liesse qu'au premier alunissage, mais il emportera avec lui une photo d'Oriana enfant dans les bras de sa mère. Il a promis de l'emmener en promenade à l'intérieur de sa combinaison spatiale. Cette photo a été retrouvée dans les papiers d'Oriana après sa mort, avec, derrière, le message de Pete : « Chère Tosca, nous avons emporté cette photo à bord du *Yankee Clipper* jusqu'à l'océan des Tempêtes, sur la Lune. 14-27 novembre 1969, pour Oriana. Signé : le commandant d'Apollo 12. »

La mission de Pete implique Oriana au premier chef. Elle s'amuse à l'idée de faire passer quelques objets personnels aux contrôles très stricts de la Nasa. Outre la photo de sa mère, elle lui confie aussi un pendentif. Et surtout, elle se fait promettre qu'au retour il lui donnera un caillou lunaire. Une fois de retour sur la Terre, Pete temporise. Quand Oriana lui rappelle sa promesse, il change de sujet. Donner du matériau provenant de la Lune est interdit, et Pete respecte les règles. Un soir, alors qu'elle l'implore, il l'autorise à toucher les échantillons enfermés chez lui dans une armoire, encore recouverts d'une très légère pellicule de poussière de Lune. Puis il la referme. Pour Oriana, c'est une désillusion terrible.

Quelque temps plus tard, ils se disputent violemment à propos de politique, sujet sur lequel ils ont des idées fort différentes. Elle est progressiste, très critique envers les Américains, lui est un patriote et un conservateur. Le dîner se transforme en pugilat. Pete lui dit que si elle déteste autant la politique étrangère américaine, elle n'a qu'à faire ses valises et repartir en Italie. Oriana s'en va en claquant la porte. Le lendemain, elle lui téléphone. Il est en réunion mais Oriana insiste pour lui parler. Elle lui demande s'il pensait vraiment ce qu'il lui a dit. Lorsqu'il lui répond, irrité, que oui, Oriana raccroche.

« Elle lui a envoyé une lettre terrible, qu'il a déchirée en mille morceaux », se souvient sa veuve. Elle aussi avait eu l'occasion, par le passé, d'essuyer les colères d'Oriana, qui lui écrivait ensuite : « Ne sois pas trop triste quand j'écris durement, je suis dure, ce n'est pas de ma faute, je suis faite comme ça. Mais il y a tant de tendresse en moi, même si je ne la montre pas, parce que j'ai appris à ne pas la montrer, pour ne pas me faire dévorer. » Ils ne se reverront jamais. Des années plus tard, lorsque Pete mourra, Oriana ne se rendra pas à ses funérailles. Si elle est déçue par quelqu'un qu'elle aime, elle peut l'effacer pour toujours de sa vie : « Je ne sais pas pardonner. Ni pardonner, ni oublier. C'est l'une de mes plus grandes limites, peut-être, et la plus sombre. Et encore moins pardonner lorsqu'une blessure m'a été infligée par des personnes dont j'attendais de l'affection, de la tendresse, ou sur lesquelles je me faisais des illusions positives. Ce qui ne signifie pas, bien sûr, que je déclare la guerre ou que je reste en guerre avec ceux qui m'ont blessée, offensée. Cela signifie que je les liquide, je les efface de mes pensées. Il n'est pas d'homme ou de femme coupable envers moi qui n'ait fini dans la Sibérie de mes sentiments. »

Pendant les années de reportages sur la Nasa, elle partage encore beaucoup son temps entre l'Italie et les États-Unis, incapable de choisir. Florence, surtout, qu'elle considère comme sa vraie patrie, lui manque : « Florentin je parle, florentin je pense, florentin je sens. Florentines sont ma culture et mon éducation. À l'étranger, quand on me demande de quel pays je viens, je réponds : de Florence, et non pas : d'Italie. Car ce n'est pas la même chose. » Lorsque, en novembre 1966, sa ville subit un terrible déluge, elle rentre chez elle précipitamment. Elle reste plusieurs mois sur place, et essaie d'organiser une collecte de fonds auprès de ses amis américains. Elle donne des instructions à son éditeur afin que ses droits d'auteur de cette année-là soient versés directement à la ville de Florence.

Dans ses longues lettres à ses amis américains, elle décrit tout ce qu'elle voit. Le manque d'eau potable : « Quelle incroyable ironie : tout a été tué par l'eau, et pas une goutte à boire. » Quelques boutiques sauvées sur le Ponte Vecchio : « Une d'argenterie et une autre de cravates. Celle d'argenterie est nettoyée, avec quelques pièces récupérées çà et là, c'est pathétique ; sous une fleur il y a un carton avec cette inscription en anglais : "*Sorry, this is what we have, please buy it.*" L'autre expose toutes ses cravates froissées en vitrine, quelques sacs en cuir détrempés, et une autre inscription, elle aussi en anglais, dit : "*Please buy this floaded merchandise, thank you.*" » Les habitants de Florence, comme toujours, l'enchantent : « À dix, onze heures du soir, ils sont encore là, à nettoyer, rincer, nettoyer encore, hommes, femmes et enfants, on les voit hissés sur des échelles en train de gratter le pétrole collé aux murs, au plafond, obstinés, silencieux, têtus, décidés à vivre, à survivre, c'est à n'en pas croire ses yeux. Je veux dire : la ville est morte et ils se comportent comme si elle était vivante. Un courage, une force qui vous laissent sans voix. »

Avec son talent d'observatrice, elle saisit des scénettes, des dialogues sur le vif, des détails révélateurs. Comme devant les portes du baptistère, qui ne sont plus dorées mais noires de boue : « Quelqu'un a nettoyé la petite tête de Ghiberti[1] qui apparaît, sculptée sur le troisième panneau du *Paradis* : dans tout ce noir, tu vois cette petite tête dorée du Ghiberti qui te regarde tout étourdi. Un petit vieux passait. Il s'est arrêté, l'a regardée, et a dit : "T'as vu ce que le Seigneur miséricordieux t'a fait ? Tu as travaillé dur pour sculpter le *Paradis*, et lui il t'a donné l'Enfer. Oh ! sacré nom de Dieu !" » Elle projette d'écrire un livre sur les inondations de Florence. Mais le travail reprend le dessus. Il y a les reportages pour *L'Europeo* et son deuxième livre sur la course à l'espace, qui sort en 1970 sous le titre *Quel giorno sulla Luna* (« Ce jour-là sur la Lune »). Tout en corrigeant les épreuves, elle règle ses comptes avec ce que le rêve de conquête de l'espace a coûté au gouvernement américain : 25 000 milliards de lires italiennes de l'époque. Énorme, observe-t-elle, mais toujours moins que la guerre du Vietnam qui, de 1966 à 1970, a coûté 51 000 milliards.

En effet, entre son premier et son deuxième livre sur l'espace, il s'est passé un événement d'importance. Les États-Unis sont entrés en guerre au côté du Vietnam du Sud dans son affrontement avec son voisin du Nord. Et

1. Lorenzo Ghiberti, sculpteur florentin (1378-1455). (*N.d.T.*)

Oriana, évidemment, a demandé à s'y rendre en personne. À l'époque, Tommaso Giglio est le directeur de *L'Europeo*. Mieux que personne, il a appris à la laisser agir comme elle l'entend : « Avec moi, il ne s'est jamais comporté comme un directeur : il me laissait être directrice de moi-même. Bref, il avait compris qu'à bride abattue je cours plus vite et plus longtemps : si on me met des rênes et une selle, je ne suis plus un cheval de course mais une mule capricieuse. Je veux aller au Vietnam, Giglio. Alors, va au Vietnam. Quel genre de reportage voudriez-vous sur le Vietnam ? Le reportage que tu veux. Voilà quels étaient nos rapports, avec Giglio. »

Le Vietnam marque une nouvelle étape dans la vie d'Oriana. Il la remet en contact avec la guerre et lui fait rencontrer François Pelou, l'homme qui sera le grand amour de sa vie et lui apprendra à porter sur le pouvoir un autre regard. Les années insouciantes de Houston et de Cap Kennedy ont pris fin pour toujours. L'Oriana Fallaci reporter de guerre naît alors. Indignée face aux injustices de l'Histoire, songeuse devant le mystère du pouvoir. « La Lune brillait dans le ciel, cette Lune où les hommes veulent aller pour, de là, propager leur grandeur. Et j'ai pensé à une phrase que m'a dite François hier : "La Lune est le rêve de ceux qui n'en ont pas." »

12

Saigon, ainsi soit-il

Elle part en novembre 1967, accompagnée du photographe Gianfranco Moroldo. À son arrivée à Saigon, tout le monde l'informe que le meilleur contact pour être tenue au courant est François Pelou, directeur de l'Agence France-Presse locale. Elle va le trouver dans son bureau, rue Pasteur ; il l'impressionne dès le premier instant. « Un beau garçon, jeune encore, au corps d'athlète mais avec des cheveux gris, le visage dur et attentif, des yeux auxquels rien n'échappe, tout à la fois douloureux et ironiques. C'est d'abord cela qui m'a impressionnée : tu vois ce que je veux dire, le type d'homme sur lequel tu te retournes à plusieurs reprises parce qu'il est différent des autres, qu'il laisse derrière lui quelque chose. Et puis, il m'a impressionnée par ses gestes brusques, comme revêches : il ne te mettait pas en confiance et il ne cherchait pas à t'y mettre. »

À son tour, François Pelou parlera de cette première rencontre, bien des années plus tard : « Elle a surgi dans notre bureau de l'Agence France-Presse, au cœur de Saigon, par un après-midi torride de l'automne 1967. Elle est arrivée à l'improviste, comme une bourrasque de vent. Quelques mots de présentation – nous ne la connaissions pas – et, de sa part, un regard superficiel – en apparence – sur les gens et les lieux vietnamiens. Un instant plus tard elle a disparu, réapparaissant juste après, habillée avec un soin étudié qui mettait en valeur son allure séduisante. Elle avait clairement décidé de s'emparer de mon bureau et de son équipe. »

François a quarante-deux ans, quatre ans de plus qu'elle. C'est un vétéran du journalisme international. Dans les années cinquante, il a couvert la guerre de Corée et dirigé les bureaux de l'Agence France-Presse à Hong Kong. Il a voyagé dans tous les pays asiatiques et connaît le Vietnam depuis l'époque coloniale. En 1963, il a vu l'Histoire de près, puisqu'il a été le témoin oculaire de l'assassinat de Lee Harvey Oswald, le meurtrier présumé de John Kennedy, tué à bout portant par Jack Ruby pendant son transfert du siège de la police de Dallas à la prison.

Oriana l'a déjà rencontré, sans le savoir, dans le roman de Han Suyin, *Multiple splendeur*. Dans ce livre, François Pelou est le collègue français du héros. Décrit comme un homme d'une grande intelligence et fort élégant, il considère la guerre avec une grande honnêteté de jugement. C'est de lui que parle le héros lorsqu'il écrit dans une lettre depuis la Corée : « Les soldats sont mécontents. Ils demandent : On peut savoir pourquoi nous combattons ? Je voudrais que quelqu'un nous explique pourquoi nous faisons cette satanée guerre ! Comme l'a dit François : "Il faut expliquer aux hommes pourquoi ils doivent se faire tuer." »

À Saigon, François ne manifeste d'hostilité envers personne et collabore avec tous – Sud-Vietnamiens, Américains, Vietcongs –, surtout si cela peut éviter des morts. Chaque vie humaine a pour lui une valeur inestimable.

C'est la première chose qu'il apprend à Oriana, le jour même où ils se rencontrent. Le téléphone sonne alors qu'ils sont ensemble, et Oriana voit son visage changer brusquement d'expression. Un informateur le prévient que, le lendemain matin, les autorités de Saigon fusilleront trois prisonniers vietcongs. Ce qui signifie non pas trois morts, mais six, lui annonce François après avoir raccroché, car les Vietcongs fusillent un prisonnier américain pour chacun des leurs. François alerte l'ambassade américaine, qui intervient auprès du gouvernement du Sud-Vietnam, afin d'essayer de les convaincre d'empêcher l'exécution.

Une longue attente commence. Oriana ne peut s'empêcher de repenser aux jours lointains où se décidait une autre exécution : celle de son père à Florence. Tout le bureau attend en silence. François est assis, immobile, pieds sur la table, bras croisés et lèvres serrées. Oriana n'arrive pas à être aussi calme. Elle sort pour aller prendre des nouvelles au Juspao, le service d'informations américain, rentre à l'hôtel, puis revient au bureau. Vers onze heures du soir, le téléphone sonne enfin, apportant la nouvelle que l'exécution a été annulée. Oriana éclate de rire, soulagée. « Merci, François, merci ! » ne cesse-t-elle de répéter, heureuse, en sautillant autour de lui comme une gamine. Ses collègues français la regardent, amusés. Ils sont certains que dans quelques semaines cette journaliste italienne finira, comme eux, par s'habituer à cette sale guerre, et deviendra aussi cynique qu'eux. Ils ne savent pas qu'Oriana est incapable de s'habituer à la mort.

En cela, François lui ressemble. Il suit les guerres depuis des années, continue d'être scandalisé devant l'absurdité des conflits et trouve immonde ce gâchis de vies humaines. Ils se retrouvent de plus en plus souvent pour discuter, en fin de journée. Oriana lui pose mille questions. Elle a une confiance aveugle en lui, lui demande de l'aider à découvrir tous les recoins de cette guerre. Elle est vite lassée de rester enfermée à l'hôtel, à écouter les bavardages des correspondants occidentaux. Elle veut aller au front. Avec l'aide de François, elle présente sa demande au commandement américain. On lui propose la base de Dak To. Elle achète un uniforme, signe un document où elle dispense l'armée américaine de toute responsabilité en cas de décès, et indique où envoyer son cadavre dans l'éventualité où elle serait tuée pendant la bataille. La veille de sa mission, elle trouve à l'hôtel un petit mot de François : « Amuse-toi à Dak To. N'aie pas peur. »

Plus qu'une base militaire, Dak To est une piste d'atterrissage isolée sur une colline cernée par les Vietcongs. Les moignons noirs des arbres calcinés se dressent vers le ciel, et la terre est saccagée par les trous laissés par les bombes. Oriana saute de l'avion militaire, alourdie par son sac. Elle regarde autour d'elle et se dit qu'avant la guerre ces collines devaient être merveilleuses : une succession infinie de jade, d'azur et d'émeraude. La journée, elle parvient à s'occuper, interroge les soldats, prend des notes. Mais, la nuit, les tirs de mortier s'intensifient. La base reste sous le feu ennemi pendant des heures. Dans l'obscurité et la confusion, elle se retrouve vite isolée. Un journaliste français la saisit par le bras et l'aide à se mettre à l'abri. François l'a prévenu qu'une collègue italienne allait arriver et lui a demandé de veiller sur elle.

Elle ne reste à Dak To que trois jours, qui lui semblent une éternité. De jour, il fait chaud. Surtout sous le casque. Mais François lui a enjoint de ne jamais le retirer. « Protège ta tête comme si c'était la seule chose importante », lui a-t-il recommandé. La nuit, il fait froid, et elle n'a rien pour se couvrir. C'est encore le collègue de François qui lui fournit un sac de couchage. Elle doit se laver avec un verre d'eau, et dormir habillée. Quant aux besoins naturels, le commandant accepte de partager son cabinet de camp avec elle, puisqu'elle est la seule femme présente. Un jour, elle se retrouve assise près d'un camion et jette un regard distrait dans le rétroviseur. L'espace d'un instant, elle ne reconnaît pas le reflet de cette inconnue au visage sale et aux yeux fatigués qui l'observe.

Sa mission au front terminée, elle est contente de rentrer à Saigon. Même si, la nuit, on entend les bombardements au loin, on peut encore essayer de mener une vie normale dans la capitale. Se rendre à l'hippodrome, à la piscine du club nautique ou aller danser : François l'accompagne de plus en plus souvent. Oriana s'aperçoit qu'elle admire chaque jour un peu plus ce journaliste bourru et sensible qui parle peu mais semble tout comprendre : « J'allais souvent le prendre à son bureau de la rue Pasteur : tantôt pour lui demander un conseil ou une aide, tantôt pour trouver auprès de lui un soulagement à mon désarroi. Et, bien qu'en ce temps-là il soit resté en marge de ma recherche, il ne fait aucun doute qu'il la dirigea : pour en devenir peu à peu le guide, la bonne conscience. »

Le soir, ils se retrouvent dans son bureau. Les pales du ventilateur au plafond remuent lentement l'air chaud, leurs collègues s'en vont les uns après les autres, en quête de repos ou de compagnie. François attend à côté du téléphone les derniers appels des correspondants pour les transmettre à Paris. Elle lui pose des questions et écoute ce qu'il a appris avant elle, durant des années d'expérience sur le terrain. Par exemple, que la guerre est comme la boxe, brutale mais fascinante à la longue, car elle permet de voir l'homme dans toute sa pureté : dans le courage et dans la peur. Lorsque la relève arrive, François la raccompagne à l'hôtel.

« J'avais réussi à passer à travers les mailles de son caractère bourru et sa liberté de penser m'avait séduite : il s'était établi entre nous une entente qui devenait de plus en plus importante. » François devient son confident et son guide. À Saigon, aucune porte ne lui est fermée. Il l'aide à obtenir l'autorisation d'interviewer deux prisonniers vietcongs. Oriana se rend donc dans la prison principale de la capitale. Lorsque les gardes lui amènent le premier prisonnier, une jeune fille, elle lui offre des cigarettes et lui explique qu'elle est une journaliste occidentale et qu'elle pourra raconter son histoire au monde. « Le monde n'a pas besoin de connaître quoi que ce soit de moi », lui réplique la fille, qui a parlé sous la torture et ne se le pardonne pas. Après ces quelques mots, elle s'enferme dans un mutisme hostile.

Le second prisonnier est un homme. Il a été arrêté pour avoir posé une bombe dans un restaurant de Saigon, tuant de nombreuses personnes, dont quatre amis de François. Il lui sourit dès le premier instant, lui offrant une excellente interview. Au terme de leur rencontre, il s'incline lentement, les mains jointes contre sa poitrine, et lui souhaite « d'être en bonne santé, heureuse, et de mourir très tard ». Puis il attend qu'on lui remette le bandeau sur les yeux et qu'on le ramène dans sa cellule.

Oriana veut également interviewer le général Loan, le chef de la police du Sud-Vietnam, l'homme le plus puissant de Saigon, qui refuse de parler aux journalistes occidentaux. Encore une fois, elle y parvient grâce à François. « Il n'y a qu'un seul étranger à Saigon qui puisse voir Loan quand il veut et lui demander ce qu'il veut : Pelou. D'où vient cette amitié – si amitié il y a –, je l'ignore. Mais je sais qu'aussitôt que j'eus prononcé le nom de Loan, François a répondu : "Nous verrons." » Même si le général passe très souvent pour sanguinaire et impitoyable, François le respecte profondément. Il le trouve courageux sur le champ de bataille et ferme dans ses décisions. Il lui explique que Loan comprend le Vietnam mieux qu'elle ne le croit. Oriana l'écoute, troublée : « L'indépendance idéologique, parfois, conduisait François au paradoxe ou à ce qui me semblait paradoxal." »

Quand elle demande à monter dans un chasseur-bombardier américain, c'est encore lui qui l'accompagne à l'aéroport militaire : « À six heures, François, à moitié endormi, est arrivé. En bâillant, il a ouvert la portière de l'automobile et m'a fait monter. En cours de route, il a parlé de tout, excepté de Vietcong et d'avion, cherchant principalement à dissiper son envie de dormir. À Biên Hòa, il s'est aperçu que je n'avais pas les grosses chaussures militaires. J'avais mis des mocassins, et il s'est réveillé tout d'un coup pour de bon. Il criait que si je devais sauter en parachute, je me briserais les jambes, que la guerre n'était pas un jeu pour les femmes et les simples d'esprit, que désormais il était trop tard pour revenir en arrière et changer ces mocassins, etc. Tout en maugréant, il est parti sans même me saluer. » À la fin de sa mission, Oriana se fait délivrer par le pilote une déclaration officielle de la vitesse atteinte, de façon à pouvoir la montrer à ses amis astronautes lorsqu'elle reviendra en Amérique. Tous les correspondants occidentaux la complimentent pour son courage. « Seul François n'a rien dit. Étant donné sa manière de jauger la vie et les gens, d'un côté les courageux et de l'autre les lâches, mon acte de bravoure ne lui faisait ni chaud ni froid. »

François aussi, à des années de distance, se souvient de l'épisode des chaussures : « Oriana était une lionne, prête à vivre n'importe quelle expérience. Pourtant, elle avait des côtés naïfs, irresponsables. Le jour de cette histoire de mocassins, je me suis mis en colère, car monter dans les avions militaires avec ce genre de chaussures pouvait être dangereux. Oriana me parlait toujours des bombardements de Florence quand elle était toute jeune, de son père partisan, de son rôle d'agent de liaison pendant la Résistance, mais en réalité elle ne connaissait pas la guerre. Elle a tout appris ici et ses reportages ont été exceptionnels. »

Il arrive souvent qu'ils ne soient pas d'accord, ce qui donne lieu à des discussions enflammées. Par exemple, François est révulsé par les immolations des moines bouddhistes. Il soutient qu'ils n'ont jamais compté au Vietnam, où ils sont minoritaires, et que – poussés par le raisonnement cynique de leur chef, Thích Quảng – ils essaient ainsi d'attirer l'attention des journalistes occidentaux. Il est convaincu qu'ils s'immolent sous l'effet de drogues : « Il n'y a pas de volonté au monde qui puisse te faire tenir immobile pendant que tu brûles. Sans compter une autre espèce de drogue : celle que nous appelons le lavage de cerveau. » Oriana voudrait assister à l'immolation d'un bonze. François refuse de l'aider. Il lui dit qu'il en a vu une, deux ans plus tôt, que c'est répugnant, et rien de plus.

« Il est difficile de dire à quel moment précis est né un amour. Tu le trouves en toi comme une maladie, et tu ne t'aperçois que tu es malade qu'au moment où les symptômes deviennent évidents : par exemple, un vertige. » Lorsque Oriana rentre en Italie pour Noël, et de là poursuit son voyage vers New York, elle comprend que c'est surtout François qui va lui manquer. Le jour de son départ de Saigon, il lui a offert une gourde, une couverture de camouflage et un poncho imperméable. Il a même débouché une bouteille de champagne en son honneur.

C'est lui qui lui écrit le premier, une lettre « brève, claire comme lui ». Lorsqu'elle la reçoit, Oriana pleure des larmes de joie. Cela ne lui est arrivé que deux fois dans sa vie, lui explique-t-elle dans sa réponse : lorsqu'elle a su que son père ne serait pas fusillé, et en apprenant que sa mère avait survécu à son infarctus. Elle se redécouvre amoureuse, et donc terriblement fragile. Quand j'aime un homme, je deviens tendre comme un agneau, écrit-elle dans une note, presque en colère contre elle-même. Un collègue qui l'a bien connue confirme : « Devant l'amour, Oriana rendait les armes, et se retrouvait souvent anéantie. J'ai connu ses histoires et ses peines de cœur, et je n'ai jamais réussi à comprendre comment une femme aussi forte devant les puissants pouvait être aussi fragile en amour. »

Dans la lettre suivante, François lui dit que tout est tranquille à Saigon, peut-être trop. Il a l'impression qu'un événement se prépare. Mais, pour le moment, la ville s'apprête à célébrer le Têt, le nouvel an vietnamien. Quelques semaines plus tard, le 31 décembre 1968, Oriana entend à la radio qu'au début des célébrations du Têt, surgissant de nulle part, les Vietcongs ont attaqué l'ambassade américaine et plusieurs objectifs dans la capitale. C'est la première fois que la guerre arrive en ville.

Oriana prend le premier avion pour Bangkok, via Hong Kong. Elle emporte avec elle son sac, son appareil photo, son magnétophone et une bouteille de chianti de sa ferme toscane, qu'elle a promise à François. De Bangkok à Saigon, elle vole dans un avion militaire américain, seul moyen d'entrer en ville. Tandis qu'on survole la capitale en attendant l'autorisation d'atterrir, elle voit des flammes et de la fumée noire monter de nombreux quartiers. On combat dans les rues. À certains endroits, le drapeau vietcong flotte encore.

À peine à terre, elle se précipite au siège de l'AFP. L'édifice est entouré de barbelés et surveillé par deux sentinelles qui tirent trois coups d'avertissement pour l'arrêter. « *Bao Chi !* Presse ! » crie-t-elle en montrant sa carte, et elle réussit alors à franchir le barrage. François n'est pas là. Il assiste à une conférence de presse des militaires du Sud-Vietnam et personne ne sait quand il rentrera. Elle s'assied, décidée à ne pas bouger jusqu'à son retour. « Mais à un moment, la porte s'est ouverte à la volée et François est apparu. Sale, pas rasé, amaigri. Son pantalon havane et son tricot bleu pendaient sur lui comme s'ils avaient appartenu à un autre, ses joues étaient comme creusées, et son nez plus long, plus maigre. Il a vu la bouteille de chianti et il a plissé les lèvres en un étrange sourire. Et puis il m'a vue et je me souviens seulement d'une main qui m'ébouriffait les cheveux, d'une voix sonore qui s'écriait : “Bravo ! Bravo !” Je ne me rappelle pas d'autre chose parce que je me suis mise à pleurer, tout à fait comme une petite fille. » Entre les bras de ce collègue fatigué qui parle une langue étrangère, Oriana se sent enfin chez elle. Pour elle, qui a juré après Alfredo de ne plus jamais tomber dans le piège, c'est comme la fin d'une longue glaciation : « On ne peut vivre sans amour. J'ai essayé, mais je n'ai pas réussi. »

Elle écoute François lui raconter l'offensive du Têt. Les Vietcongs sont entrés dans la ville en cachette, par groupes de trois, habillés comme des paysans. Ils étaient très nombreux, entre six et dix mille hommes. Les armes avaient été convoyées des semaines auparavant, démontées et cachées dans les chars de fleurs qui arrivaient de la campagne pour ravitailler les marchés. Par moments, en racontant les atrocités commises pendant l'attaque, François est ému. Il se tourne vers le mur et s'essuie les yeux. Durant la contre-offensive, le général Loan a été photographié alors qu'il tirait dans la tête d'un prisonnier vietcong aux mains ligotées derrière le dos. La photo a fait le tour du monde, créant une vague d'indignation internationale. François, bouleversé, refuse depuis de le rencontrer.

Quelques jours plus tard, Loan est grièvement blessé. Il est hospitalisé, on parle de l'amputer d'une jambe. Oriana va lui rendre visite et reste longtemps à son chevet, troublée et silencieuse. À la fin, elle parvient à lui poser la question qui lui brûle les lèvres. Elle lui demande pourquoi il a tiré sur un prisonnier aux mains ligotées. Loan répond que ce Vietcong venait de tuer plusieurs de ses policiers prisonniers et leurs familles, et combattait sans uniforme pour ne pas âtre reconnu, ce qu'il considère comme une lâcheté. Puis il se tourne vers le mur et pleure. À la fin de la rencontre, en sortant de la chambre, Oriana remarque sur la table de chevet une pile de bandes dessinées occidentales. Elle comprend que c'est François qui les a apportées. Loan dit seulement : « C'est un garçon étrange, pas vrai ? Mais un grand garçon. Vous savez, je crois qu'il les a volées à son fils pour me les donner. Il y a longtemps de cela, je lui avais dit que les bandes dessinées m'amusaient. »

Lorsqu'elle n'est pas en mission dans les rues de Saigon, Oriana travaille dans le bureau de François. Sur la porte, un panneau porte l'inscription « Défense d'entrer ». Mais tout le monde entre et il règne une telle confusion que parfois, afin de pouvoir travailler, François donne un coup de poing sur la table et crie : « Tout le monde dehors ! » Oriana a apporté dans la pièce sa touche féminine : une petite cage avec un oiseau qui gazouille dès qu'il entend les téléscripteurs. En fouillant dans les papiers de François, elle découvre le journal d'un prisonnier vietcong, traduit en anglais. Elle le lit jusqu'à la dernière page. Elle est particulièrement touchée par les passages sur l'amour de ce Vietcong pour sa compagne lointaine. Devant ses larmes, ses collègues la traitent de romantique. Seul François la défend. « Ce n'est pas facile de pleurer quand on a connu la guerre », dit-il en la regardant avec tendresse.

Elle visite aussi le reste du pays, et veut raconter ce qui a changé après l'offensive du Têt. Elle est arrivée au Vietnam pleine d'admiration pour les Vietcongs qu'elle considère, à l'instar de tout le monde, comme des petits David en lutte contre le Goliath américain. Dans ses articles, elle a dénoncé les massacres commis par les Américains et par leurs alliés de Corée du Sud utilisés pour les sales besognes. En réalité, plus elle voit ce qui se passe au Vietnam, plus elle comprend que le mal est en action sur les deux fronts.

La révélation la plus traumatisante a lieu à Huê, la ville impériale, célèbre pour ses merveilleux palais. Huê est assiégée pendant des semaines par les Américains et les Sud-Vietnamiens, et défendue par les Vietcongs, causant l'un des pires massacres de la guerre du Vietnam. Lorsque Oriana arrive sur place, la ville, tombée aux mains des troupes du Sud, n'est qu'un amas de décombres et de cadavres. Les morts se comptent par dizaines de milliers. Difficile de dire, écrit Oriana, si ce sont les Américains avec leurs bombardements ou les Vietcongs avec leurs exécutions de masse qui ont fait le plus de victimes.

Une scène en particulier la bouleverse. Quelques enfants rient tandis que les croque-morts jettent les cadavres dans les fosses communes. À chaque fois que les corps voltigent dans les airs avant de retomber à terre, les enfants sautillent autour de la fosse et chantent en chœur : « Une-deux, paf ! Une-deux, paf ! » « Madame, c'est leur unique amusement, les morts sont leurs jouets », lui explique le prêtre qui l'accompagne, en voyant sa stupéfaction. Oriana se sent soudain très faible. Elle a honte d'appartenir à une humanité capable de tels actes. Elle aimerait adopter l'un de ces enfants, et voudrait en parler avec François. Jamais comme à Huê il ne lui a semblé aussi important d'être à ses côtés. « Je ne comprends plus rien. Je me sens si seule, si peu préparée. Je voudrais que François soit ici pour m'aider, m'expliquer. »

Au mois de mai, François lui annonce qu'il quittera bientôt Saigon pour aller diriger l'antenne de l'AFP au Brésil. Tous les deux savent qu'ils continueront à se voir. Avant de partir, il lui offre un présent. « Il a souri de son plus beau sourire, d'un air indulgent. [...] Il s'est emparé du sac qu'il emporte toujours avec lui, car il y range son appareil photo, son papier, ses rouleaux de pellicule, les douilles qu'il ramasse. Il a fouillé à l'intérieur et en a sorti un livre dont il a caché la couverture avec la main. “Je l'ai apporté exprès pour toi.” » C'est un livre de Blaise Pascal. En relisant un passage célèbre, il a pensé à elle, qui recherche toujours la pureté des héros et se retrouve chaque fois terriblement déçue : « L'homme n'est ni ange ni bête, et le malheur veut que qui veut faire l'ange fait la bête. Il est dangereux de trop faire voir à l'homme combien il est égal aux bêtes, sans lui montrer sa grandeur. Il est également dangereux de trop lui faire voir sa grandeur sans sa bassesse. » Ils ont souvent discuté de cela. François, qui dit toujours ce qu'il pense, lui reproche d'être trop manichéenne, de tout considérer de façon extrême. Oriana accepte ses critiques sans protester.

Bien vite, elle aussi doit repartir pour New York, mais elle reviendra encore très souvent au Vietnam. Elle est devenue la correspondante de guerre de *L'Europeo*. À chaque séjour, elle remplit des cahiers de notes. Tout ce matériel lui sert à écrire ses articles, puis un livre. Intitulé *Niente e così, sia*, « La Vie, la guerre et puis rien », le livre sort en 1969 en Italie. Il est traduit rapidement, avec succès, à l'étranger. Les correspondants italiens au Vietnam traitent Oriana avec respect et souvent avec crainte. Les anecdotes sur son courage mais aussi sur son mauvais caractère sont devenues légendaires. Oriana est une machine de guerre : si elle veut quelque chose, elle l'obtient. Et si quelqu'un se met en travers de sa route, elle fait un esclandre, jurant avec des expressions inimitables. Le soir, elle se retrouve avec d'autres journalistes au vieil hôtel colonial Continental, qu'elle adore pour son atmosphère d'un autre temps, son ascenseur en fer et son grand escalier de bois qui grince à chaque pas. Le directeur est un Français d'origine corse. À des années de distance, il se souvient bien d'Oriana, et combien ses collègues la redoutaient déjà : « Un jour, ce devait être en 1968, je vois arriver à l'hôtel, pour l'apéritif, quatre ou cinq journalistes italiens, et je leur demande : "Vous fêtez quelque chose ?" Et eux : "Nous avons peur." Oriana était arrivée. »

La Vie, la guerre et puis rien est un livre à la structure narrative très personnelle, construit comme un dialogue avec François. Avec lui, Oriana se remet à découvrir, après des années, la dimension politique de l'existence. Ils parlent de la guerre, de la justice sociale, du pouvoir. François est bien plus chevronné qu'elle du point de vue politique, bien plus expérimenté. Il lui fait comprendre qu'il n'y a pas que le noir et le blanc, mais que, souvent, chaque chose n'est vraie qu'en partie. À ses côtés, Oriana mûrit rapidement. Elle apprend à voir la guerre et l'héroïsme – son obsession – sous un jour nouveau : « Cette période, je l'ai vécue dans un état d'équilibre jusqu'alors inconnu. Et cet équilibre n'amoindrit pas la passion avec laquelle je participais aux choses, mais ajoute une nouvelle douleur : le soupçon d'assister à une chose inutile. »

François est un homme silencieux mais toujours direct. Il dit ce qu'il pense, même si c'est désagréable. Un jour, il lui raconte un épisode auquel il a assisté en Corée, alors qu'il suivait les troupes françaises qui devaient rassembler les cadavres et les mettre dans les cercueils. Il faisait très froid et les cadavres étaient congelés dans les positions les plus diverses. Il fallait les écraser et les tirer jusqu'à ce qu'ils se brisent avec d'horribles craquements. Une tâche extrêmement pénible, mais il y avait là un petit soldat qui ne s'embarrassait pas. Il n'essayait même pas de les allonger, ce n'était pas son souci. Il leur donnait des coups de bâton pour leur casser les jambes et les bras et les faire entrer rapidement dans les caisses. Et il chantait en donnant ses coups de bâton. Oriana l'écoute silencieusement : « François ne raconte jamais ses histoires pour le seul plaisir de les raconter. On dirait qu'il le fait toujours pour te préparer à quelque chose. D'ailleurs, arrive toujours le moment où elles ressurgissent et où tu t'aperçois que c'était à des fins bien précises. »

À presque un demi-siècle de distance, François se souvient bien de la grande capacité d'écoute d'Oriana : « Contrairement à sa réputation et malgré son tempérament exubérant, Oriana écoutait tranquillement, elle demandait des conseils. Elle acceptait presque docilement les recommandations ou les suggestions sur les sujets de reportage. » Il a de très beaux souvenirs de ces moments suspendus partagés à Saigon : « Nous l'emmenions avec nous lorsque nous sortions en opération. Et après, nous allions manger ensemble, dans de petits restaurants de Saigon. Nous avons vécu des moments délicieux ensemble, des moments où l'adrénaline était aussi très présente : dans la guerre, elle prédomine plus que dans n'importe quelle autre situation. »

Il reste un grand admirateur d'Oriana. Il décrit la sensibilité avec laquelle elle saisissait chaque nuance de la guerre au Vietnam. « Oriana a choisi de se concentrer sur les aspects humains qui accompagnent toujours – surtout dans un pays bouddhiste – les combats. Le cas du général Loan est emblématique, ce chef de la police rendu tristement célèbre par la photo qui le représente en train de tirer de sang-froid dans la tempe d'un prisonnier vietcong. Rien ne pouvait être plus simple que de le juger à partir de cette image. Oriana, elle, a su creuser au tréfonds de son âme pour essayer de ramener à la surface les circonstances et les émotions qui auraient pu expliquer son geste. Rien, en effet, n'est jamais simple pour les hommes en guerre. »

13

Casque et sac à dos

Chaque fois qu'elle revient au Vietnam, Oriana se rend au front. Si, au cours de ses premières missions, elle était accompagnée par le photographe de son journal, à présent elle voyage seule, son appareil autour du cou : « Prendre des photos me procure une activité dans la bataille, et m'aide à ne pas être trop épouvantée. » Elle demande même à monter dans un avion américain engagé dans les bombardements. Elle en parlera dans ses interviews, sans s'en cacher : « Ah, l'histoire de l'avion... C'était un petit A-37, qui portait deux bombes au napalm et quatre bombes de cinquante-cinq livres. J'étais assise à côté de l'homme qui larguait les bombes, au coude à coude. Lorsqu'il les lâchait, j'avais l'impression que c'était moi qui bombardais. Voilà. Puis ils ont mitraillé les Vietcongs. Cela m'indisposait, je ne me sentais plus témoin mais responsable. Cela me dégoûte encore. » Elle est très superstitieuse. Dans la petite poche de son uniforme, elle emporte toujours une vieille pièce de monnaie de l'État pontifical, souvenir d'un trisaïeul ayant combattu à Porta

Pia[1], dont on dit qu'elle guérit des maux de tête et protège des projectiles.

Selon la Convention de Genève, les journalistes ne doivent pas être armés, mais au Vietnam il n'est pas rare qu'ils reçoivent une arme lorsqu'ils suivent l'armée américaine en mission. Un correspondant du *Time* raconte : « Je portais avec moi n'importe quelle arme sur laquelle j'avais pu mettre la main… Je n'aurais su tirer avec aucune, mais si vous m'aviez vu venir vers vous, je vous aurais effrayé à mort. » Et un de ses collègues d'ajouter : « J'ai appris que même en étant reporter, on ne peut pas être un simple témoin. Dans des circonstances comme celles-là, on peut se retrouver avec un fusil à la main, transporter les blessés et les morts, aider à aller chercher de l'eau. On peut se retrouver aussi à tuer d'autres hommes. » À la fin de sa vie, Oriana écrira une confession dans une lettre, que pourtant elle n'enverra pas. Le récit reste un brouillon dans ses papiers : « Une fois, au Cambodge, c'était en 1973, je me suis retrouvée avec une compagnie de Sud-Vietnamiens cernés par les Khmers rouges. L'officier sud-vietnamien, un jeune capitaine, m'a offert son M16 et ses munitions en me disant : "Je vous prie, il faut." Pendant six ans, j'avais refusé une telle offre. Mais ce jour-là, je l'ai pris et m'en suis servie. »

Au front, elle reste volontiers avec les soldats américains. Elle les écoute parler de leurs familles restées là-bas, de la peur de mourir. À son habitude, elle sait entrer aisément en contact avec les gens. Le responsable de l'un des

---

1. Une des portes de Rome, connue pour avoir été le théâtre de la bataille entre les troupes romaines et pontificales le 20 septembre 1870, qui marqua le retour de Rome à l'Italie. (*N.d.T.*)

bataillons qui l'a hébergée au Vietnam lui écrit : « Préviens-moi si tu reviens. On parle souvent de toi dans les conversations, ici. Je n'ai jamais vu une femme aussi bien acceptée et adorée par tous les hommes avant que tu n'arrives et n'entres dans nos souvenirs et nos cœurs à tous. Oriana, merci, de la part de tous les hommes du troisième bataillon du douzième régiment d'infanterie, car tu nous as apporté quelque chose que nous n'oublierons pas. Ton sens de l'humour et le réel souci que tu as de nous tous, qui combattons au Vietnam. »

Elle est habituée à vivre à la dure et n'a aucun problème d'adaptation. Elle se souviendra, dans une interview : « Dans les premiers temps, lorsque j'étais avec une compagnie, je ne savais pas où faire pipi. Alors, je devais appeler Pip, un sergent américain un peu simplet mais gentil, qui venait souvent avec moi, et lui dire : "*Pip, cover me*", "Pip, couvre-moi". Et Pip se postait là avec son fusil, pour que personne ne s'approche pendant que je faisais pipi. » Elle a grandi parmi les hommes, en temps de guerre, et ne l'oublie pas. Jeune fille, elle a eu ses premières règles alors qu'elle se trouvait avec les partisans sur le mont Giovi : « Je ne savais pas ce qui se passait et j'étais très effrayée. On m'a dit : n'aie pas peur, c'est merveilleux, tu es une femme. Et on m'a donné du coton. »

Quand elle est au front, elle porte son sac elle-même, et se vexe si quelqu'un se propose de l'aider. Ce sont mes affaires et je les porte toute seule, réplique-t-elle. Elle est un gars parmi les autres, comme avec les partisans, comme avec les astronautes. « Même pendant la guerre, au front, lorsque je dormais lit de camp contre lit de camp avec les soldats, ou dans les bois, par terre avec eux, unique femme parmi cent ou deux cents hommes, même là je ne me suis pas sentie une femme parmi les hommes. Du reste, quand on te tire dessus, tu penses à tout sauf au sexe. »

C'est loin du front qu'elle doit vivre les situations les moins faciles. Dans son livre *La Vie, la guerre et puis rien*, elle racontera les longues attentes dans les aéroports, les soldats fatigués appuyés contre les sacs de sable, « les coups d'œil qui te scrutent parce que tu es une femme. » Mais c'est dans son roman *Un capello pieno di ciliege*, « Un chapeau plein de cerises », publié seulement après sa mort, qu'elle décrira une tentative de viol subie au Vietnam. On est en 1970. À Saigon, la nuit est tombée. Les rues sont désertes à cause du couvre-feu. « La jeune femme se trouve là comme correspondante de guerre : avec son sac à l'épaule, elle vient de rentrer du front, une camionnette l'a déposée rue Pasteur. Elle marche vers son hôtel, songeuse, accablée par la fatigue et les horreurs qu'elle a vues durant la bataille. Dans son cœur, elle ressent une grande miséricorde pour les être humains et particulièrement pour ceux qui portent l'uniforme. "Pauvres garçons. Demain, ce sera leur tour de tuer et de se faire tuer", se dit-elle en passant devant un bivouac de soldats vietnamiens. Et elle les salue d'un léger signe de tête. Alors, les « pauvres garçons » quittent leur bivouac. Deux par deux, ils sautent sur leurs mobylettes qu'elle n'avait pas remarquées dans le noir. Puis ils se mettent à lui tourner autour, l'enfermant dans un enclos mobile sans aucune échappatoire, tout en ricanant des « regarde ce que nous avons ce soir », « où vas-tu ? », « jolie femme, viens ici, laisse-toi baiser ». Soudain, l'enclos mobile s'immobilise. Ils descendent de leurs mobylettes et se mettent à la toucher, la palper, la ballotter. Mains et bras ressemblent aux tentacules d'un poulpe affamé. Elle se défend. Avec ses poings, avec des coups de pied, avec la colère née de sa rage et de son impuissance. Mais son sac l'entrave, elle ne peut pas le retirer. Et même si elle le pouvait, du reste, elle ne l'enlèverait pas : il contient son travail. Les bandes qu'elle a enregistrées, les pages qu'elle a écrites, les photographies qu'elle a prises. Il l'empêche de bien se battre, et les tentacules du poulpe affamé sont trop nombreux. Tous l'enlacent, la bloquent, la jettent à terre, essaient de la déshabiller. Ce sont deux Américains en patrouille rue Pasteur à bord d'une jeep qui la sauveront. Par hasard. »

Au Vietnam, Oriana promène sa féminité à l'égale de sa curiosité et de son impertinence. Elle ne l'utilise pas contre les autres et ne s'en sert pas comme d'un bouclier. Elle fait simplement partie d'elle-même. Dans ses agendas de ces années-là, les notes sur le vaccin contre le choléra ou sur une mission au front alternent avec d'autres, très différentes : « coiffeur », « bas », « essayage vêtements », « retirer chemisier bleu », « coupe-ongles », « sac à main doré ». François se souvient avec un sourire attendri de cet aspect-là, comme s'il revoyait sa svelte et élégante silhouette : « Oriana parvenait à s'adapter à n'importe quelle situation, même les plus extrêmes, mais s'il y a bien une chose qu'elle n'oublia jamais, malgré tout, c'est sa féminité. Elle était très jolie et le savait. Toutefois, elle ne s'en est jamais servi pour soutirer des informations aux militaires, comme le faisaient beaucoup de ses collègues femmes. Elle était différente, supérieure, elle voulait connaître, comprendre. »

Elle a un visage expressif et très mobile, continuellement allumé par la curiosité et l'énergie intérieure. Elle souligne ses grands yeux gris au crayon noir. Ses mains sont toujours soignées, ses ongles laqués de rouge. Sa belle bouche rit volontiers, même si ses dents sont déjà jaunies à cause des trop nombreuses cigarettes. Elle a une voix profonde, que la fumée a rendue rauque, et un physique délicat qu'elle gardera toute sa vie, sans qu'elle ait besoin de rien faire pour le maintenir en forme. Elle disait : « J'ai arrêté le sport à vingt-trois ans. Je skiais alors à Abetone et je m'étais cassé un pied. Cela m'avait mortellement vexée. »

Elle n'est pas la seule femme reporter présente à Saigon. Au total, pendant la guerre du Vietnam, ce sont 467 femmes journalistes qui seront accréditées, américaines pour plus de la moitié. Une correspondante de guerre n'est pas une nouveauté pour la presse américaine. Les premières se sont imposées pendant la Seconde Guerre mondiale et l'une d'elles – Marguerite Higgins – a obtenu une accréditation pour suivre les troupes en Corée. Mais c'est au Vietnam que leur présence devient massive. Le phénomène est lié à la lutte pour les droits civiques aux États-Unis. Après l'approbation du « Civil Rights » *Act* en 1964, quelques reporters accusent de discrimination leur journal qui refuse de les envoyer au Vietnam, et obtiennent gain de cause. Les premières journalistes sont enfin acceptées sur le terrain. Les anciennes combattantes de la Seconde Guerre mondiale arrivent donc, puis les anticommunistes militantes, et enfin, en 1966, de nombreuses free-lance.

Si la présence des femmes journalistes au front n'est pas extraordinaire pour les journaux américains, elle l'est certainement pour ceux d'Italie. Oriana est la seule Italienne à suivre le conflit et sait l'exploiter, pour mettre encore plus en relief ses reportages dans *L'Europeo* et exagérer parfois les difficultés rencontrées dans la réalisation de ses reportages. En réalité, il n'en va pas toujours ainsi. L'armée américaine accorde à la presse un libre accès au front ; ces années-là, le Vietnam est une aubaine pour n'importe quel reporter. Une journaliste américaine présente sur le front à cette époque se souvient : « Aucun lieu n'était inaccessible, et il n'y avait personne qu'il fût impossible d'interviewer. Avec le recul, je me dis que c'était vraiment incroyable. Je sortais simplement mon accréditation et on me faisait monter dans les bombardiers. J'ai franchi le mur du son dans les F-6. Je me suis embarquée dans des missions de bombardement. Je suis allée partout au Vietnam. Je suis montée à bord des porte-avions. Demandez-moi n'importe quoi : je l'ai fait. Et personne n'a jamais dit : Qui est-elle ? Pour qui écrit-elle ? Que fait-elle ? »

Il n'empêche qu'être correspondant au Vietnam reste très dangereux. Au cours des deux années précédant l'arrivée d'Oriana, dix journalistes étrangers sont morts, et trente au moins ont été blessés : « J'ai fait la connaissance de la photographe Catherine Leroy, qui avait été blessée, des mois auparavant, de dix-huit éclats de mortier. C'était une petite blonde de vingt-trois ans, avec un corps gracile d'enfant et un visage de vieille femme. Son bras droit, sa jambe droite, sa joue droite sont couverts de cicatrices et elle marche en claudiquant parce que sa blessure au pied se rouvre sans cesse. Je lui ai demandé : "Pourquoi ne rentres-tu pas chez toi ?" Elle a haussé les épaules. »

Pendant qu'Oriana est à Saigon, plusieurs de ses collègues sont tués de sang-froid par les Vietcongs à Cholon. Elle connaissait bien l'un d'entre eux, et sait que sa femme attend un enfant. Elle regarde la photo de son cadavre, défiguré par une rafale de mitraillette, les mains liées derrière le dos. Elle est bouleversée : « C'est peut-être mesquin d'aborder le problème parce qu'ils ont tué cinq des nôtres. Mais il est abordé. Combien d'autres délits les Vietcongs ont-ils commis sans qu'un photographe les immortalise ? Il y a toujours un photographe pour l'exécution d'un Vietcong, pour la tête coupée d'un Vietcong, mais il n'y a jamais un photographe pour l'exécution d'un Américain, pour la tête coupée d'un Sud-Vietnamien. »

Après un vol à bord d'un avion américain, elle fait une crise cardiaque. Le médecin qui lui rend visite lui explique que c'est normal, étant donné le changement brutal de pression auquel elle a été soumise. Une autre fois, elle se fait ausculter pour une mauvaise bronchite ; le médecin lui prescrit des pilules et lui annonce d'une voix lasse : « Vous êtes la première malade en six jours qui ne vienne pas ici pour une blessure d'arme à feu ou pour un suicide manqué. On ne fait que se suicider à Saigon, en ce moment. » Oriana a toujours eu une santé fragile. Dans ses lettres à ses parents, elle parle de maux de tête terribles et de l'épuisement qui la cloue au lit pendant des jours. Elle attrape la malaria et toutes les fièvres tropicales imaginables. Dans ces moments de faiblesse, la guerre lui semble insoutenable. « Mon Dieu, j'avais oublié ce qu'est la guerre. Et je me demande soudain pourquoi je suis ici, pourquoi j'ai voulu venir ici. Par colère, curiosité, insatisfaction, mécontentement, tristesse ? Les gens heureux ne viennent pas ici, à moins d'y être contraints. Et personne ne m'y a contrainte, au contraire. Je ressens donc comme une stupeur, et du remords. »

Le 4 avril 1968, Martin Luther King est assassiné : les Noirs se révoltent dans de nombreuses villes américaines.

Oriana doit rentrer aux États-Unis pour écrire un reportage dans *L'Europeo*. Mais moins d'un mois plus tard, elle est de nouveau en route vers l'Asie, où elle fait une escale en Inde. Son directeur lui a demandé d'interviewer le gourou des Beatles, Maharishi Mahesh Yogi, qu'elle considère comme un imposteur et qu'elle critique de la première à la dernière ligne, et le Dalaï Lama, qu'à l'opposé elle apprécie beaucoup. Elle passe une journée entière avec lui et reste frappée par sa nature joyeuse et son pacifisme. Lorsqu'elle lui demande un commentaire sur ses ennemis chinois, il lui répond : « En tant que bouddhiste, il ne m'est pas possible d'accepter le mot ennemi. » Après ce qu'elle a vu au Vietnam, une telle phrase lui semble miraculeuse.

Un an plus tard, en mars 1969, elle revient en Asie. Cette fois, elle se rend au Nord-Vietnam, avec une délégation de femmes communistes. C'est un scoop, car le pays s'ouvre rarement aux journalistes qui ne soutiennent pas le régime. Elle y reste douze jours. On l'entoure de deux traductrices qui la suivent partout comme son ombre : « J'ai déjà compris qu'ici, je ne pourrai pas travailler comme à Saigon, avec la liberté de mouvement que les Américains accordent, bien qu'on les dénigre. » À Hanoï, elle loge dans un vieil hôtel de l'époque coloniale française qui a été rebaptisé Réunification mais que tout le monde continue d'appeler Métropole. Les journalistes sont rares : quelques Russes, quelques Cubains, et deux ou trois Français. La délégation doit suivre le calendrier serré établi par le régime : rencontre avec une combattante qui a été prisonnière des Américains au Sud-Vietnam, avec un curé catholique qui collabore avec le régime communiste, avec le rédacteur en chef de l'un des cinq journaux d'Hanoï, et visite du musée de la Résistance. Après avoir insisté longuement, Oriana obtient d'ajouter au programme une rencontre avec le général Giáp et deux pilotes américains faits prisonniers.

Võ Nguyên, alias Giáp (qui signifie « cuirasse »), est un mythe vivant depuis l'époque où il combattait contre les Français. Oriana parvient à être reçue pendant trois quarts d'heure. Comme toujours lorsqu'elle doit interviewer quelqu'un, elle se prépare soigneusement, lit des articles et une biographie. Depuis son enfance, Giáp a toujours combattu : contre les Japonais, contre les Français, et enfin contre les Américains. Un détail la frappe. La première femme et compagne de lutte de Giáp, Minh Thái, a couvert sa fuite en Chine en 1939 en se faisant arrêter à sa place, et est morte quelques années plus tard dans une cellule infestée de rats. Oriana est convaincue que sa ténacité légendaire de guerrier vient de là : du désir de la venger. Pendant l'interview, Giáp refuse le magnétophone. Elle prend des notes, comme le font aussi les interprètes. Le texte est issu de la confrontation des deux comptes rendus. Mais après avoir préparé son article, elle se voit remettre par les fonctionnaires du régime trois feuillets de papier vélin avec le seul texte qu'elle est autorisée à publier. Elle s'exécutera, mais en l'insérant à côté de son article.

Son interview de Giáp a un retentissement considérable en Occident. Après avoir été publiée dans *L'Europeo*, elle est reprise par les principaux journaux européens et américains, comme c'est le cas désormais pour presque tous les articles d'Oriana. Elle est parvenue à rencontrer l'un des hommes les plus mystérieux de son époque, une sorte de légende vivante qui accorde rarement des interviews, et à lui faire dire des choses qu'il n'a jamais exprimées. C'est le premier de ses grands scoops politiques. François se souvient : « L'une de ses interviews les plus réussies a été celle du général Giáp, où il en est venu à admettre que la fameuse offensive du Têt contre les Américains avait été en réalité un échec des Vietcongs, des communistes, et que lui, le général Giáp, n'en portait aucune responsabilité. Cela a été une erreur des Vietcongs infiltrés au Sud-Vietnam. »

Elle parvient également à rencontrer deux pilotes américains prisonniers. Elle ressort des deux interviews très frustrée, convaincue que les deux hommes ont été contraints de donner des réponses décidées par avance avec leurs geôliers. Le premier, le major Roger Ingvalson, est prisonnier depuis peu, et semble encore musclé et bronzé. Il lui répond comme un robot, sans trahir aucune émotion. Le second, le lieutenant Robert Frishman, l'émeut profondément. Il est prisonnier depuis un an et demi, et lui apparaît très maigre et épouvanté, presque résigné à son sort. Avant de lui dire au revoir, Oriana prend l'adresse de sa femme, promet de la rencontrer pour lui apporter des nouvelles, pour lui apprendre notamment, avec délicatesse, que durant sa capture, Frishman a été gravement blessé et a un bras difforme. Son interview, reprise par les journaux américains, suscite une grande solidarité.

Lorsque Frishman, quelques mois plus tard, est libéré, Oriana se trouve à l'aéroport pour l'accueillir. Elle l'appelle, essayant de se frayer un chemin dans la foule des journalistes. La femme de Frishman lui signale la présence d'Oriana, mais il se limite à la regarder en baissant la tête en signe de salut. Il refusera de la rencontrer. Devant l'insistance d'Oriana, il enverra plusieurs fois sa femme la rencontrer à sa place, puis plus rien. Oriana réagit dans une lettre ouverte très dure, où elle l'accuse de manquer de reconnaissance mais surtout de donner une version des conditions de sa détention tout autre que lorsqu'il était menacé par les Vietnamiens. En d'autres termes, elle l'accuse de ce qui est, pour elle, le crime le plus grave : le manque de courage.

Tous les articles qu'elle écrit sur le Nord-Vietnam critiquent le régime communiste, ce qui lui vaut de nombreuses attaques en Italie. La presse de gauche la traite de philoaméricaine, en oubliant que dans ses reportages sur le Sud-Vietnam, elle a critiqué les Américains de la même manière. « Être contre la présence des Américains au Vietnam ne m'a pas empêchée de dire tout le mal que j'ai trouvé à Hanoï. L'horrible stalinisme, la terreur, l'oppression, et ma certitude qu'après la victoire, ils propageraient cela dans le reste du pays et au Cambodge. J'ai été l'unique journaliste, je dis bien l'unique, à avoir écrit la vérité sur Hanoï. En 1969. Tous les autres qui y sont allés ont vu exactement ce que j'ai vu, mais ne l'ont pas écrit. Évidemment, on m'a lynchée à cause de ça. »

Cette journaliste dérange, à dire toujours ce qu'elle pense. Résultat, avec le temps, elle se met tout le monde à dos : pour la gauche italienne, c'est une conservatrice, et pour le gouvernement américain, une subversive. L'attaché de presse de l'armée américaine, Barry Zorthian, la convoque plusieurs fois dans son bureau à Saigon. « Il voulait m'informer qu'il a reçu un rapport sur les articles que j'ai écrits au Vietnam et me signifier, avec la plus grande délicatesse possible, que ces articles n'ont pas eu l'heur de plaire. “*Darling*, es-tu communiste ? – Non,

Barry. – Beaucoup disent qu'ils ne le sont pas, alors qu'ils le sont en réalité." »

Elle suit la guerre du Vietnam jusqu'à la fin. Dans ses lettres à sa mère, elle admet de temps à autre qu'elle est épuisée : « Franchement, je ne me suis jamais sentie aussi fatiguée, aussi accablée. Ce sont peut-être les épisodes au front, deux fois avec les Sud-Vietnamiens et une fois avec les Américains, vraiment éreintants : le brinquebalement dans les camions militaires et dans les jeeps, la tension nerveuse qui est, dans les hélicoptères et dans certains endroits… inévitable. C'est peut-être seulement une question de santé. Le fait est que j'ai hâte de rentrer et de dormir dans mon lit. » Rien ne l'oblige à revenir au front. Elle est désormais riche et célèbre. Elle pourrait s'arrêter et vivre de ses rentes. Mais elle n'a pas été éduquée ainsi. Pour elle, la vie doit être vécue au nom de l'engagement et d'un idéal. « Je ne sais pas si je suis douée, dira-t-elle des années plus tard. Je travaille dur, je travaille bien. J'ai de la dignité. J'ai une vie pour le prouver. »

À chaque fois, elle arrive à faire escale en Italie sur la route du retour à New York, avec des cadeaux pour sa famille : une plante pour son père, une étoffe en soie pour l'une de ses sœurs. Et surtout, un présent pour sa mère : « J'apporte avec moi, comme un trophée, la plus belle nappe que tu verras jamais de toute ta vie. » Une fois, elle voyage avec un chou vietnamien sur les genoux, qu'elle veut donner à son père pour qu'il le plante dans leur ferme à Greve : « D'Hanoï, je l'ai emporté au Cambodge, à Phnom Penh, et de là à Bangkok, puis à New Delhi, à Karachi et ainsi de suite. À chaque escale, le chou puait de plus en plus. Alors, je l'enfermais dans des sacs en cellophane de plus en plus nombreux. Lorsque je suis arrivée, il était presque pourri et mon père m'a demandé si j'étais folle. Il s'agissait d'un chou que l'on trouve partout en Toscane. »

Lorsqu'elle est au front, elle fait preuve de courage et de caractère. Un collègue se souvient d'elle dans une ville prise par les Sud-Vietnamiens et les Américains, dans un rare moment de calme après la bataille, alors que les rafles font rage. Ils se sont assis ensemble au pied d'un mur. Ils ont accepté les boissons d'un vendeur ambulant qui s'est arrêté pour parler en français avec eux. Ils fument et boivent, en l'écoutant en silence. Soudain, des soldats américains descendent d'une jeep et s'emparent du vendeur. Ils affirment que c'est un Vietcong qui donne des informations aux snipers encore postés dans les décombres. Oriana tente d'empêcher l'arrestation, se dispute avec les soldats, exige de les suivre jusqu'à leur poste de commandement. « L'officier s'est montré agacé dès le premier moment de notre intrusion, mais il savait qui était Oriana. Il connaissait ses articles ainsi que ses rapports avec le commandement américain et sud-vietnamien, et avec l'AFP. Il a essayé d'être gentil. Mais elle en disait des vertes et des pas mûres. Elle les traitait d'esclavagistes et de tortionnaires. Le capitaine a tenté de la calmer en lui promettant qu'aucun mal ne serait fait au prisonnier, qu'il serait seulement interrogé. Elle a répondu : "Bien, interrogez-le mais ne le touchez pas. Demain je reviendrai ici, et après-demain aussi et après-après-demain encore, et s'il a une seule griffure, un seul bleu, vous le regretterez". Voilà, elle était comme ça, Oriana. Elle ne supportait pas l'injustice, les abus. »

Dans les bureaux de l'AFP de la rue Pasteur, François n'est plus là. Le nouveau directeur s'appelle Jean-Louis

Arnaud et il est beaucoup moins patient. « Un jour, je l'ai mise à la porte. Je l'ai vraiment dégagée du bureau. Elle était arrivée avec son article devant les téléscripteurs, et bien évidemment, le sien devait partir avant les autres. À un moment, je suis sorti de mes gonds et j'ai crié : "Oriana, sors d'ici !" J'ai dû la choquer, car quelques jours plus tard, elle m'a dit : "Tu sais que personne ne m'avait jamais jetée dehors ?" » Arnaud sourit à ce souvenir. « Elle savait se rendre insupportable mais c'était aussi une personne intéressante, avec qui on ne s'ennuyait pas. Elle arrivait toujours au but qu'elle s'était fixé. On ne peut que l'admirer pour cela. Je crois que là-bas, au Vietnam, elle n'a pas manqué un seul scoop. »

En 1970, les troupes américaines entrent au Cambodge, ouvrant un nouveau front, et se remettent à bombarder Hanoï. Deux décisions prises par Nixon sans demander l'accord du Congrès. Oriana est scandalisée et l'écrit dans ses articles. Elle demande à son journal de pouvoir se rendre également au Cambodge, pour voir cette guerre qui n'en finit pas mais s'étend comme une tumeur. Elle raconte le dégoût des soldats américains, l'usage de la marijuana pour résister à l'horreur. Elle confirme la véracité de la rumeur : on envoie au front les appelés et non les volontaires. Elle interviewe longuement un lieutenant américain, qui accepte d'être cité avec ses nom et prénom, et parle longtemps devant son magnétophone : « Écoutez, si je sors vivant d'ici, je donnerai du fil à retordre à mon gouvernement, vraiment. Au point qu'ils se repentiront de m'avoir envoyé ici. » Elle interviewe aussi deux prisonniers nord-vietnamiens pour qui elle éprouve de la pitié, car le Nord-Vietnam n'ayant officiellement pas de soldats au Cambodge, personne n'intervient pour eux : « Ils sont parmi les plus grands martyrs de la guerre au Vietnam. »

Lorsque le Secrétaire d'État américain Henry Kissinger entame les pourparlers de paix avec les Nord-Vietnamiens, elle relate avec efficacité aux lecteurs de son journal l'histoire de ces négociations. Kissinger rencontre les Nord-Vietnamiens à Paris et parvient à un accord avec eux, qui prévoit le retrait des troupes américaines, le cessez-le-feu, la restitution des prisonniers, la transition vers des élections libres et la présence de Nord-Vietnamiens au sud. Oriana explique aux lecteurs chaque détail du désengagement du Vietnam et surtout la vérité dérangeante, à savoir qu'en réalité, les Américains battent en retraite : « Kissinger sait très bien qu'il s'est rendu parce qu'il n'y avait pas d'autre issue. Kissinger sait qu'il a accepté tout ce que les Nord-Vietnamiens demandaient. Il sait que, en l'espace de cinq ou six ans, ce sont les communistes qui commanderont à Saigon. »

C'est en effet ce qui arrive lorsque les Nord-Vietnamiens entrent à Saigon en avril 1975. Oriana n'est pas sur place. Elle a dû rentrer en Italie quelques jours auparavant, car sa mère est très malade et elle a peur de rester bloquée au Vietnam. Mais elle parvient à raconter à ses lecteurs les journées qui précèdent la chute. Elle décrit la ville qui attend sa fin. Elle raconte l'histoire d'une amie qui la supplie de lui trouver un mari étranger, n'importe lequel, pour obtenir un visa de sortie. Elle parle de l'ex-Premier ministre et vice-président Nguyên Cao Ky, qui voudrait obtenir l'autorisation pour deux millions de personnes de quitter le pays. Les agences de voyages sont assaillies par une foule hystérique en quête d'un visa ou d'un billet d'avion. La plupart des étrangers sont déjà partis. Les ambassades sont presque vides. Il ne reste plus que quatre agences de presse étrangères et une soixantaine d'envoyés spéciaux, qui n'ont aucune liberté de mouvement. Les dernières dépêches datent du 28 avril et informent que les troupes d'Hanoï remontent la rue Tu Do, la rue Pasteur et la rue Cong Ly. Oriana n'a aucun doute sur ce qui attend la ville : « Superbes tant qu'ils combattent, les communistes deviennent odieux une fois vainqueurs. »

14

Un homme taiseux

« Cet homme est ma plus belle découverte d'adulte », écrit-elle à propos de François. Ce que le Vietnam lui offre de plus précieux n'est pas la célébrité – qu'elle a déjà au niveau international – ou un rang de correspondante de guerre – qui lui ouvre la voie pour interviewer les puissants de la planète –, mais cet homme taiseux, presque bourru, qui la comprend et la respecte, et pourrait devenir le compagnon de toute sa vie, si seulement il le voulait. Leur relation dure cinq ans, jusqu'en 1973, et c'est un grand amour, troublé pourtant par un problème de fond. François est marié, et il est catholique. Dans sa famille, on ne divorce pas. Cette situation, à la longue, conduira Oriana à rompre. Interviewé quarante ans plus tard, François admet que ce fut un choix douloureux : « Je regrette de ne pas avoir divorcé. Oriana voulait vraiment une famille, des enfants. Elle croyait au symbole de la bague au doigt. Si je l'avais fait, sa vie aurait été différente. »

À Saigon, où l'on vit avec la conscience que l'on peut être tué d'un moment à l'autre, la question ne se pose pas encore : « Face à la mort, chaque heure, chaque objet, chaque sentiment devient précieux et la nourriture est meilleure, l'amitié plus forte, l'amour plus profond, la joie plus intense. » Mais lorsque François part pour Rio de Janeiro avec sa famille, la situation se corse. Ils ne peuvent pas vivre ensemble. Ils ne peuvent pas passer les fêtes à Casole, où Oriana retrouve régulièrement sa famille. Elle parvient à l'emmener en Toscane quelques fois seulement, résolvant ainsi la tension qui la saisit toujours dans les courts décrochages qu'elle s'accorde. Ces années-là, elle écrit à une amie : « Je crois que, comme d'habitude, mes vacances seront compliquées car je suis toujours tiraillée par le désir de me trouver en trop d'endroits différents : soit là où est ma mère, soit là où est mon homme. »

Au-delà de ses déclarations d'indépendance, le mariage a de l'importance pour elle. Dans une note datant de cette période, elle écrit : « Je ne suis pas mariée. Je n'ai jamais pensé à me marier. Même si je me considère complètement mariée avec l'homme que j'aime depuis des années. » Elle est romantique par nature, malgré ses idées de femme libre, et fidèle par conviction, malgré sa vie nomade. Avec François, elle pense avoir trouvé, comme elle l'avait cru avec Alfredo, un homme avec qui elle serait capable de vivre. Et qui, de surcroît, exerce le même métier qu'elle et pourrait comprendre sa vie toujours en mouvement. « Je n'ai pas de domicile fixe : j'ai une maison en Amérique, une autre en Italie, et plusieurs maisons éparpillées dans le monde qui sont représentées par les hôtels dans lesquels je vis et où j'ai vécu pendant des années. Dans une telle situation, comment faire pour se lier à une personne, fonder une famille ? On me répondra que les marins, autrefois, en fondaient : certes, mais parce que de l'autre côté se trouvait une femme esclave et obéissante qui restait sur place. L'homme n'accepte pas un tel rôle. »

Pour la deuxième fois dans sa vie, elle est surprise d'éprouver un sentiment aussi profond. François est toujours au cœur de ses pensées. Elle le couvrirait de cadeaux, si seulement il le lui permettait. François se souvient : « Une fois, elle est arrivée avec une Spider Mercedes et m'a dit : "Elle est à toi." J'étais ébahi, je suis un homme d'un autre temps et les cadeaux, d'ordinaire, ce sont les hommes qui les offrent aux femmes et non le contraire. Mais en cela aussi, elle était originale, en dehors de tout schéma et de toute époque. Elle voulait montrer qu'hommes et femmes étaient égaux. » Ils se voient souvent, sautant d'un avion à l'autre. Surtout Oriana, qui va chez lui toutes les fois qu'elle le peut, en organisant notamment des reportages pour son journal au Brésil, car François doit tenir un bureau ouvert à Rio et s'occuper de sa famille. Une seule fois, il parvient à rester plusieurs mois à New York, chez Oriana.

Ce sera la seule expérience de cohabitation entre eux. Oriana n'est pas habituée à partager son espace avec un homme et elle aura toujours des mots très critiques sur la vie en commun entre deux personnes qui s'aiment : « La cohabitation avec un homme, le plus aimé, le meilleur soit-il, est insupportable pour une femme moderne, c'est-à-dire une femme qui ne soit pas une femme esclave ou, comme on dit aujourd'hui, une femme objet. À cause de leur mauvaise éducation, les hommes cherchent une maman dans chaque femme, surtout dans celle qu'ils épousent ou avec laquelle ils vivent. »

Lorsqu'ils sont loin l'un de l'autre, elle lui écrit souvent. Comme toujours quand elle est amoureuse, elle révèle sa face cachée, qui est extraordinairement douce. François se souvient : « Avec moi, elle n'était jamais agressive, elle était passionnée, tendre, gentille, elle me cuisinait ses délicieuses recettes toscanes, m'écrivait des torrents de mots et de très très longues lettres dont parfois je ne parvenais pas à terminer la lecture. » Elle rédige pour lui de nombreux poèmes, tous en français, la langue de François. Dans ses archives, beaucoup ont été conservés. Un certain nombre d'entre eux sont réunis dans un petit cahier intitulé par plaisanterie *Les pensées de la Falou pendant l'absence de le Pelou.*

Dans les poèmes, François est très bel homme : elle décrit la nuque à la courbe délicieuse, le front insolent, les yeux terribles et doux, la bouche parfaite, le nez droit. C'est un ange, un personnage miraculeux qui « ouvre la porte de mon âme / fermée à clé ». Dans une photo prise pendant des vacances à Casole, François est assis sur une chaise dans le jardin. Oriana est par terre, pelotonnée à ses pieds, son visage levé vers lui. Elle l'écoute, absorbée.

Non seulement elle l'aime, mais elle l'admire énormément. Elle le considère comme un professionnel extraordinaire. Elle le décrit en train de travailler : « Penché sur sa machine à écrire comme un pilote sur le volant de son automobile. » Elle apprécie sa pensée indépendante, sa culture solide, son éthique rigoureuse. Dans un poème, elle lui confesse qu'elle a écrit une vingtaine de pages pour un article et a retrouvé pour l'occasion tous les mots mémorisés en l'écoutant : « Je crois tellement en toi / que tes idées deviennent les miennes / Tu me rends plus claire à moi-même. »

Tous les soirs avant de se coucher, elle écrit quelques lignes sur un cahier pour lui dire quelque chose, comme s'il était là avec elle. Elle raconte sa nostalgie : « Tu me manques comme la pluie / sur les vignes en juillet. » La crainte que tout finisse : « J'ai peur quand tu es distrait / quand tu es silencieux / quand tu ne dis rien de beau / quand tu me regardes sans me voir. » Le désir d'appartenir enfin à quelqu'un : « Je suis une chose à toi / Je suis enfin quelque chose / Merci. » Dans un poème, elle lui confesse qu'elle garde dans sa boîte à bijoux un de ses chewing-gums, pour le mettre dans sa bouche de temps à autre et repenser à ses baisers. Dans un autre, elle lui explique que lorsqu'ils dorment ensemble, elle adore l'entendre ronfler, car cela signifie qu'il dort profondément, et qu'elle peut alors lui caresser la tête et baiser ses yeux sans craindre qu'il ne se réveille et proteste. François se souvient avec un sourire attendri de son côté passionnel : « Oriana était une femme dans tous les sens du terme. Elle me disait très souvent "je t'aime". Moi, par contre, il m'a fallu du temps avant de prononcer ces mots. »

Avec le temps, les premières failles apparaissent dans les poèmes. Souvent, Oriana se sent seule. Elle lui reproche de ne jamais être là quand elle a besoin de lui. Il est toujours pris par d'autres affaires, retenu par mille liens qu'elle lui énumère avec colère : sa vie bourgeoise, son catholicisme, son incertitude, sa faiblesse. Elle se plaint qu'il accorde toujours la priorité à sa femme et à son fils. Elle essaie d'obtenir une décision définitive pour le futur : « Cela ne fonctionne pas, ce n'est pas logique / Il faut décider si tu es avec moi ou si je ne suis qu'un dessert. » Après chaque dispute, elle rentre chez elle à New York. François aussi se souvient de cette tension sur la question de son mariage : « Oriana voulait que je divorce, je continuais de lui dire que ma promesse de fidélité envers elle valait plus qu'un acte administratif. »

Heureusement, tant de choses les unissent, y compris sur le plan professionnel. Avec François, Oriana peut partager de nombreux centres d'intérêt, parler des reportages qu'elle prépare pour *L'Europeo*. Le début des années soixante-dix est pour elle une période de rapide maturation politique, dans laquelle François joue un rôle fondamental. Lorsqu'ils se rencontrent, en 1967, le monde est en train de changer pour toujours. L'année suivante, à Prague, les chars soviétiques écrasent la révolution, et à Paris, les étudiants occupent l'université. « Des crétins aux cheveux longs qui font semblant de dresser des barricades sans savoir pourquoi », les éreinte Oriana, qui les considère juste comme des gosses de riches jouant à la révolution. En revanche, elle éprouve beaucoup d'estime pour les étudiants qui manifestent au péril de leur vie, comme les Américains aux moments les plus intenses des protestations contre la guerre du Vietnam, ou les étudiants mexicains qui manifestent en octobre 1968 contre les Jeux olympiques organisés dans leur pays, provoquant un grand gaspillage d'argent public.

Elle va suivre leur contestation pour *L'Europeo*. Le 2 octobre 1968, elle est à Mexico, sur l'immense place des Trois-Cultures où étudiants et ouvriers manifestent contre le gouvernement. Elle se trouve sur l'une des terrasses du palais d'où parlent les orateurs, avec d'autres journalistes étrangers. Soudain, l'armée cerne la place et se met à tirer. Une équipe de policiers en civil fait irruption sur la terrasse et ordonne à tout le monde de se coucher à terre. Alors qu'elle est postée à côté d'un journaliste allemand, Oriana est touchée par une rafale. Une photo prise par un collègue de l'AFP fixe cette image en trois instantanés dramatiques. Sur le premier, Oriana et son collègue ont la tête baissée. Sur le second, il lève la tête pour comprendre d'où l'on tire, elle fait un geste avec ses mains comme pour dire : « Mais ils sont devenus fous ? » Sur le troisième, ils sont tous les deux couchés, immobiles. Lui est mort, elle est blessée.

On l'emmène, évanouie, et on la laisse pendant des heures dans une pièce dégoûtante, remplie de manifestants agonisants ou déjà morts, entassés sur le sol taché de sang. De temps à autre, elle reprend connaissance et essaie d'expliquer qu'elle est une journaliste italienne, qu'il faut prévenir son ambassade. Un policier lui répond en ricanant que cette nuit-là, tout le monde prétend être un journaliste étranger. Une infirmière finit par téléphoner en cachette et lui sauve la vie. Une ambulance est aussitôt envoyée pour la faire sortir de ce lieu terrible et quelques heures plus tard, elle est opérée pour extraire les éclats qui l'ont blessée : deux se sont fichés dans son dos et un autre au creux d'un genou. Dès que l'intervention est terminée, Oriana dicte au magnétophone, depuis son lit d'hôpital, l'article pour son journal et reçoit la visite de plusieurs collègues.

La blessure d'une journaliste célèbre dans le monde entier suscite un grand émoi. La chambre d'Oriana se remplit de fleurs et de télégrammes. Le gouvernement mexicain finit par l'expulser, agacé par tant d'attentions, et Oriana part en convalescence à Rio de Janeiro. Elle marche péniblement, boite de façon voyante, mais elle est heureuse de pouvoir retrouver François. « Quelle joie de le voir s'avancer de son pas svelte, avec son beau visage juvénile et ses invraisemblables cheveux blancs, ses manières brusques de paysan d'Auvergne : "Ça va ? Toujours de la chance, toi. Une bonne blessure, hein ?" »

Ces années-là, elle se rend souvent au Brésil pour voir François. Sous son influence, car il rend compte depuis son bureau de Rio de toutes les dictatures et des injustices de la région, elle s'intéresse aux questions politiques d'Amérique du Sud. Ce qui ne fait qu'alimenter sa position critique envers les États-Unis. Dans ses articles, elle dénonce le soutien de Washington aux pires dictatures du continent : « N'est-il pas effrayant et terrible que la région la plus heureuse de la terre, la plus riche, la plus à l'aise, le pays où l'égalité a été atteinte sur le plan économique, ne sache renoncer ni aux monarchies, ni aux dictateurs, ni aux crétins au pouvoir, et qu'il les élève et les exporte ? Ah, si au moins ils me malmenaient, je pourrais les insulter le cœur léger. »

Sur le conseil de François, elle va rencontrer Hélder Pessoa Câmara, archevêque de Recife, qui incarne l'idéal du catholicisme militant et concret auquel il croit. C'est l'une des rares interviews dans laquelle Oriana ne pose pas de question impertinente. Quand elle admire quelqu'un, elle sait être extrêmement respectueuse. « Plus que l'interviewer, je l'ai écouté », admet-elle dans son article. Elle l'écoute raconter comment sont torturés les dissidents au Brésil, les risques que prennent les États-Unis en soutenant les dictatures. Elle l'écoute aussi quand il lui explique comment il prie – elle qui a toujours revendiqué son athéisme : « Chaque nuit à deux heures, je me réveille, je me lève, je m'habille, et je rassemble les morceaux que j'ai éparpillés durant le jour : un bras par-ci, une jambe par-là, et la tête Dieu sait où. Je me recouds tout seul, je me mets à penser ou à écrire, ou bien à prier, et je me prépare pour la messe. » Elle reste chez lui pendant trois jours, et en tire un article émouvant.

Elle se rend en Bolivie pour interviewer le jeune intellectuel français Régis Debray, emprisonné pour avoir participé à la guérilla au côté de Che Guevara. Elle entre à l'université de La Paz où les étudiants font la grève de la faim pour obtenir que le gouvernement rende les corps de plusieurs guérilleros tués dans les Andes. Elle pénètre jusque dans la région minière inaccessible de Palca, pour interviewer des prêtres révolutionnaires qui se battent pour les droits des mineurs. Elle obtient ainsi une interview unique, à travers une série de lettres croisées avec un groupe de soixante étudiants et intellectuels qui, en juillet 1970, ont repris la guérilla en Bolivie, donnant l'assaut au siège d'une compagnie minière américaine à Teoponte, puis se sont réfugiés dans la jungle. Sa notoriété peut grandement aider la cause des déshérités et elle reçoit de plus en plus souvent des lettres de prisonniers politiques qui sollicitent des articles.

Elle ne se limite pas à raconter les luttes dans la région. Elle intervient souvent à titre personnel. Pour obtenir la grâce du guérillero bolivien Osvaldo « Chato » Peredo, elle rencontre le président Juan José Torres. Pour rencontrer en cachette Carlos Marighella, un vétéran communiste brésilien pourchassé par la dictature, elle joue au chat et à la souris avec les services secrets qui la suivent à São Paulo. Pour tenter d'intéresser l'opinion publique internationale au cas de Tito de Alencar Lima, un dominicain prisonnier du régime au Brésil, elle se rend sur place pour se faire remettre par son archevêque une lettre qui décrit les tortures que le prisonnier a subies. Souvent, lorsqu'elle réalise des interviews de prisonniers politiques, elle accepte de décrire ensuite les cellules à leurs compagnons, afin qu'ils puissent organiser leur évasion. Lorsqu'elle le peut, elle cache dans ses chambres d'hôtel des dissidents recherchés par le régime.

Elle n'a jamais considéré son travail autrement. Pour elle, être journaliste signifie participer à l'Histoire : « Quel autre métier te permet d'écrire l'histoire à l'instant même de son devenir ? » C'est cela qu'elle aime dans le journalisme, métier qui, par d'autres aspects, commence à la brider. Elle sent que cette phase de sa vie ne pourra pas durer éternellement, même au niveau privé. François la comprend et l'admire, mais il est presque toujours loin d'elle. De plus, il ne veut pas rompre avec sa famille. Avec sa femme, une actrice américaine, la situation s'est dégradée depuis longtemps, mais il a un fils encore jeune, adopté de surcroît, et il se sent le devoir de lui offrir une famille unie.

Oriana est habituée à vivre et à travailler seule, mais dans les moments de fatigue, elle rêve que François soit là pour prendre soin d'elle : « Parfois, je voudrais que quelqu'un m'aide. Je suis un genre de femme très solitaire. Même lorsqu'un homme m'aime, il est en quelque sorte en compétition avec moi. Il est peut-être difficile d'aimer une femme comme moi, une femme qui ne suscite pas la tendresse, même si elle en est assoiffée. Parfois, je sens que je dois me justifier ou cacher mon succès pour avoir quelque chose de plus précieux que le simple succès. »

Les disputes avec François sur la question du divorce sont de plus en plus fréquentes. Après chaque rupture, Oriana revient sur ses pas, poussée par la nostalgie. La présence de François est nouvelle et précieuse dans sa vie sentimentale, constellée pendant trop d'années d'histoires d'une nuit, après lesquelles elle n'avait qu'une envie, allumer une cigarette et se débarrasser du monsieur qui dormait dans son lit d'hôtel. François est un amant qui lui ressemble, son égal. Un homme fait d'une seule pièce, qu'elle a appris à apprécier au Vietnam, indigné devant toute forme de violence et en lutte contre les injustices, un homme qui conçoit le journalisme comme une mission, exactement comme elle. Si elle croit en une cause, elle n'hésite pas à prendre son parti. En 1970, il est arrêté par le gouvernement brésilien pour avoir osé publier certaines informations, en dépit des instructions officielles. Il est escorté par la police jusqu'à l'avion, pour être expulsé du pays. Oriana organise à l'aéroport de Paris un comité d'accueil en son honneur.

Politiquement, dans les années soixante, Oriana est une journaliste engagée. Elle croit à la libération de la femme, à la lutte contre toute forme d'oppression, dénonce les Américains pour leur soutien aux dictatures d'Amérique du Sud, et les Soviétiques pour leur répression des dissidents. Elle a grandi en Italie sous le fascisme et pendant la guerre, ce qui la porte à réagir ainsi, par instinct : « La Résistance m'a créée. Elle m'a fait devenir ce que je suis. Même dans la problématique du doute, de la contestation perpétuelle. »

Très longtemps, elle a voté socialiste, en souvenir de ses compagnons de la Résistance – « Allons voter pour les morts, disait ma mère » – et au nom de la justice sociale, qui est fondamentale pour elle. Puis elle a cessé : « Enfant, je croyais que l'on pouvait atteindre la justice sociale avec le socialisme. La guerre finie, je me suis inscrite au Partito d'Azione qui était libéral-socialiste, c'est-à-dire un parti qui voulait concilier libéralisme et socialisme. Puis le Partito d'Azione est mort. Je suis restée seule et, seule, je me suis mise à réfléchir et donc à grandir. Au seuil de la maturité, j'ai compris que j'avais perdu ma jeunesse dans le culte d'une utopie, ou du moins d'un malentendu. Car je m'étais convaincue que le socialisme était frère du communisme, un autre visage du communisme. J'en ai conclu que malgré ses séductions, le socialisme était inconciliable avec le libéralisme. Et j'ai changé d'idée. Mais sur le thème de la justice sociale, je n'en ai pas changé. Ce thème est resté en moi comme une épine dans le cœur. Et j'éprouve une hostilité instinctive, voire du dégoût, pour ceux qui n'ont pas cette épine dans le cœur. Je ne pourrais jamais m'allier avec cette équipe qui a pour nom la droite. »

Profondément anarchiste et antidogmatique, elle rompt bientôt avec le féminisme, dont elle a pourtant partagé – et anticipé dans son style de vie – de nombreuses prises de position. Dans sa jeunesse, elle a lutté pour s'imposer et trouver son espace : « Être femme m'a toujours fait beaucoup souffrir. Une souffrance rageuse, sous le signe de la rébellion, du vous-allez-voir-ce-que-vous-allez-voir. À l'école, j'étais très douée parce que je voulais montrer qu'une fille peut être aussi talentueuse qu'un garçon. Idem dans le journalisme. » Pendant des années, elle s'est dite convaincue que le féminisme était la seule véritable révolution de son époque. Elle l'a vécu à sa manière, sans adhérer à aucun mouvement. Elle s'est libérée toute seule, s'est imposée dans la profession, a accepté la solitude sentimentale, souffrant souvent de ses choix. Ce qui ne l'empêche pas de se disputer souvent avec les représentantes du féminisme officiel, qu'elle trouve enragées et dogmatiques :

« Les féministes se mettent en colère quand elles voient que tu ne hais pas les hommes comme elles. Eh bien, zut ! moi, les hommes, je les aime énormément. »

Elle a également une position très critique envers les communistes. Elle n'aime pas leur discipline de parti, et leur reproche d'être une Église. « Je ne peux pas être communiste car je ne suis pas catholique, dit-elle. Et parce que je suis anarchiste. » Elle polémique souvent avec eux, lorsqu'ils cherchent à s'approprier la Résistance, reléguant au second plan le courage de tant de partisans catholiques, libéraux et socialistes. Mais elle reconnaît qu'ils ont largement contribué à la lutte antifasciste, et se fâche si quelqu'un le nie. En 1976, elle accepte de s'exprimer à un meeting de radicaux, pour se désister ensuite lorsqu'elle découvre qu'au siège de ce parti, on a dessiné la faucille et le marteau sur les fauteuils pour s'asseoir dessus en signe de mépris : « Cela m'a mise en colère. Comment ça ? Des gens sont morts fusillés, torturés parce qu'ils croyaient en ce symbole ! Je ne suis pas communiste. Je ne l'ai jamais été et ne le serai jamais. Mais pardieu ! À nos côtés, aux côtés du Partito d'Azione, pendant la Résistance, on ne l'a pas vu, Pannella[1] : mais les communistes, si. »

Elle a une haute conception de la politique, qui est pour elle un mot sacré. Elle ne sait pas penser sa vie sans cette dimension : « J'ai toujours fait de la politique : en écrivant, en agissant, en vivant. J'ai grandi dans une famille politique, j'ai été éduquée dans la politique, et j'ai toujours

1. Marco Pannella, l'un des fondateurs du Parti radical italien. (*N.d.T.*)

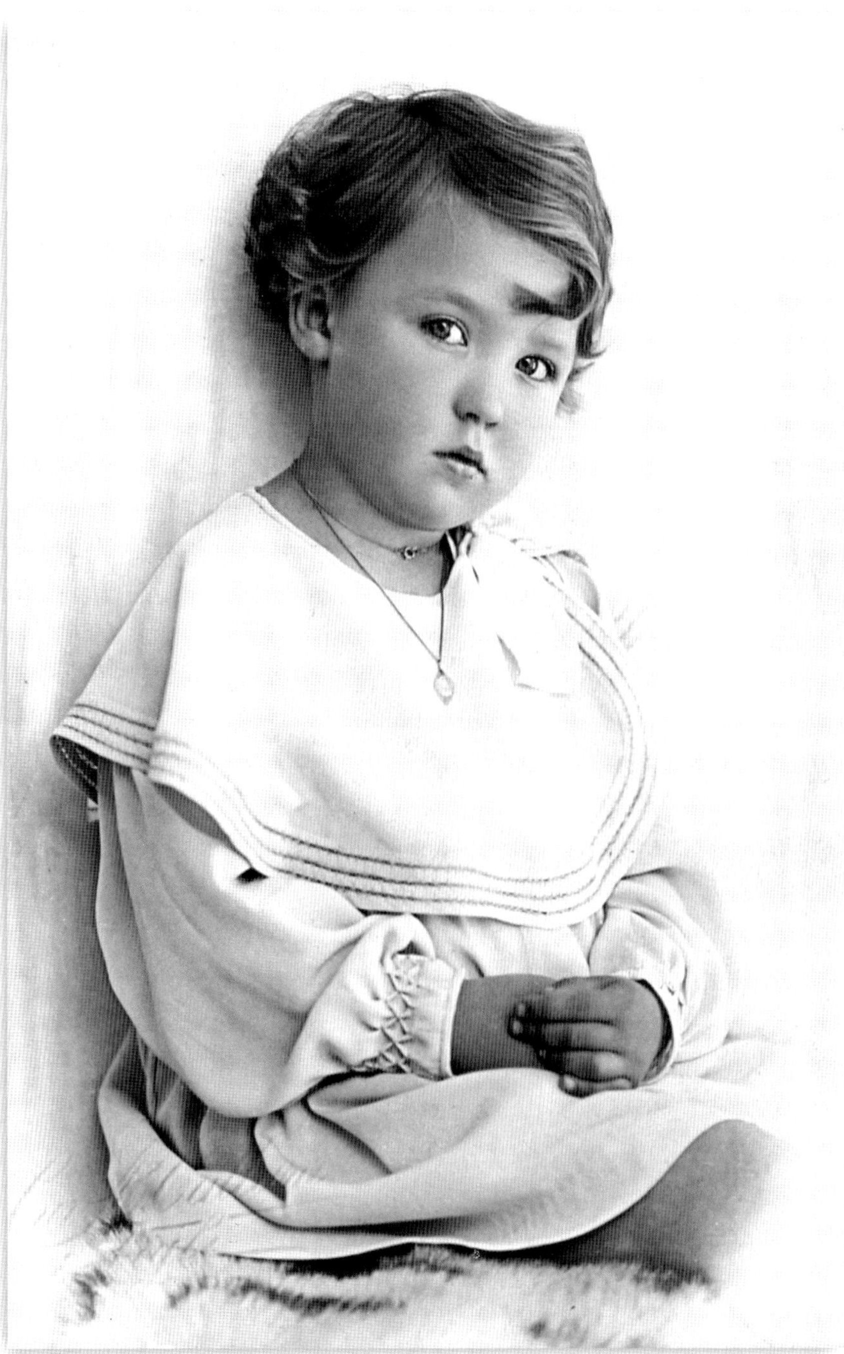

Oriana à trois ans – Portrait de studio.

Son père Edoardo en tenue de motocycliste.

Oriana à six mois dans les bras de sa mère Tosca.

Agent de liaison dans la Résistance à quatorze ans. Sur ce vélo, Oriana apportait aux partisans des tracts et des armes, en franchissant les postes de contrôle fascistes.

Avec son oncle Bruno et d'autres collègues journalistes de la rédaction de *Epoca*.

À la rédaction de *L'Europeo* en 1955.

Avec ses deux sœurs plus jeunes, devenues journalistes comme elle : Oriana est en haut, suivent Neera et Paola.

En haut, avec Duilio Pallottelli, le photographe qui l'accompagna en 1960 durant son enquête sur la condition féminine en Asie. ***En bas***, au Japon avec des geishas. ***À droite***, devant le célèbre Bouddha de Kamakura.

Ci-dessus, interview avec Paul Newman en 1963.

En haut à droite, le journaliste français François Pelou au bureau de l'Agence France-Presse de Saigon, en 1968.

En bas à droite, avec Pelou et Otto Preminger lors de la présentation d'un livre d'Oriana.

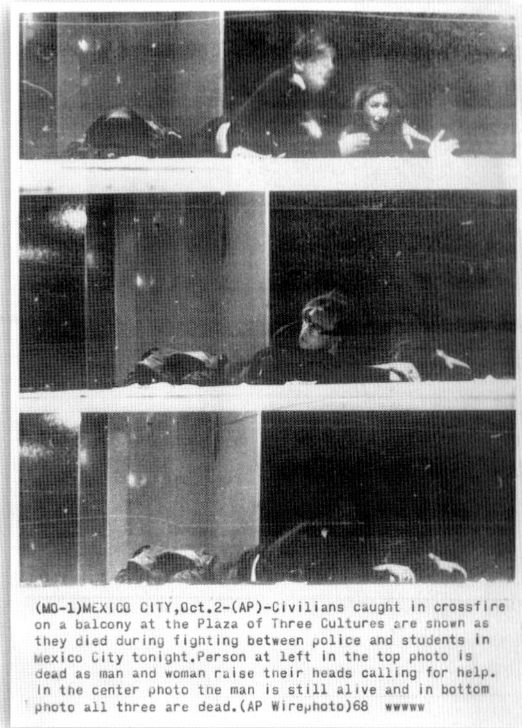

Ci-contre, séquence de photos prises par Jesus Diaz de l'Associated Press à l'instant où Oriana fut blessée durant le massacre de Tlatelolco, le 2 octobre 1968.

En bas, sur le Y Bridge en 1972. Oriana se trouvait sur le pont pour photographier une Vietnamienne qui pleurait sur le cadavre de son fils tué, lorsqu'elle fut surprise par l'attaque des Vietcongs.

Avec Alekos Panagoulis en octobre 1973, à l'aéroport de Fiumicino.

Durant l'hiver 1970, avec un groupe de fedayin palestiniens près de la frontière avec Israël.

En haut, pendant la célèbre interview avec Khomeini, en septembre 1979, où elle retira son voile dans un geste de défi.
En bas, avec Deng Xiaoping en août 1980.

Un portrait saisissant d'Oriana à la fin de sa vie.

pensé que tôt ou tard j'entrerais dans la politique officielle. J'aurais beaucoup aimé agir au Parlement, car je crois en la démocratie, même quand celle-ci est mauvaise : je ne sais pas imaginer une autre manière de gouverner un pays. Et je pense que j'aurais été une excellente parlementaire. Indisciplinée, bien sûr, turbulente, dérangeante, mais utile et honnête pour ces raisons mêmes. Et j'ajoute : si l'on pouvait se présenter aux élections en toute indépendance, sans milliards et sans parti, je me présenterais tout de suite. » Durant les dernières années de sa vie, en pleine polémique au sujet de l'islam, elle sera transformée en une icône de la pensée conservatrice et xénophobe. En réalité, l'unique constante de sa pensée politique est l'antifascisme.

« Le risque du fascisme est mon idée fixe », écrit-elle dans une lettre. La nécessité de s'opposer au fascisme, à n'importe quel fascisme, qu'il soit rouge ou noir, est pour elle le critère à l'aune duquel elle juge les gens et les gouvernements. Du moment qu'en Espagne un dictateur comme Franco est au pouvoir, c'est à contre-cœur qu'elle se rend dans ce pays. Lorsqu'elle le fait, c'est pour condamner le régime. Comme en 1977, en allant porter des fleurs sur la tombe de Ramón García Sanz, un antifasciste fusillé par le régime. Son histoire l'a touchée. « Il est mort comme un chien, seul jusqu'à la fin. Avant de lui tirer dessus, on lui a demandé : "Veux-tu écrire une lettre ?" Et il a répondu : "À qui ?" »

Pour elle, des amitiés peuvent prendre fin pour des querelles à propos du fascisme. Elle critique violemment son ami Pete Conrad parce qu'il a dîné avec Juan Carlos et Sophie d'Espagne au cours d'un voyage en Europe : « Je les connais tous les deux, ces idiots, je les ai interviewés à Athènes avant leur stupide mariage, ils sont de la même pâte que Franco. » Elle rompt avec son collègue Indro Montanelli, qu'elle admire depuis son enfance, parce que, dans un échange de lettres, il insiste pour critiquer la Résistance : « Ne salis pas la Résistance qui a été l'un de nos plus beaux moments ! Je ne te le permets pas, Indro, et si tu t'y risques en écrivant sur l'Italie d'aujourd'hui dans tes livres d'histoire, je te taillerai en pièces, je te le jure. »

Son activité professionnelle, au début des années soixante-dix, est entièrement consacrée à rendre compte des injustices et des conflits dans le monde. Il suffit de regarder ses passeports pour découvrir le nombre de voyages qu'elle accomplit ces années-là. Liban, Israël, Ceylan, Trininad, Bangkok, Singapour, Vietnam, Bangladesh, Chili, Pérou, Israël. Elle revient chaque fois à New York, qui est désormais sa ville, même si ses rapports avec les États-Unis se sont profondément modifiés. « L'Amérique m'a déçue », dit-elle à un collègue d'outre-Atlantique dans une interview donnée pendant la guerre du Vietnam. « C'est comme lorsqu'on est éperdument amoureux de quelqu'un, qu'on l'épouse, et que jour après jour il ne se montre pas si exceptionnel, extraordinaire et merveilleux que cela, pas si bon ni si intelligent. Cela arrive souvent dans les mariages. Lentement, doucement, ceux-ci s'effondrent. L'Amérique a été comme un mari très méchant avec moi. Il me trahit tous les jours. » Mais tu aimes les Américains, insiste son collègue. « Bien sûr, bien sûr, j'aime les enfants », répond-elle.

François est toujours présent dans sa vie, mais le temps passe et Oriana est lasse d'attendre. Elle veut l'épouser, elle veut un enfant de lui. Quand on l'écoute aujourd'hui, on comprend que pour lui aussi ce fut un grand amour : « Oriana avait une telle personnalité qu'on ne pouvait pas s'empêcher d'être conquis, et de l'aimer. Je me souviens de sa vitalité, de son exubérance. Déterminée, fière, mais aussi toujours gentille. » La rupture définitive, il ne l'évoque pas de bonne grâce. Elle a lieu en 1973, à Madrid. « Je l'ai vue arriver un jour, plus sombre que de coutume, avec un air guerrier. Elle voulait que je clarifie de manière définitive la situation avec ma femme, mais je lui ai répondu que pour le moment je n'en avais pas le courage. Elle est partie, je l'ai eue au téléphone le lendemain, et elle m'a dit qu'elle avait envoyé à ma femme toutes les lettres d'amour que je lui avais écrites. » Oriana est comme ça : sous le coup de la colère, elle peut faire des choses terribles. Bien des années plus tard, en racontant cet épisode à un ami, elle était encore émue : « François avait décidé de ne pas divorcer. J'ai fait un paquet avec les lettres que nous nous échangions, et je les ai envoyées à sa femme. Amen. Nous ne nous sommes jamais revus. Jamais plus. » Elle parle de François à contrecœur. À un autre ami qui l'interroge sur ce grand amour, elle répond en se rembrunissant : « Ne me le rappelle jamais plus. Je ne veux pas. »

François, des années plus tard, se rembrunit lui aussi à ce souvenir : « C'est une histoire triste. Par la suite, j'aurais voulu reprendre notre relation, mais cela ne s'est pas fait. » En 1992, lorsqu'il apprendra par la presse qu'Oriana est atteinte d'un cancer, il lui écrira. Oriana renverra la lettre, dans l'enveloppe ouverte, sans un mot : « J'étais certain qu'Oriana ne me répondrait pas. Mais je lui ai quand même écrit cette lettre parce que j'étais sûr que mon intérêt pour elle la toucherait, qu'elle serait sensible à mon geste. » Sur un mur, chez lui à Paris, il conserve, dans un cadre, une photo de lui que les astronautes avaient emportée sur la Lune à la demande d'Oriana, exactement comme pour la photo de sa mère. Sa belle bouche s'arque en un sourire amer : « Si elle m'avait répondu, j'aurais été prêt à tout pour l'aider. J'ai toujours eu du remords de l'avoir tellement fait souffrir lors de notre séparation. Mais j'ai voulu respecter son choix. Au fond, elle était l'Oriana de toujours : fragile, romantique, absolue. »

15

Entretiens avec l'Histoire

C'est au Vietnam qu'Oriana naît comme correspondante politique, ouvrant la grande série d'interviews des puissants de la terre. Elle applique à ses rencontres avec les leaders politiques internationaux les techniques qu'elle avait mises au point au cours de ses années d'expérience, depuis l'époque d'Hollywood. Ainsi naissent les *Fallaci interviews*, qui seront étudiées plus tard dans les écoles de journalisme américaines. Elle a dû lutter pendant des années pour parvenir à cet objectif. « Au début, on ne me permettait pas d'écrire sur la politique, parce que j'étais trop jeune et aussi parce que j'étais une femme. Mais ensuite, j'ai réussi à m'imposer. »

Devenue une chroniqueuse célèbre dans le monde entier, elle peut enfin inventer une nouvelle manière de parler de politique, tout à la fois irrévérencieuse, directe et personnelle. « Je disais en vain : "La politique doit être écrite différemment. Les gens ne lisent pas les articles de politique parce qu'ils sont ennuyeux. Mais la politique n'est pas ennuyeuse, elle est amusante, et même drôle. Alors pourquoi en parler de façon ennuyeuse ?" »

Dès lors, *L'Europeo* la considère comme sa reporter numéro un. Elle est en Asie pour la guerre indo-pakistanaise et les insurrections maoïstes de Hong Kong, au Proche-Orient pour le conflit israélo-palestinien, en Amérique du Sud pour les guérillas contre les dictatures. En peu de temps, son courage et son caractère guerrier deviennent légendaires. Un collègue se souvient : « Durant la guerre entre l'Inde et le Pakistan, alors que nous suivions les troupes sikh et les guerriers gurkha, elle a pris une route différente de la nôtre. Elle s'est embarquée sur un rafiot qui flottait à grand-peine sur le Brahmapoutre et est arrivée à Dacca au moment où les militaires du dictateur tuaient les prisonniers et les enterraient dans des fosses communes. Certains encore vivants. Elle a fait un tel raffut que, pour un peu, ils l'auraient fusillée. »

C'est au Proche-Orient qu'elle inaugure ses portraits politiques. En mars 1970, durant une pause dans le conflit vietnamien, elle conçoit une série d'articles sur les Palestiniens. Elle a toujours évité de s'occuper du conflit israélo-palestinien, car son cœur est avec les juifs depuis la Seconde Guerre mondiale. Elle écrit dans un article, en parlant d'elle-même : « Les juifs, tu les connais. Parce que tu as souffert pour eux, avec eux, depuis toute petite, tu les as vus se faire pourchasser, arrêter, massacrer par milliers, par millions. Tu les as défendus, tu les as aidés, tu les as aimés. Tu as espéré qu'ils aient un endroit où s'installer, se défendre, tu as aimé qu'ils accostent enfin en Terre promise : un pays appelé Palestine. »

Elle se rend en Jordanie, où les Palestiniens ont leurs bases secrètes le long de la frontière avec Israël. Elle s'assied longuement pour discuter avec eux. Elle raconte sa guerre : « Quand j'étais petite, j'adorais une maîtresse d'école qui était la meilleure fille du monde. Elle s'appelait Laura Rubicek et vivait avec sa mère, une petite vieille très douce et chenue. Une nuit, les Allemands ont fait irruption et les ont emmenées. Parce qu'elles étaient juives. Elles ne sont jamais revenues. » Elle interviewe le leader de l'OLP, Yasser Arafat, qu'elle n'apprécie pas parce qu'il lui semble manquer profondément de sincérité. Comme toujours lorsqu'elle rencontre un leader politique, elle essaie de le mettre au pied du mur avec les questions les plus dérangeantes – quelles que soient les frontières géographiques de la Palestine, comment peut-il parler d'unité arabe alors que les Palestiniens eux-mêmes sont divisés ? –, mais Arafat élude ses questions. Oriana conclut, amère : « La rencontre entre un Arabe qui croit sans réserve à la guerre et une Européenne qui n'y croit plus est terriblement difficile. Parce que l'Européenne reste imprégnée de christianisme, de haine à l'égard de la haine, et que l'Arabe reste emberlificoté dans sa loi œil-pour-œil-et-dent-pour-dent. »

Elle repart du Proche-Orient pleine de doutes et d'une confusion qu'elle partage avec les lecteurs : « Comme toutes les guerres, on suit la résistance palestinienne tantôt avec admiration, tantôt avec indignation, tantôt avec sympathie, tantôt avec rejet : cela dépend des événements et des personnes que l'on rencontre. Si tu vas au front avec les fedayin qui passent les lignes et meurent, tu ne peux pas ne pas les aimer. Si tu interroges la fille qui fait sauter les supermarchés [...] tu ne peux pas ne pas la mépriser. Bien sûr, il faut admettre que les connaître ne t'aide pas toujours à mieux les comprendre. Sans parler de la sombre haine avec laquelle on t'agresse au moindre prétexte, de l'irrationalité avec laquelle on te nie même le droit de dire : “Je ne crois pas à la violence, je ne crois pas aux fusils, je ne crois pas aux hommes qui tuent les hommes.” Sur le plan humain, et même historique, les Palestiniens ont raison : ils sont vraiment devenus les nouveaux juifs sur terre. Mais alors, et pour les mêmes raisons, les juifs ont raison, ils ne peuvent pas se transformer à leur tour en Palestiniens. Mais gare à toi si tu oses l’affirmer : tu risques de te prendre une balle dans la tête, une bombe dans ton lit, ou du poison dans ta soupe. Tant pis, je le dis quand même. »

La rencontre qui consacre sa renommée mondiale d’intervieweuse politique a lieu avec Henry Kissinger, Secrétaire d’État américain et maître d’œuvre de la politique étrangère de Nixon. En 1972, Oriana sollicite une interview avec lui et, à sa grande surprise, elle obtient presque aussitôt une réponse positive. Kissinger a lu son papier sur le général Giáp et il est curieux de la rencontrer. Il la reçoit le 4 novembre dans son bureau de la Maison Blanche : une heure à peine, continuellement interrompue par des coups de téléphone et des documents urgents à signer, écourtée lorsque Kissinger est convoqué par Nixon. Après une longue attente, on l’informe que Kissinger a dû partir pour un voyage avec le président : si elle veut poursuivre ses questions, elle devra attendre un mois. Mais Oriana renonce : « Cela n’en valait pas la peine. À quoi bon chercher la confirmation d’un portrait que j’avais déjà en main ? Un portrait né d’une confusion de lignes et de couleurs, de réponses évasives, de phrases réticentes, de silences irritants. »

Le problème est qu’elle n’aime pas Kissinger : « Mon Dieu, quel homme glacial. Pendant toute l’interview, jamais il ne s'est départi de cette expression sans expression, de ce regard ironique et dur, jamais il n'a modifié le ton de sa voix : monotone, triste, toujours égal. L'aiguille du magnétophone bouge lorsqu'un mot est prononcé plus haut ou plus bas. Avec lui, elle reste immobile et j'ai dû tousser plus d'une fois pour m'assurer que tout fonctionnait bien. » Ils parlent longuement du Vietnam, évidemment. Oriana veut le pousser à admettre que le retrait américain est une défaite et que cette guerre a été inutile.

Puis elle passe à des questions plus personnelles, sur sa réputation de coureur de jupons, par exemple. Mais c'est l'une des questions les plus inoffensives qui suscitera la réponse qui rendra célèbre cette interview. Oriana lui demande comment il explique son énorme popularité. D'abord, il refuse de répondre. Puis il cède : « Mais oui, je vais vous le dire. Après tout, que m'importe ? Le point essentiel tient à ce que j'ai toujours agi seul. Cela plaît énormément aux Américains. Les Américains aiment le cow-boy qui conduit la caravane en allant de l'avant, seul sur son cheval. Le cow-boy qui entre tout seul dans la ville, dans le village, avec son cheval en tout et pour tout. »

Un véritable scandale éclate, car l'article, après être paru dans *L'Europeo*, est repris par les grands journaux américains et lu par tout le monde aux États-Unis. Nixon, dont Kissinger est le premier conseiller, n'apprécie pas la métaphore du cow-boy. L'interviewé essaie de démentir, mais il est aussitôt contredit par Oriana qui menace de diffuser l'enregistrement de la rencontre. Des années plus tard, dans ses Mémoires, Kissinger avouera qu'accorder cette interview fut l'une des décisions les plus malheureuses de sa vie. Oriana aussi se sentira longtemps agacée par ce scandale. « Ne me demande pas de parler encore de

Kissinger ! dira-t-elle à un collègue américain en 1981. J'ai fait cette interview en 1972 et nous sommes encore harcelés tous les deux à cause de cette rencontre. Je veux dire que si nous nous étions mariés, nous n'aurions pas été harcelés à ce point. »

Grâce à cet incident, elle est sacrée intervieweuse politique la plus redoutée au monde. Désormais, c'est elle qui peut choisir ses interlocuteurs : pas plus d'une vingtaine par an, car chaque rencontre lui demande énormément d'énergie. Elle se prépare toujours très soigneusement, en lisant tout ce qui existe sur le personnage. Les ingrédients de son travail sont toujours les mêmes : étude minutieuse, questions impertinentes, montage théâtral. Elle va à la découverte des grands de ce monde sans aucune crainte, comme l'enfant qui, dans le fameux conte, crie à la foule que le roi est nu.

Voilà pourquoi, lorsqu'elle publie en Italie, en 1974, *Intervista con la Storia*, « Entretiens avec l'Histoire », le livre qui recueille et amplifie quelques-uns de ses portraits les plus célèbres, elle le dédie à Tosca : « En fait, c'est un livre sur le pouvoir. Un livre libertaire sur le pouvoir. Ma mère, dans son innocence, ne comprend pas pourquoi un monsieur, ou une dame, devrait nous dire de là-haut ce que nous devons faire. Tu comprends ? C'est l'attitude anarchiste de l'enfant. Qui est aussi la mienne. » Le livre rencontre un succès extraordinaire et inaugure la série des best-sellers planétaires d'Oriana.

Dans ses interviews, Oriana montre qu'elle tient le travail de journaliste en haute estime. Elle pense qu'elle est un témoin et un représentant du public, ce qui lui suffit pour se sentir autorisée à tout. Elle pose des questions très directes, et si son interlocuteur les élude, elle les pose à nouveau, plus tard. Elle se fait répéter les réponses pour être sûre d'avoir compris. Si une chose ne lui semble pas claire, elle demande des explications. Elle essaie de parler simplement, sans se laisser emporter dans le langage obscur des hommes politiques. « "Oriana, me disait maman, ce que tu écris, tout le monde doit le comprendre, tu ne dois pas être compliquée". J'ai toujours suivi son conseil. Quand j'interviewe un chef d'État, un Premier ministre, je ne tombe jamais dans le jeu de la grande politique, de la sociologie. »

Elle n'est jamais froide, et affronte chaque rencontre avec passion et radicalité : « Dans mes interviews, je mets non seulement mes opinions mais aussi mes sentiments. Toutes mes interviews sont des drames. Je les vis aussi physiquement. » Elle ne croit pas au journalisme objectif : « Lorsque je prends le métro à New York et que je vois la publicité de ces journaux qui proclament "*Facts not Opinions*", je ris toute seule, à faire trembler le métro. Qu'est-ce que ça veut dire "Des faits, pas des opinions" ? Les faits ne sont-ils pas ceux que j'interprète ? Je parle toujours à la première personne. Et qui suis-je ? Je suis un être humain ! » Elle revendique son droit d'être entièrement elle-même dans l'interview, avec ses idées et ses impressions. Elle le confirme à un collègue américain : « Écoute, si je suis un peintre et que je fais ton portrait, ai-je ou non le droit de te peindre comme je le veux ? » Il n'empêche qu'elle a des règles : « Je m'engage à écrire tout ce qu'on me dit, et à ne pas transcrire ce qui, durant la conversation, échappe à la personne. Si on me dit : "Cela, Fallaci, non", alors je ne l'écris pas. C'est un pacte, un contrat. Sinon, qui sommes-nous ? Des voleurs de mots ? Je respecte le contrat. Mais je ne fais rien relire à personne. »

Ses interviews requièrent beaucoup de temps, et peuvent durer de quatre à six heures de suite : « Pendant ces heures-là, je brûle tellement d'énergie que je perds plus de poids qu'un boxeur sur le ring. » Lorsque c'est possible, elle demande une deuxième interview pour confirmer ses premières impressions. Elle travaille aussi énormément à la rédaction de l'article. Elle transcrit tout ce qu'elle a enregistré, vérifiant les traductions dans le dictionnaire, dans le cas de langues qu'elle connaît, puis monte le texte comme une pièce de théâtre, en coupant, rapprochant, choisissant les pauses et les répliques.

Elle n'aime pas que ses confrères, surtout en Amérique, fassent son éloge en tant qu'intervieweuse. Elle se considère comme un écrivain. Elle affirme que ses interviews sont de véritables récits, avec des personnages, des coups de théâtre, des conflits et beaucoup de suspense : « Ce sont les interviews d'un écrivain, conçues avec l'imagination d'un écrivain, menées avec la sensibilité d'un écrivain. » Elles nécessitent toutes beaucoup d'espace, des pages et des pages du journal, au grand désespoir du directeur, qui n'a pas le droit de les couper. Et toutes constituent finalement une prise de position d'Oriana, qui se place toujours pour ou contre. Parfois elle se trompe, ou se laisse fourvoyer. Comme par exemple avec le leader palestinien Habache – admettra-t-elle plus tard – qui l'émeut avec ses larmes, lui faisant oublier un instant les attentats qu'il a fomentés. Lorsqu'elle s'en aperçoit, même si du temps a passé, elle le reconnaît publiquement. C'est l'un des risques lorsqu'on fait du journalisme de façon passionnelle comme elle. On peut passer pour naïf. Oriana le sait et n'a pas peur de l'admettre : « La naïveté est un don auquel je tiens particulièrement, car il se nourrit de la confiance envers les hommes, de l'amour pour les hommes : et cet amour, cette confiance se déchaînent en moi lorsque je vois les hommes souffrir. »

Pour elle, l'interview est une rencontre et un affrontement, parfois une histoire d'amour. Jamais un moment neutre. Un échange avec un collègue qui l'interroge sur sa méthode est en ce sens particulièrement éclairant : « "Quand tu vas chez les puissants de ce monde, c'est avec l'intention de mal les traiter ? – Bien sûr que non ! J'y vais pour les comprendre. – Sans préjugés ? – Avec des préjugés, souvent, bien entendu. Mais comme je suis une personne raisonnable, je peux changer d'idée." » Voilà pourquoi elle n'apprécie pas qu'on la présente comme une journaliste redoutable : « Ce sont eux qui ont peur de moi, dommage. J'ai besoin de complicité. Une interview, c'est comme un duo à l'opéra. »

Elle n'utilise pas l'insulte comme une arme. Si elle est sur le point de porter un coup violent, elle prévient l'interviewé : « Lorsque je dois poser une question brutale, je l'annonce toujours : je vais vous poser une question brutale. Je ne l'écris pas systématiquement car ce serait ennuyeux. Les questions sont brutales, parce que la recherche de la vérité est une sorte de chirurgie. Et la chirurgie fait mal. » Son agressivité, qu'on lui reproche souvent, est pour elle simplement du courage, explique-t-elle à une journaliste américaine : « La plupart de mes confrères n'ont pas le courage de poser la bonne question. Moi j'ai demandé à Thiêu, le dictateur de Saigon : "Jusqu'à quel point êtes-vous corrompu ?" »

Ses interviews ne sont pas toujours des affrontements. Parfois, elle apprécie les personnalités politiques qu'elle rencontre. Avec Golda Meïr, Premier ministre d'Israël, qu'elle interviewe en octobre 1972, elle a un véritable coup de foudre. Cette vieille femme vêtue de noir qui la reçoit chez elle et lui offre le café comme si elle était une amie de la famille, lui plaît dès le premier instant. Elle lui rappelle un peu sa mère. « Même si l'on n'est pas du tout d'accord avec elle, sa politique, son idéologie, on ne peut s'empêcher de la respecter, de l'admirer, et même de l'aimer. Moi, je l'ai aimée tout de suite. » Elle aime, chez Golda Meïr, son socialisme à l'ancienne, qui est le même que celui des héros de son adolescence, la sincérité de ses réponses, et sa nature profondément féminine. Elles se découvrent de nombreux points communs. Comme elle, Golda fume des dizaines de cigarettes par jour et se nourrit principalement de café. Comme elle, elle vit seule et travaille dur depuis son enfance. Comme elle, elle déteste la violence. Oriana apprécie particulièrement l'une de ses réponses à ce sujet : « La guerre est une immense sottise. Je suis convaincue qu'un jour toutes les guerres finiront. Je suis convaincue qu'un jour, les enfants étudieront à l'école l'histoire des hommes qui faisaient la guerre comme on étudie une absurdité. Ils s'étonneront, ils se scandaliseront comme ils se scandalisent aujourd'hui du cannibalisme. » Elle ne trouve presque rien à critiquer en elle, pas même son apparence : « Beaucoup de gens trouvent Golda laide et s'amusent à en faire des caricatures cruelles. Bien sûr, la beauté est une opinion, mais Golda me semble une vieille dame si belle. »

Une autre femme la touche singulièrement : Indira Gandhi, Premier ministre de l'Inde. Avec elle aussi, elle sent qu'elle a de nombreux points communs. Elles ont grandi toutes deux à l'ombre d'un père héroïque, et dans la culture du socialisme. Elle la rencontre en février 1972, à New Delhi, au palais gouvernemental. Elle aime son apparence sobre, son corps svelte enveloppé dans un sari, ses cheveux attachés avec simplicité sur la nuque. Elle aime surtout ses manières informelles. Deux jours après l'interview, elle s'aperçoit qu'il lui manque des informations, et se rend chez elle pour solliciter une nouvelle rencontre : « J'ai sonné à la porte, la secrétaire est venue m'ouvrir, et je lui ai demandé si le Premier ministre pouvait me consacrer encore une demi-heure. La secrétaire m'a répondu : "Nous allons voir", s'est éloignée avant de revenir avec Indira. "Venez, installez-vous, nous allons prendre le thé." Nous nous sommes assises au salon, ouvert sur le jardin, et avons parlé encore une heure. » Elle lui pose des questions dérangeantes, comme à Golda Meïr. Par exemple : est-il vrai que ce sont les Indiens qui ont ouvert les hostilités au Bangladesh ; ou que ressent-elle à parler de la guerre, elle qui a été éduquée à la non-violence ; ou bien encore : comment concilie-t-elle la politique de non-alignement avec le traité signé avec l'URSS un an plus tôt. Quand Oriana reviendra en Inde en 1975, après le tournant autoritaire d'Indira, elle se dira déçue et choquée par ce qu'elle a vu Malgré tout, en politique, elle continue de préférer les femmes : « D'abord, elles ne sont pas arrogantes. Elles sont beaucoup plus modestes, plus simples. Elles ne jouent pas. Et puis elles ont bien plus de bon sens et d'équilibre. Enfin, elles sont certainement plus humaines. »

Hormis lorsque l'interviewé s'y oppose, elle utilise toujours un magnétophone. Cette machine, qui est aussi encombrante qu'une valise au début mais devient de plus en plus maniable au fil des ans, est un allié précieux. Elle lui permet de se concentrer sur le comportement de son interlocuteur et d'avoir une trace des propos exprimés. « Quand j'écrivais au crayon, je n'arrivais pas à regarder en face la personne avec qui je parlais. Je faisais des gribouillis que je ne comprenais plus. En plus, je n'ai pas de mémoire », explique-t-elle. Elle raconte, amusée, la première interview où elle l'a utilisée. C'était avec Ingrid Bergman, en 1956 : « J'ai dû la louer, c'était un engin énorme. Quand je l'ai eue devant moi, j'ai paniqué. Puis j'ai posé ma première question et j'ai rougi. Ingrid Bergman a répondu et, bien qu'elle soit une actrice, elle a rougi aussi et m'a demandé : "Ça va comme ça ?" Et moi : "Hum, je ne sais pas, j'ai l'impression." Ensuite, avec le temps, j'ai acquis de la pratique. »

« Quand je me rends chez les gens que j'interviewe, je suis terriblement sérieuse. Je suis habillée de la manière la moins sexy que l'on puisse imaginer, souvent mal coiffée, sans rouge à lèvres. Ce n'est pas juste une question d'orgueil professionnel. C'est aussi, disons, un choix politique, une forme de féminisme avancé. » Elle sait que son physique agréable joue en sa faveur, mais elle a des règles sur lesquelles elle ne transige pas : « Je suis une femme. Ça aide. Je peux faire des scènes, je peux hurler, etc., mais je ne couche jamais, avec personne, pour avoir un scoop. » De sa féminité, elle préfère utiliser le proverbial sixième sens : « J'ai de l'instinct. Je sens vraiment les personnes que j'interviewe. J'imagine leurs sentiments. Par certains côtés, je suis un peu sorcière. » Si ce n'est pas interdit par le protocole, elle fume pendant l'interview, et si elle peut partager ses cigarettes avec l'interviewé, elle en est heureuse. Parfois, cela permet de briser la glace, comme avec Makarios, le président chypriote en exil, qui vient d'arrêter de fumer. « Je lui ai demandé si je pouvais allumer une cigarette. Avec un soupir de soulagement, il m'a répondu : "Et moi, puis-je ? J'en ai terriblement besoin." »

Tous les personnages politiques importants de cette époque passent devant son magnétophone : le Chah d'Iran Mohammad Reza Pahlavi, Norodom Sihanouk du Cambodge, Haïlé Sélassié d'Éthiopie, Kurt Waldheim aux Nations unies, Mário Soares et Álvaro Cunhal dans le Portugal libéré de la dictature, le cheikh Ahmed Zaki Yamani en Arabie saoudite, Santiago Carrillo exilé de l'Espagne franquiste. Oriana leur pose à tous des questions difficiles, sans se soucier des conséquences. Telle est la conception qu'elle a de son métier : « Les journalistes ne se limitent pas à rapporter des événements. Ils créent des événements. Ou du moins les provoquent. Lorsque j'interviewe un leader politique et lui pose certaines questions, j'obtiens certaines réponses et je provoque un événement d'où naîtront des discussions, et qui aura peut-être des conséquences politiques. »

En 1972, par exemple, elle est à l'origine d'un incident diplomatique entre le Pakistan et l'Inde. Ali Bhutto, le Premier ministre du Pakistan, la convoque dans son pays. Il a lu ses interviews des différents leaders asiatiques et ne veut pas manquer dans sa galerie de personnalités. Oriana reste six jours avec lui, voyageant dans les différentes provinces du pays. Elle le provoque en lui rapportant ce que son ennemie historique, Indira Gandhi, a dit de lui, « que vous êtes un homme instable qui affirme une chose aujourd'hui et une autre le lendemain, et dont on ne comprend jamais ce qu'il a dans la tête ». Dans son article, elle rapporte aussi l'opinion que Bhutto a d'Indira Gandhi : « Je ne la considère même pas. Pour moi, c'est une femme médiocre dotée d'une intelligence médiocre. » Indira, qui doit se rendre en voyage officiel au Pakistan, annule son engagement. Ce n'est qu'après un long travail des deux chancelleries que l'incident prend fin et que la rencontre entre les deux chefs d'État est confirmée.

Oriana est presque toujours sévère avec les grands de ce monde, comme elle l'était des années plus tôt avec les stars de cinéma. Elle trouve terrible le vieil empereur d'Éthiopie, Haïlé Sélassié : « Il était sénile, arrogant, et peu intelligent. Il méprisait les femmes. Même quand je vais rencontrer l'homme le plus important du monde, j'y vais en pantalon. On m'a dit que je ne pouvais pas rencontrer Sa Majesté l'empereur en pantalon. Au début, j'ai répondu : “Pouvez-vous dire à Sa Majesté, s'il vous plaît, que soit j'y vais nue, soit j'y vais en pantalon ?” » Elle traite d'idiot Jean-Claude Duvalier, qui vient de succéder à son père François comme dictateur d'Haïti : « Au lieu de répondre à mes questions, il lisait des phrases stupides qu'on avait écrites pour lui, et je perdis patience : “Écoutez, je n'ai pas de temps à perdre. Je m'en vais. Cette situation est trop idiote. Et vous aussi, vous êtes idiot.” » Elle traite de fou Mujibur Rahman, Premier ministre du Bangladesh indépendant, qu'elle décrit avachi sur son divan, occupé à dire des choses insensées. Quand elle l'interroge ensuite sur les massacres d'opposants organisés des mois plus tôt par ses hommes, elle crée le scandale. L'article qu'elle envoie au journal se conclut par ces mots : « Cher directeur. Je suis allée à Dacca, comme tu m'avais demandé de le faire. Mais j'aurais préféré que tu me dises de ne pas le faire. Ce Mujib, il délire. Même écrire une interview avec lui aurait été du délire. Alors, je ne l'écrirai pas. Pour t'en convaincre, je t'envoie toutes mes notes. Fais-en ce que tu veux. Affectueusement. »

En général, les puissants ne lui sont pas sympathiques, car elle n'aime pas le pouvoir. En outre, ses idées émergent toujours de ses interviews. Elle croit dans la justice sociale, la démocratie, et la liberté. Elle déteste toutes les dictatures, qu'elles soient de droite ou de gauche, et même les théocraties, quelles que soient les religions qui les engendrent : l'orthodoxie à Chypre comme l'islam en Arabie Saoudite. Après l'avoir accompagné dans ses déplacements pendant plusieurs jours, elle s'adresse ainsi au ministre saoudien du pétrole : « Yamani, personne ne vous a jamais dit que vous êtes un véritable réactionnaire ? » En même temps, elle fait preuve d'une telle liberté d'esprit dans ses interviews que tout peut arriver, comme par exemple qu'elle soit conquise par Santiago Carrillo, secrétaire du Parti communiste espagnol : « Carrillo est un homme extraordinaire : car il est hérétique et intelligent, très bon, aussi. En l'écoutant, on se demande si, par hasard, l'intelligence et la bonté ne sont pas une seule et même chose. »

Dans chaque interview, elle confie ses réflexions aux lecteurs, et lorsqu'elle le peut, à l'interviewé également, créant un style tout à fait personnel qui mêle public et privé, sérieux et fantaisie. Elle demande au chancelier allemand Willy Brandt s'il croit en l'union de l'Europe, mais aussi s'il lui arrive de pleurer. Elle demande à Sihanouk, le souverain cambodgien en exil, s'il a jamais cherché à parler avec Kissinger, et s'il joue encore du saxophone. Elle est impulsive et profondément théâtrale. Elle se met habilement en scène dans l'article, mais en même temps elle n'oublie jamais ses lecteurs et essaie de poser les questions que poserait l'homme de la rue. Elle demande ainsi à Kurt Waldheim, secrétaire de l'ONU, en se référant aux cinq membres permanents du Conseil de sécurité : « Maintenant, ils font joujou à cinq avec un veto par-ci, un veto par-là… Elle vous semble donc vraiment sérieuse, cette histoire de veto ? »

Si une personnalité lui déplaît, elle le dit aux lecteurs, et si elle ne parvient pas à la comprendre également. Après une longue interview du Chah d'Iran, elle avoue : « Je suis restée environ deux heures pour essayer de percer à jour Sa Majesté. Ensuite, doutant d'y être parvenue, j'ai demandé à le revoir. » Elle est frappée par sa raideur et ses manières contrôlées qui s'interposent entre eux comme un bouclier, et finit par demander : « Vous ne riez donc jamais, Majesté ? » Même devant ce monarque qui ne sourit pas, assis dans son palais tout en or, elle parvient à mettre en œuvre la méthode Fallaci, composée de questions très explicites (« Combien de prisonniers politiques y a-t-il aujourd'hui en Iran ? ») qui alternent avec des questions très déconcertantes (« Pourquoi êtes-vous si triste, Majesté ? »). De cette manière, elle parvient à lui faire exprimer des choses inédites, par exemple le mépris qu'il nourrit pour l'intelligence des femmes, les visions mystiques qu'il affirme avoir régulièrement en dormant, et même la multiplication par dix du prix du pétrole, nouvelle explosive que l'ambassade iranienne en Italie essaiera en vain de démentir.

Quelques personnages célèbres, comme Fidel Castro et Jean-Paul II, refusent de se laisser interviewer. Lorsqu'on lit les notes conservées dans les papiers d'Oriana, on se dit que leur prudence n'a pas été excessive. Dans le dossier de Castro, on trouve des questions de ce genre : « Est-il vrai que vous ne pouvez pas supporter les Américains ? », « Pourquoi faites-vous mourir vos soldats dans toutes ces guerres à l'étranger ? », « Vous avez été persécuté, et à présent, c'est vous qui persécutez les autres ». Les notes préparées pour l'interview de Jean-Paul II sont encore plus surprenantes, pleines de questions à la limite de l'insolence : « Il y a une chose que je ne comprends pas : vous exigez le désengagement politique des prêtres d'Amérique latine, mais pas de ceux de Pologne ? », « Que pensez-vous de l'Inquisition ? », « Pourquoi l'Église est-elle aussi obsédée par le sexe ? », « Vous n'avez pas l'air angélique des papes : même vos pieds sont des pieds d'homme, ainsi que votre voix. Qu'est-ce qui vous a poussé à renoncer à votre destin d'homme ? », « Peut-on demander à un pape s'il a jamais été amoureux ? Pourquoi pas ? Je le demanderais bien à Jésus… »

Lorsqu'elle fait une interview, elle ne parvient jamais à s'oublier elle-même. Sa rencontre avec William Colby, le directeur de la CIA, se transforme presque immédiatement en querelle durant laquelle Oriana proteste contre les ingérences américaines dans la politique italienne : « J'essaie de vous faire admettre que l'Italie est un État indépendant, et non pas une république bananière ou une de vos colonies ! » Depuis longtemps, son admiration pour les États-Unis s'est transformée en critique ouverte. Dans un discours tenu en 1975 à l'Overseas Press Club de New York, elle se défoule en dénonçant l'obsession américaine du danger communiste : « Le fait est que sur les affaires européennes, vous êtes tous insupportablement ignorants, en Amérique. Quand je parle avec vous de la lutte qui existe entre socialistes et communistes dans des pays comme le Portugal, la France, l'Italie ou l'Allemagne, je finis par m'apercevoir que vous n'avez pas la moindre idée de ce à quoi je me réfère. Dans le meilleur des cas, vous levez un regard stupéfait et vous demandez : "Mais les socialistes et les communistes, ce n'est donc pas la même chose ?" Ne parlons même pas de l'homme de la rue. L'Europe est loin. Mais vos hommes politiques ? Que lisent-ils dans les journaux ? Les BD de *Mickey* ? »

En ce qui concerne la politique italienne, elle est obnubilée par le danger du retour du fascisme et scandalisée par la présence du Movimento Sociale Italiano (Mouvement social italien[1]) au Parlement. « Le fascisme n'est pas le seul de nos malheurs. Les fascistes sont le reflet le plus sombre de notre irresponsabilité, de notre manque de sérieux. Pour mon travail, je suis souvent loin de l'Italie, et à chacun de mes retours, je trouve que le pays a empiré. Moralement, matériellement. C'est comme si je regardais quelqu'un qui dévale une pente. » Entre la fin 1973 et l'année 1974, elle réalise pour *L'Europeo* une série d'interviews des leaders politiques italiens, à la demande de son directeur qui veut voir appliquée à l'Italie sa méthode, désormais célèbre dans le monde entier.

Elle inaugure la série avec Sandro Pertini, à l'époque président de la Chambre. Cet homme ne peut pas ne pas la conquérir avec son histoire d'antifasciste, lui qui, dans sa jeunesse, a écopé de presque quinze ans de condamnation, entre prison et relégation : « On n'interviewe pas Sandro Pertini. On écoute Sandro Pertini. Durant les six heures que j'ai passées avec lui, j'ai dû placer quatre ou

1. Parti de droite créé après guerre et lié à l'idéologie du fascisme. (*N.d.T.*)

cinq questions et deux ou trois observations. Pourtant, ce furent six heures d'enchantement. » Elle continue avec les autres. Le communiste Giorgio Amendola, qu'elle estime mais taquine allègrement, l'accueillant ainsi : « Tout d'abord, félicitations, honorable Amendola. J'ai lu votre livre et je me suis dit : je ne me suis pas ennuyée ! Pardon, hein, mais d'habitude, vous les communistes, vous êtes si ennuyeux… » Le libéral Giovanni Malagodi, qu'elle dépeint comme un homme froid et snob, et qui essaie à tout prix de lui faire boire un whisky au goût de médicament. Le démocrate-chrétien Giulio Andreotti, qu'elle décrit comme un homme avisé qui ne perd jamais ses moyens, même quand elle l'attaque avec ses questions irrévérencieuses : « Dites-moi, Andreotti, avez-vous jamais pensé vous faire prêtre ? », « Vous arrivez à leur parler, aux adhérents du MSI ? », « Gardez-vous toujours autant votre self-control ? ». Le démocrate-chrétien Giovanni Leone, qu'elle décrit comme un petit homme perdu derrière son bureau trop grand de président de la République, et qui l'accueille avec l'air de dire : « Ma fille, avez-vous vu dans quels draps je me trouve ? » Enfin, le socialiste Pietro Nenni, qu'elle écoute des journées entières, attendant qu'il fasse sa sieste après le déjeuner, et reprenant l'après-midi jusqu'à la tombée du jour, quand la gouvernante entre dans la pièce et les gronde : « Et alors ? On bavarde comme les aveugles maintenant ? »

Beaucoup critiquent ses interviews, les trouvant trop provocantes. Certains l'accusent d'inventer, de modifier la réalité, sans parvenir pourtant à prouver ces accusations. Kissinger lui-même, après la mort d'Oriana, déclarera : « C'était une grande femme italienne. L'essence de mes réponses dans cette interview était là. » François, qui a été présent à ses côtés durant la saison des interviews politiques, la défend également : « Ceux qui l'ont critiquée avaient complètement tort. J'ai assisté à quelques-unes de ses interviews et elle faisait preuve d'une rigueur absolue dans son travail. Elle enregistrait soigneusement et travaillait son texte pendant des heures. Il y avait beaucoup de travail derrière chaque interview, qui étaient toutes fidèles à la vérité. Elle était douée comme personne. » Il se souvient combien ses interviews étaient uniques, personnelles, différentes de toutes celles que l'on lisait dans les journaux de cette époque : « Lorsqu'elle se trouvait face à ces décideurs, elle n'était jamais influencée par l'opinion des autres : elle était seule avec son magnétophone. Et elle avait un don inégalable pour révéler les faiblesses de ces personnages, leur côté vaniteux. »

Oriana et François éprouvent une profonde admiration l'un pour l'autre. S'il la définit comme une intervieweuse hors pair, elle ne cache pas qu'elle le considère comme un grand professionnel et son égal. Pendant toutes les années de leur relation, François a presque été pour elle le paradigme absolu de l'homme. Voilà pourquoi, un demi-siècle plus tard, François admet qu'il est vexé par le titre *Un homme* qu'Oriana a donné au roman écrit en hommage à Alexandros Panagoulis : « J'ai toujours pensé que par ce titre Oriana s'était vengée de moi, avec une forme de méchanceté. Comme pour me dire : voilà, tu vois, lui, oui, c'est un homme. Je crois qu'elle l'a fait pour me provoquer. »

16

Un héros

Oriana Fallaci et Alexandros Panagoulis se rencontrent le 23 août 1973. Il vient tout juste d'être libéré des prisons grecques. Elle doit l'interviewer pour *L'Europeo*, insérant cette rencontre entre un séjour en Italie pour voir ses parents et un voyage à Bonn pour s'entretenir avec le chancelier allemand Willy Brandt. Elle a envoyé un télégramme pour annoncer son arrivée et pris un avion pour Athènes, sans attendre de confirmation. Désormais, elle est « la Fallaci ». Son nom lui ouvre toutes les portes. En réalité, jusqu'à ce jour, elle ne s'est jamais occupée du cas de Panagoulis. Lorsque, le 13 août 1968, celui-ci a fait exploser une bombe pour assassiner Georgios Papadopoulos, le chef de la junte des colonels, elle était en reportage au Vietnam. Et lorsque, le 17 novembre de la même année, Panagoulis est condamné à mort puis à la prison à perpétuité, elle est en convalescence après avoir été blessée à Mexico. Aucune trace du drame de Panagoulis dans ses archives ni dans ses articles. Ces années-là, la Grèce semble bien éloignée de ses centres d'intérêt.

Alors, pourquoi le destin semble-t-il partie prenante de cette rencontre ? Est-ce parce qu'elle prélude à un grand amour ? parce qu'elle représente le couronnement d'années d'un journalisme militant et la cristallisation de la figure centrale de l'imagination d'Oriana, celle du héros ? La vérité se situe sûrement entre les deux. Des années plus tard, Oriana ne cachera pas que, pour elle, cet amour fut surtout cérébral.

Elle rencontre Panagoulis dans un moment de crise profonde. Elle a mis un terme de façon dramatique à sa longue relation avec François et sent que sa veine journalistique est en train de se tarir. Elle vient de déclarer dans une interview : « J'en ai assez de la guerre. Professionnellement, cela ne me passionne plus. Récemment, en Inde, j'ai écrit un reportage d'une grande froideur. Je risque de me répéter. Je ne peux pas réécrire le Vietnam mille fois. Je ne peux pas être celle qui va toujours à la guerre. Je suis insatisfaite. J'ai envie de voir du nouveau. »

Elle a commencé à écrire un roman d'amour, inspiré de François, mais elle s'est interrompue, incapable de continuer. Alexandros Panagoulis, « Alekos » comme le surnomment ses parents et amis, le jeune héros grec solitaire en lutte contre la dictature lui offre une nouvelle cause. Quelqu'un à qui s'identifier jusqu'au bout, et un grand amour autour duquel construire le roman rêvé. « Alekos était moi, en homme », dira-t-elle un jour, lorsque tout sera terminé.

Elle se présente à l'interview après s'être soigneusement préparée. Elle a étudié l'histoire d'Alekos et la légende de son extraordinaire force de caractère devant ses geôliers : cinq années sans rien avouer, même sous les tortures les plus épouvantables. Cet homme incarne tout ce en quoi elle croit : le courage physique et moral, l'obsession pour la liberté, la lutte contre le pouvoir. Lorsque le taxi la dépose devant chez lui, la maison déborde de parents et d'amis en visite. Dans la rue, des policiers en civil contrôlent les entrées et les sorties. La foule ouvre un passage à cette journaliste si célèbre, venue jusque-là pour rencontrer le héros de la Résistance grecque. Oriana porte un pantalon et une chemise à fleurs, et ses cheveux sont détachés. Alekos a dix ans de moins qu'elle, mais après ce qu'il a vécu, il semble très vieux. Oriana a l'air d'une jeune fille à côté de lui. Il l'appellera d'ailleurs bientôt, en grec, *alitaki*, « mon garçon ».

Quand Alekos l'aperçoit, il bondit de sa chaise et vient à sa rencontre pour l'embrasser, en s'exclamant en italien : « Salut, tu es venue ! » Oriana ne sait pas encore qu'il est l'un de ses admirateurs et a lu ses articles en prison, apprenant exprès l'italien. Il a même envoyé à l'aéroport un ami pour l'attendre avec un bouquet de roses, mais l'ami a fait demi-tour, faute de l'avoir trouvée.

C'est un homme bouleversé, blessé, qui la touche aussitôt profondément, comme elle le racontera des années plus tard dans une interview : « Il s'est passé quelque chose entre nous quand je suis entrée dans cette pièce et que j'ai vu ce petit homme qui venait vers moi en souriant, les mains tendues. Ce n'était pas le beau garçon que vous avez rencontré lorsque je l'ai amené en Italie, qui avait recommencé à se nourrir de soleil, d'oxygène, de bonne chère. Il n'était pas même pâle mais cendreux, avec des nuances verdâtres et des cernes violacés sous ses yeux creusés. Ce n'est sûrement pas une attirance physique que j'ai éprouvée. Mais j'ai vraiment reconnu en lui tant d'êtres humains que j'avais connus de par le monde, qui avaient donné leur vie pour un idéal et subi au nom de celui-ci des tortures monstrueuses, la prison, et souvent la mort. »

Oriana accepte l'étreinte d'Alekos, puis essaie de calmer son agitation. Elle installe le magnétophone sur la table et commence à l'interroger. Il répond d'une voix posée. C'est la première chose qui la touche. Il a une voix magnifique. Après sa mort, elle dira : « Je peux regarder ses photos. Même les photos de son cadavre. Je peux toucher, porter ses vêtements. Cette chemise, par exemple, est cousue avec l'une des siennes. Je peux manipuler ses pipes, ses papiers, ses objets. Mais il y a deux choses que je ne peux pas faire : le revoir dans un film, et surtout, réentendre sa voix. Cette splendide voix gutturale, profonde, qui plongeait droit au cœur comme un couteau. Je suis terrorisée à l'idée de la réentendre. Parce qu'il est mort, et que sa voix est vivante. » L'interview dure plusieurs heures. De temps à autre, la mère d'Alekos apporte du café. Alekos tient sa pipe entre ses dents, et la mord souvent violemment aux moments les plus dramatiques de l'interview. Son histoire se dévoile devant Oriana, et finit par la conquérir.

Alekos vient d'une famille de héros. Son père a été décoré plusieurs fois à la guerre. Ses deux frères sont entrés comme lui dans la résistance contre la dictature : le plus jeune, Stathis, est resté longtemps en prison, et le plus âgé, Georgios, a disparu du bateau qui le ramenait dans sa patrie, en état d'arrestation. Jeté par-dessus bord par ses geôliers ou mort en tentant de s'évader, personne n'a jamais su la vérité : son corps n'a pas été retrouvé. À chaque fois qu'un cadavre est repêché dans le port du Pirée, on appelle la mère d'Alekos, Athéna, pour la reconnaissance du corps. Mais elle soulève le drap et dit : « Non, ce n'est pas mon fils Georgios. » De ses enfants, qui luttent et ne plient pas, elle dit : « Les arbres meurent debout. »

Après son arrestation pour l'attentat manqué contre Papadopoulos, Alekos est torturé pendant plus de deux mois au siège de l'ESA, la police militaire grecque, où un moteur est allumé sur la terrasse pour couvrir les hurlements des prisonniers. On veut qu'il avoue avoir reçu des aides étrangères et dénonce ses camarades. Alekos ne dit pas un mot, et s'il parle, c'est pour hurler des insultes à ses bourreaux. Depuis le début, il lutte de toutes ses forces pour réagir aux sévices. Ses tortionnaires ont tout de leur côté, explique-t-il à Oriana durant l'interview, surtout l'arme du temps : « Avec le temps, la victime cède. Alors, pour ne pas perdre, elle doit neutraliser cette arme : réagir par une contre-offensive qui empêche le déroulement normal de la comédie. Grève de la faim, grève de la soif, agressivité, et donc violence opposée à la violence, pour les forcer à frapper plus fort et à te faire t'évanouir. »

L'emprisonnement d'Alekos est la longue lutte d'un homme seul contre tous. Condamné à mort, on le laisse attendre son exécution pendant trois nuits. Celle-ci est sans cesse reportée. Le monde entier a commencé à s'intéresser à son cas. La junte militaire ne sait pas si elle doit le tuer, ce qui ferait de lui un héros, ou commuer sa condamnation à mort en réclusion à perpétuité. Elle finit par choisir la seconde solution, et transfère Alekos dans la prison de Bogiati, où il restera cinq ans dans des conditions inhumaines, enfermé dans une cellule construite exprès pour lui : un cube de ciment au milieu de la cour, de trois mètres sur deux, avec une meurtrière minuscule pour laisser entrer la lumière. Petite comme une tombe, dira Oriana, qui ira la visiter après sa mort.

Le 19 août 1973, il est libéré, grâce à une amnistie générale. Quelques jours plus tard, il reçoit Oriana, qu'il admire depuis longtemps. Il sait qu'elle est la plus grande journaliste italienne et une femme qui fait son métier comme on va à la guerre : avec un grand courage. Leur rencontre, dans le souvenir d'Oriana, est presque une reconnaissance : « Avec regret, tu me demandais : "Pourquoi ne nous sommes-nous pas rencontrés avant ? Où étais-tu quand je posais les mines, quand ils me torturaient, quand ils me jugeaient, quand ils me condamnaient à mort, quand ils m'enfermaient dans ce tombeau ? Avec remords, je te répondais Saigon, Hanoï, Phnom Penh, Mexico, São Paulo, Rio de Janeiro, Hong Kong, La Paz, Cochabamba, Amman, Dacca, Calcutta, Colombo, New York. »

L'interview se termine à trois heures du matin. Oriana n'a le temps de se reposer que quelques heures dans le lit offert par la famille d'Alekos, avant de repartir pour l'aéroport. Ses engagements avec le journal requièrent sa présence à Bonn. Elle dort peu, observe les objets dans la pièce. Elle est touchée en particulier par une photo d'Alekos enfant : un corps minuscule, un pantalon trop large, mais déjà l'air têtu de celui qui ne plie pas. Cet homme la déstabilise d'une manière qu'elle n'arrive pas encore à comprendre entièrement. Alekos non plus ne semble pas trouver le sommeil. Elle l'entend marcher dans la maison toute la nuit. Un instant, elle a l'impression qu'il pose sa main sur la poignée de la porte de sa chambre, hésitant à entrer.

La première réaction d'Oriana devant les sentiments très forts que lui inspire Alekos est la fuite. « En le voyant, je me suis dit : "Mon Dieu, nous y voilà. C'est arrivé, c'est en train d'arriver." Et aussitôt, j'ai eu un pressentiment, et même peur. J'ai fui en me disant : "Par pitié ! Par pitiéééé !" » Le lendemain, Alekos insiste pour l'accompagner en taxi jusqu'à l'aéroport. Il se fait promettre qu'elle reviendra le voir dès que possible. Quelques jours plus tard, Oriana reçoit un coup de téléphone de lui. Elle apprendra bientôt qu'Alekos adore téléphoner, criant dans le combiné, avec son accent italien si drôle : « C'est moi ! Je suis moi ! »

Dans les papiers d'Oriana est conservée la première lettre d'Alekos – à ce qu'il semble –, un billet daté du 4 septembre 1973, dix jours après l'interview. Alekos utilise un ton en apparence amusé, se demande s'il est vrai qu'elle lui a volé deux fils à nettoyer sa pipe qu'il ne retrouve plus. Mais, à la fin de son message, il insère un court poème écrit pour elle : « Rires de vie / Joies lointaines / Pensées d'amour / Instants lumineux. » Quand elle apprend qu'il est hospitalisé, Oriana retourne aussitôt à Athènes. Elle s'inquiète. Alekos a beaucoup souffert en prison et sous la torture. Son corps est couvert de cicatrices. De temps à autre, il en découvre une nouvelle et se demande : et celle-là, quand me l'ont-ils faite ?

Une fois certaine que la vie d'Alekos n'est pas en danger, Oriana repart pour l'Italie. Mais elle finit par revenir presque immédiatement. Elle a demandé à rencontrer Papadopoulos, mais l'interview est refusée au dernier moment. À chaque fois qu'elle atterrit à Athènes, elle doit subir des contrôles qui ont pour but évident de la décourager. Elle s'inquiète de la sécurité d'Alekos, qui semble vouloir défier le régime et continue à dire ce qu'il pense de la junte militaire. Elle sait que sa maison est surveillée, que son téléphone est sur écoute.

Elle finit par le convaincre de demander son passeport et de venir en Italie avec elle. Elle est persuadée que sa notoriété peut le protéger. Tant qu'Alekos sera à ses côtés, personne n'osera le tuer. Elle l'emmène en Toscane, si belle en automne. Elle lui raconte que les bois y embaument, et que les grappes de raisin américain couvrent les murs de la maison de flammes rouges. Que l'on peut marcher tranquillement dans la lumière rasante du soir. En réalité, à peine arrivé, Alekos s'enferme dans la maison, volets clos. Après toutes ces années dans une cellule minuscule, il ne supporte plus les espaces ouverts.

Les parents d'Oriana s'attachent immédiatement à lui. Comme lui, Edoardo a été torturé, pendant la guerre. Tosca le traite comme un fils, et il lui rend la pareille en l'appelant Maman. Pendant quelque temps, Oriana et Alekos se partagent entre Casole et un hôtel de Rome. Puis ils déménagent dans un appartement à Florence. C'est la première fois qu'Oriana vit avec un homme, et elle trouve que tout est difficile. Des années plus tard, elle écrira dans une note : « J'ai essayé de vivre maritalement avec mon compagnon. Ou plutôt, j'y ai été contrainte par plusieurs circonstances – d'ailleurs assez nobles. Je perdais petit à petit la tête. Je n'y arrivais vraiment pas. Et je dois dire que lui non plus, car nous sommes égaux en ce sens-là : dans cette soif d'indépendance. Il n'y arrivait pas, bien qu'il ait reçu la meilleure part du gâteau, la plus confortable. C'est moi qui m'occupais de la maison, qui préparais les repas, etc. Il n'en fichait pas une. Mais ce que j'avais le plus de mal à supporter, c'était cette cohabitation forcée : le sentir là, même lorsqu'il se taisait ou dormait. Partager le téléphone, par exemple. Ne pas avoir de secrets ! »

Entre eux, des querelles éclatent pour trois fois rien. Elle ne supporte pas son aboulie. Elle le réveille quand il reste au lit toute la journée. Je suis en train de réfléchir, se défend-il. Non, tu es en train de dormir, proteste-t-elle. Ils s'insultent, crient, et s'agressent même souvent physiquement. Des années plus tard, à un journaliste qui lui demandera s'ils se disputaient, Oriana répondra : « Tout le temps. Il disait : "Tous les deux, on est nés pour se disputer !" Des disputes homériques, des bouderies interminables. Aucun des deux ne cédait jamais. »

Alekos est un homme de la vieille école, qui s'adapte mal à une femme émancipée comme Oriana. La compétition entre eux ne s'arrête jamais. « Ne pas ouvrir les lettres ou les ouvrir des semaines voire des mois plus tard est un défaut que j'ai toujours eu et qui rendait fou Alekos. Il se mettait en colère. "Ouvre cette lettre, disait-il. – Non, répondais-je. Cette lettre est à moi et je ne l'ouvrirai pas." Et lui : "Alors je vais l'ouvrir. – Ouvre-la, ouvre-la. – Et je vais la lire, aussi. – Eh bien, lis-la !" Alors il l'ouvrait, la lisait, puis ajoutait : "Tu sais ce qu'elle dit ? – Ça ne m'intéresse pas." Oh, notre terrible et délicieux antagonisme ! »

Elle comprend vite que c'est une chose d'admirer un héros, et une autre de vivre avec un homme en chair et en os. Surtout avec un homme comme Alekos, traumatisé par ce qu'il a subi. Elle dira, des années plus tard : « Une fois, quelqu'un m'a demandé : "Es-tu heureuse avec Alekos ?" Je me souviens d'avoir répondu spontanément : "Comment peut-on être heureuse avec un homme malheureux ?" » Dès le début, Alekos se révèle un compagnon sujet aux sautes d'humeur, imprévisible. Parfois, il annonce : « Je veux que tu sois élégante, ce soir. Habille-toi en rouge. »

Et il l'entraîne dehors toute la nuit. D'autres fois, il est sombre, silencieux, et parle de la mort de façon obsessionnelle. La nuit, il fait souvent des cauchemars terribles, dont il se réveille couvert de sueur. Il y a de la folie en lui. De nombreuses personnalités éclatées. Dans un poème composé en prison, écrit avec son sang sur un morceau de papier, lui-même a parlé de cette multitude de personnalités qui l'habitent : « De combien de vies ai-je accouché en pensée / Pour essayer de vaincre ma solitude. »

Oriana admire beaucoup ses poèmes. Elle l'aide patiemment à reconstituer ceux qu'il a écrits en prison et appris par cœur lorsqu'il n'avait pas de papier pour les noter. Il en tire un livre, intitulé *Vi scrivo da un carcere in Grecia*, « Je vous écris d'une prison en Grèce ». Oriana y travaille pendant des semaines, entre deux reportages. Lorsque le livre est prêt, elle est aussi heureuse que si c'était le sien : « J'ai protégé les épreuves comme un enfant et une fois le livre imprimé, j'ai apporté le premier exemplaire à Alekos. Nous étions à Rome, je me souviens, c'était au moment du référendum sur le divorce, une victoire des progressistes car la loi sur le divorce est passée avec une majorité écrasante. Rome était en liesse, les rues pleines de drapeaux et de voitures qui klaxonnaient, mais Alekos dormait dans notre hôtel. J'ai posé le livre sur son oreiller, près de sa tête, puis je suis ressortie pour écrire l'article pour mon journal. Quand je suis rentrée à l'hôtel, je l'ai trouvé qui dormait encore, mais avec le livre entre les bras. Exactement comme si, à la place d'un livre, il tenait un enfant. »

Pour la préface, elle demande un texte à Pier Paolo Pasolini, qu'elle connaît et admire depuis des années. Dès leur première rencontre, elle est restée frappée par cet homme si spécial, à la sensibilité presque féminine et aux rudesses secrètes, qui lui parle de Jésus et de saint François comme aucun prêtre n'est jamais parvenu à le faire, et qui, la nuit, se met en quête de garçons dans les quartiers malfamés. Elle a écrit, racontant un séjour de Pasolini à New York : « Nous étions devant le Lincoln Center et tu cherchais un taxi pour te rendre dans un endroit que tu ne voulais pas avouer. Tu tremblais d'impatience. J'ai murmuré : "Tu te feras couper la gorge, Pier Paolo." Alors tu m'as fixé de tes yeux lucides et tristes (ils étaient toujours tristes, tes yeux, même quand tu riais), puis tu as répondu, ironique : "Ah oui ?" »

Lorsque Pasolini est assassiné, dans la nuit du 1er au 2 juin 1975, Oriana se trouve à Rome. Elle est assise avec Alekos dans un restaurant de la piazza Navona. Un garçon qui vend *L'Unità* s'approche des tables et la nouvelle commence à circuler. On a tué Pasolini. On l'a retrouvé sur l'hydrobase d'Ostie, il a été frappé puis écrasé par une voiture. Oriana, qui a vu au Vietnam des violences terribles, est bouleversée : « On a dit que, de loin, tu ne ressemblais même plus à un corps, tellement tu avais été massacré. On aurait dit un tas d'immondices. »

Spontanément, elle informe le directeur de *L'Europeo* qu'elle veut s'occuper de l'homicide. Elle se met à enquêter dans le milieu romain. Elle suit une piste qui lui a été donnée par une journaliste américaine en poste à Rome. Celle-ci a entendu parler d'un témoin qui a tout vu mais qui a peur. Alors, Oriana écrit un article dans lequel, dès les premières lignes, elle exprime ce qu'elle pense : « Il existe une autre version de la mort de Pasolini. » Elle conteste avec force la version officielle du meurtre, selon laquelle Pasolini aurait été tué par un *ragazzo di vita*, un garçon de mauvaise vie de dix-sept ans, Giuseppe Pelosi, suite à une altercation au sujet de ses prestations sexuelles. Elle dit que son témoin secret a vu au moins deux autres hommes, qui ont frappé et tué l'écrivain. Pelosi, qui a surtout été spectateur, a ensuite été laissé seul sur place pour être incriminé. Il est mineur, il ne risque pas d'être emprisonné trop longtemps. En outre, il finit par avoir l'air d'une victime plutôt que d'un coupable, un pauvre diable obligé de se prostituer et d'assouvir les envies d'un homme qui aurait pu être son père. Les enquêtes et l'attention des médias se focalisent en effet davantage sur les goûts sexuels de Pasolini que sur ce qui s'est réellement passé à Ostie. Oriana est dégoûtée : « On veut le faire mourir deux fois, physiquement et moralement : dans la honte. » Il s'agit d'un complot, on a voulu éliminer Pasolini, écrit-elle.

Quand les juges lui demandent de donner le nom de son informateur, elle s'y refuse, se référant à un article du statut de l'ordre des journalistes qui permet à un chroniqueur de protéger ses sources. Elle sait bien que la loi italienne n'autorise le secret professionnel qu'aux médecins, aux prêtres, aux avocats et aux sages-femmes, mais elle se bat par principe. Elle affronte le procès et elle est condamnée pour rétention d'information. Elle confie aux agences de presse la déclaration suivante : « J'ai accompli mon devoir et j'ai la conscience tranquille ; ma dignité est intacte. Il ne faut pas avoir peur ou se laisser intimider lorsque des questions de principe sont en jeu. » Puis elle s'enferme dans un silence dédaigneux. Des années plus tard, Pelosi, libéré, admettra que, cette nuit-là, il n'était pas seul.

Alekos lui aussi est bouleversé par la mort de Pasolini. La mort l'obsède, le fascine. Il en parle continuellement, comme s'il savait que la sienne est proche. Il n'écoute pas les conseils d'Oriana, qui voudrait qu'il abandonne la politique. Il continue de lutter contre la dictature. De temps à autre, il rentre en cachette à Athènes. Il voyage en permanence à l'étranger afin de recueillir des fonds pour la Résistance auprès des communautés grecques de la diaspora et des hommes politiques européens. Il implique souvent Oriana, qui doit l'accompagner et se retrouve dans des situations surréalistes, avec des mallettes pleines d'argent qui passent de main en main. Un jour, elle parlera de l'une d'elles à Isabella Rossellini : une valise en transit à la Biennale de Venise, où Alekos a été invité à prendre la parole. « Lorsque nous nous sommes rendus au palais des Doges, où se déroulait la cérémonie d'inauguration, et qu'Alekos est monté sur scène en me confiant la valise, je me suis retrouvée assise à côté de ton père. "Ne quitte jamais la valise ! Pendant que je parle, je veux la voir en permanence sur tes genoux", m'avait ordonné Alekos. Et cette valise sur les genoux me tourmentait, me tourmentait… "Posez-la par terre", m'a dit ton père. Et moi : "Non, je ne peux pas. Elle contient des documents précieux." Soudain : "Donnez-la-moi, je vais la garder." Il s'en empare, décidé, et la pose sur ses genoux. Aussitôt, Alekos s'arrête de parler et me fixe du haut de la scène comme s'il voulait me tuer. Alors, je fais mine de la reprendre et on commence à se la disputer, ton père et moi. "Donnez-la-moi, ne vous dérangez pas. – Ça ne me dérange pas, je la garde avec plaisir." Et pendant ce temps, Alekos continuait de me fixer, de nous fixer, en colère. Ce fut une prouesse que de la récupérer : ton père n'arrivait pas à comprendre pourquoi je ne lui accordais pas ce geste de courtoisie. Après, Alekos m'a demandé : "Mais c'était qui, ce bel homme habillé en bleu qui voulait voler mes cinq millions ? – C'était Roberto Rossellini. Il ne voulait rien te voler, il voulait juste être gentil", ai-je répondu. »

Elle accepte mille choses d'Alekos, car cet homme lui semble l'incarnation du héros qu'elle cherche depuis son enfance, quand elle luttait avec son père dans la Résistance : « Panagoulis est vraiment un homme extraordinaire. Lui, la liberté, il l'aime vraiment, et pas seulement en paroles. S'il s'était trouvé en Italie il y a trente ans, il aurait adhéré au Partito d'Azione. » Pendant plus d'un an, elle ne retourne pas chez elle à New York, car Alekos n'a pu obtenir son visa pour les États-Unis. Pour être à ses côtés, elle réduit au minimum ses voyages et renonce à suivre des événements qui l'intéressent vivement, comme le coup d'État de Pinochet au Chili, la guerre du Kippour en Israël ou la chute du régime au Portugal.

Elle accepte aussi de l'épouser, mais à sa façon, par un échange secret d'alliances. « La bague qu'il m'avait offerte était magnifique, avec des brillants. Celle que je lui avais offerte était très modeste : parce qu'il l'avait voulu ainsi. Il exigeait même une bague en fer, mais les bagues en fer n'existent pas, alors j'avais été obligée de lui acheter une petite bague en argent. Je m'étais trompée de taille. Alekos s'était très amusé et l'avait passée à son auriculaire, bien qu'elle s'y soit trouvée aussi un peu à l'étroit. Il avait les doigts grassouillets. Il ne l'a jamais retirée de ce doigt, jamais. »

Elle craint pour sa vie. Elle a souvent l'impression qu'on les suit. En août 1974, alors que la dictature des colonels est tombée, Alekos décide de rentrer à Athènes et de se porter candidat au Parlement. Oriana ne s'y rend pas avec lui. Elle préfère rentrer chez elle à New York, et se remettre à travailler pour le journal. Rester à ses côtés pendant un an lui a beaucoup pesé et elle n'a plus le courage de continuer.

Elle va lui rendre visite de temps à autre à Athènes, même si elle ne supporte pas la cour qui l'entoure, composée d'amis sincères mais aussi d'une foule de magouilleurs, de parasites, de fainéants et de femmes qui veulent coucher avec lui. Elle n'est pas jalouse, mais trouve insupportable la vulgarité de certaines situations : Alekos qui qualifie ses nombreuses aventures de « un plongeon et hop », les soirs où il force sur le vin et où elle doit le porter jusque chez lui pour le mettre au lit tout habillé. En ce qui la concerne, leur relation ne se fonde pas sur l'attraction physique. Elle sait ce qu'est la jalousie – « qui vide les veines à l'idée que l'être aimé pénètre un autre corps, la jalousie qui coupe les jambes et enlève le sommeil » –, et sait ce qu'est le désir – « qui aveugle et coupe le souffle rien qu'à regarder l'être aimé ». Elle a éprouvé l'une et l'autre durant ses relations avec Alfredo et François. Avec Alekos, c'est différent. Pour être vraiment sincère, il ne l'attire pas beaucoup physiquement. Une amie qui la fréquentera bien des années plus tard se souvient de lui avoir parlé d'un fiancé grec qui semblait obsédé par le sexe. « Tout comme Alekos. Moi, j'insistais sur le fait que nous avions une relation intellectuelle, alors que lui voulait toujours et seulement coucher avec moi », lui confiera Oriana.

Élu au Parlement, Alekos commence une autre bataille solitaire, contre plusieurs représentants du nouveau gouvernement grec, qu'il accuse de s'être compromis avec la dictature. Il attaque en particulier le ministre de la Défense, qui contrôle une armée nullement épurée après la chute de la junte. Pendant des mois, il cherche les preuves de sa collaboration avec les colonels, mais les archives de la police militaire ont mystérieusement disparu après la chute du régime. Il nourrit pour ces papiers une véritable obsession, qui inquiète Oriana. Elle soupçonne cette démarche de cacher un autre motif, plus personnel : découvrir enfin la vérité sur la disparition de son frère Georgios.

17

Les enfants jamais nés

« Cette nuit, j'ai su que tu étais là : une goutte de vie échappée du néant. » C'est sans doute la phrase la plus célèbre d'Oriana, celle qui ouvre son roman *Lettera a un bambino mai nato*, « Lettre à un enfant jamais né ». Publié en Italie en septembre 1975, le livre connaît un succès exceptionnel, même pour Oriana. Elle vend presque un demi-million d'exemplaires en six mois et le livre est traduit en plus de vingt langues. Réimprimé en permanence, c'est aujourd'hui encore l'un de ses ouvrages les plus aimés et les plus vendus. Dédié au dilemme naître et ne pas naître, il crée immédiatement le scandale. Oriana scandalise les progressistes avec son idée qu'un enfant est un être vivant dès le premier amas de cellules, et elle scandalise les conservateurs avec son idée qu'une femme est la seule personne à pouvoir décider de sa grossesse. Mais surtout, elle surprend tout le monde, car elle affronte le problème à l'envers. Partant du refus de la maternité, elle aboutit à une célébration poignante de la relation mère-enfant.

La réussite du livre est due d'abord au choix narratif du dialogue de la mère avec son enfant pas encore né. Dès la première ligne, le lecteur est captivé par cette voix qui parle toute seule. Une femme est là, les yeux grands ouverts dans le noir, et elle sait, avant même d'aller chez le médecin, qu'elle attend un enfant. C'est une femme sans nom, sans âge, sans nationalité. Oriana l'a voulue ainsi afin que les femmes du monde entier puissent s'identifier à elle. Elle vit seule par choix, exerce son métier avec passion, aime les hommes librement, sans attendre d'eux ni protection ni mariage. Elle est hésitante dès le début à l'idée d'attendre un enfant. Elle n'est pas sûre d'en vouloir un, et elle n'est pas sûre non plus qu'il veuille naître. « Cela ne m'intéresse pas de te mettre au monde pour moi-même. D'autant moins que je n'ai aucun besoin de toi », dit-elle au début du livre. Pourtant, en choisissant de parler à « ce nœud de cellules à peine ébauchées », elle lui a déjà donné forme, elle a quelqu'un dans sa vie qu'elle appelle « enfant ».

Ce monologue est à sa façon un manifeste en faveur de la vie, car à l'intérieur de son corps – la femme le sent –, cela travaille dur : « Qui donc a dit que tu es une matière inerte, presque un végétal que l'on peut extirper à la cuillère ? Si je veux me libérer de toi, dit-on, c'est le moment. Le moment commence précisément maintenant. Autrement dit, il aurait fallu que j'attende que tu deviennes un être humain avec des yeux et des doigts et une bouche pour t'assassiner. Avant, non. Avant, tu étais trop petit pour que l'on puisse te repérer et t'arracher. Ils sont fous. » En même temps, dans les moments difficiles, le doute surgit : « Dis-moi, toi qui sais tout : quand commence la vie ? Dis-moi, je t'en supplie : la tienne est-elle vraiment commencée ? Depuis combien de temps ? Depuis l'instant où la goutte de lumière qu'on appelle spermatozoïde a percé et scindé la cellule ? Depuis l'instant où ton cœur a éclos et s'est mis à pomper du sang ? Depuis l'instant où s'est formé ton cerveau, ta moelle épinière, où tu as commencé à prendre forme humaine ? Ou bien ce moment est-il encore à venir, et n'es-tu simplement qu'un moteur en construction ? »

Dans son monologue, la femme exprime des sentiments contradictoires. Stupeur, affection, colère, rébellion. De temps à autre, elle se met en colère, car le médecin continue de lui ordonner le repos absolu : « Que crois-tu que je sois : un conteneur, un bocal où l'on garde un objet ? » À la fin, elle décide de quitter le lit. Elle a une mission de travail importante à accomplir et ne veut pas y renoncer : « Si tu parviens à naître, tu naîtras. Si tu n'y parviens pas, tu mourras. Je ne te tue pas, que ce soit bien clair : je me refuse simplement à t'aider à exercer ta tyrannie jusqu'au bout. » Elle est optimiste, elle a même acheté un berceau, et un trousseau avec des chemises et des maillots. La nuit précédant son départ, joyeuse, elle lui souhaite : « Bonne nuit, mon enfant. » Seule, elle fronce les sourcils car voilà un moment qu'elle n'a pas senti ses petits mouvements dans son ventre. Pendant son voyage, alors qu'elle conduit sur une route défoncée, elle ressent les premières douleurs. Hospitalisée d'urgence, elle est opérée pour extraire l'enfant, qui est mort. Elle est inconsciente, plongée dans le délire. Le dernier mot est pour son enfant : « Tu es mort. Je meurs peut-être aussi. Mais cela ne compte pas. Car la vie ne meurt pas. »

En réalité, ce final, que le public a lu pendant des années à la fin du roman, n'est pas celui qu'Oriana avait imaginé. C'est Alekos qui a lutté pour ce « peut-être » qui laisse un peu d'espoir. Dans les années quatre-vingt-dix, Oriana changera la phrase, pour en ôter toute l'ambiguïté :

« Je meurs aussi », et expliquera sa décision : « Je n'ai jamais eu de doute sur le fait que la femme meurt. Derrière ce qui ressemble à un regret, se trouve autre chose. Une belle histoire. La voici. Les épreuves de *Lettre à un enfant jamais né* n'ont pas été corrigées en Italie. Elles l'ont été à Athènes, dans l'appartement-bureau où Alekos Panagoulis habitait après avoir été élu député. Ce qui fut l'objet de nombreuses disputes, car Alekos exigeait de participer aux corrections. En bon poète, aimant la métrique que j'ai l'habitude d'utiliser dans mon écriture, il soutenait par exemple que le livre ne devait pas être publié en prose mais en vers. Un après-midi, j'ai trouvé les épreuves toutes gribouillées de traits qui interrompaient les phrases, et les transformaient en vers. Comme cela : "Cette nuit j'ai su / que tu étais là / Une goutte de vie / échappée du néant"... Ou bien il intervenait sur les verbes, sur les adjectifs, sur la ponctuation... Je ne savais plus où les cacher, ces épreuves. Une fois, en sortant de la maison, je les ai cachées dans une casserole. Il les y a trouvées. Mais surtout, il n'aimait pas le final. Le fait que la femme meure. "Meurtrière ! Tu as tué, tu tues, pauvre femme !" criait-il dans son italien très drôle privé d'articles. Et inutile de lui expliquer que cette mort entrait dans la logique du récit, inutile de lui répondre : "Occupe-toi de tes affaires, c'est mon livre et il se termine comme je l'entends." Quand j'en ai été à la dernière mouture, je me suis aperçue qu'il avait effacé la phrase "Je meurs aussi". Là, je me suis vraiment énervée. Oh là là ! Je me suis tellement énervée que j'ai fait mes valises et que je suis rentrée en Italie. Sans lui dire au revoir. Je l'avais vraiment mal pris. C'était pour moi un acte de violence, une mutilation de ma créature. Mais trois jours après, alors que je me trouvais dans le studio que nous avions gardé à Florence, à Poggio Imperiale, voilà Alekos : avec une mine toute contrite et une petite feuille à la main. “Je suis venu proposer un compromis, dit-il. Signer l’armistice.” Alors il m’a tendu la petite feuille, et sur la petite feuille j’ai pu lire : “Je meurs peut-être aussi.” Qu’aurais-je dû faire, hein ? »

Ce livre cher à Oriana est un roman, mais en même temps un témoignage précieux sur l’un des chapitres les plus privés de son existence : les enfants qu’elle n’a pas eus. « Ce fut toujours très douloureux pour moi de perdre mes enfants pas nés. Car l’on meurt deux fois, si l’on meurt sans laisser d’enfants. » D’après les témoignages de ses proches et de ses amis, et à partir de ses propres récits, nous pouvons affirmer qu’elle est tombée enceinte au moins deux fois, et qu’elle a chaque fois perdu l’enfant : « C’était un choix du destin. Je n’ai jamais avorté. Je les ai toujours perdus. Je me suis peut-être décidée trop tard à les avoir. Ou bien n’ai-je pas assez pris soin de moi. En fait, je n’ai pas du tout pris soin de moi. Je n’en ai jamais eu le temps, en vérité. Ce n’est pas bon de prendre autant d’avions et d’avoir autant d’émotions, ou de peurs, et de se soumettre à autant d’épreuves quand on est enceinte. On perd les enfants. Pour moi, le problème de l’avortement ne s’est jamais posé. Ni celui de la pilule. Mon problème a toujours été celui de la pilule pour les faire, les enfants. Et la seule pilule pour les faire était une tranquillité que je n’ai jamais eue. » Oriana ne s’attardera jamais plus longuement sur cet aspect de sa vie, se refusant à entrer dans les détails de ce qu’elle considère comme très privé. On ne peut que reconstruire certains faits avérés.

Elle perd son premier enfant en 1958, à Paris, pendant sa relation avec Alfredo. C'est un traumatisme terrible, lié à un amour malheureux, et un épisode dont elle ne parlera presque jamais. Ce grand chagrin secret, elle n'a pu le partager avec personne : moment de solitude absolue où elle s'est sentie rejetée, en même temps qu'un minuscule fœtus sans nom, par un homme qui ne l'aimait pas.

Elle perd son deuxième enfant en décembre 1965. Nous ne savons pas qui est le père. Très probablement un Américain, sûrement une célébrité. Et un homme marié, qui verrait sa carrière et son mariage balayés par le scandale : peut-être un des astronautes de la Nasa. En tout cas, Oriana décide de ne rien lui dire et d'affronter seule sa grossesse. Elle en parle à sa famille. Tout le monde est de son côté, même ses parents, convaincus que ce qu'elle décide est toujours le meilleur parti. L'une de ses sœurs lui envoie un paquet contenant une paire de minuscules chaussures blanches : « C'est si beau qu'elle les ait envoyées sans rien ajouter d'autre. Quand j'étais petite, j'étais une enfant pauvre et les chaussures avaient une grande importance. Car elles coûtaient cher. Alors, maman m'en achetait toujours d'une pointure supérieure à la mienne, elle disait que, comme ça, elles dureraient plus longtemps. Voilà pourquoi j'ai passé mon enfance avec les pieds toujours plus grands que la normale. Une fois, pour mon anniversaire, maman a voulu m'en acheter une paire parfaitement à ma taille. Elles étaient blanches, légères. Mais mon grand-père les a ferrées et elles sont devenues très lourdes. »

Elle a décidé d'élever son enfant toute seule, encore une fois à contre-courant, et elle est fière de sa décision. Voilà pourquoi la fausse couche imprévue qui survient au cinquième mois de sa grossesse est un grand chagrin.

Peut-être à cause de ce qui s'était passé des années plus tôt à Paris, cet enfant était important, une surprise après tant d'années où elle avait pensé ne pas pouvoir enfanter. En un sens, une réparation. Comme dans le roman, c'est le rythme frénétique de son travail qui cause la fausse couche. Dans une lettre, elle décrit ainsi sa vie à cette période : « Je voudrais écrire davantage, mais je suis noyée dans le travail, les soucis, les voyages. Je t'écrirai donc dans un moment plus calme : peut-être de Californie ou du Texas, ou bien de Floride ou de Mexico, les nombreuses étapes qui m'attendent et que j'attends. Là, les journées ont une durée plus européenne. Et je te verrai, je l'espère, à Noël, quand je viendrai reposer mes quarante-huit kilos, qui sont devenus quarante-sept et deviendront bientôt quarante-six, quarante-cinq, quarante-quatre, puis zéro, à Casole. »

Après sa fausse couche, elle est très malade, physiquement et psychologiquement. À un ami qui lui offre de l'argent pour qu'elle prenne des vacances, elle répond : « Je ne veux pas rester un mois sans rien faire. Avoir des soucis et de la fatigue est parfois la seule chose qui m'empêche de trop penser et de devenir folle. J'ai eu un gros choc, à Noël. Je ne m'en suis pas encore remise, et je me demande si je m'en remettrai jamais. Je te l'ai dit, j'avais tellement attendu cet enfant, avec angoisse, avec désespoir, et le perdre comme ça. » On est en juillet, plus de six mois ont passé, mais Oriana ne parvient pas à récupérer. Dans sa lettre apparaît un doute récurrent qui sera plus tard transfiguré, devenant le centre d'où fleurira son roman : « Le monde entier me semble si hostile, je ne le comprends pas, ce monde. Parfois, je me sens comme quand on prend un tramway et que l'on descend au mauvais arrêt. On regarde alors autour de soi et on ne reconnaît pas les lieux. On ne sait que faire, le tramway est déjà reparti, nous laissant là avec notre erreur, notre solitude embarrassée… Le tramway n'aurait peut-être pas dû me déposer dans ce monde. Je suis peut-être descendue au mauvais arrêt. Je n'aurais peut-être pas dû naître. Mon enfant a peut-être choisi la bonne solution, et s'est épargné de nombreuses peines. Le néant est peut-être la meilleure solution. »

Ce deuxième enfant qu'elle perd fait émerger les contradictions qui accompagnent depuis toujours son désir de maternité. Oriana souffre parce qu'elle n'a pas d'enfants, mais en même temps, elle n'est pas certaine d'être prête à s'en occuper. Elle raconte à une amie le difficile adieu à un petit chien adoré qu'elle a dû laisser à sa mère en 1969, car elle ne pouvait pas l'emmener avec elle autour du monde : « Il y a eu beaucoup de larmes à l'aéroport. Nous nous sommes embrassés, nous avons pleuré, nous nous sommes fait des promesses. Mais dès que l'avion a décollé, je me suis sentie si libre, si légère. Et toutes les semaines qui ont suivi j'étais si libre, si légère, qu'il n'a pas été difficile de mettre fin à la comédie et de comprendre que la dernière chose pour laquelle j'étais faite, c'était de vivre avec quelqu'un : homme, enfant ou chien. J'ai compris, à ma grande honte, que ma soif de maternité est hautement théorique. »

Pour elle, un enfant est surtout un symbole, une affirmation de la volonté. Il est la vie, c'est-à-dire la forme suprême de résistance à ce scandale auquel elle ne s'habituera jamais : la mort. Voilà pourquoi son désir de maternité se ranime à Saigon : « Lorsque j'étais au Vietnam et que j'ai vu tous ces cadavres à Dak To, mon désir de tomber enceinte a redoublé », raconte-t-elle dans une interview. « Je sais, et tu peux l'écrire, ce que veut dire être enceinte. Mais pas pour très longtemps. Je les perds tout de suite, mes enfants. C'est une sensation que les hommes ne peuvent pas comprendre. Tu es si consciente de cette autre vie qui grandit en toi. Tu te sens tellement importante. » Au Vietnam, elle envisage d'adopter un enfant, elle visite un orphelinat, partagée entre des sentiments contradictoires. D'un côté, elle sent qu'avec un enfant, elle sera une femme accomplie : « Je n'aurai pas besoin de me faire tirer dessus pour me sentir plus vivante. » De l'autre, cette pensée la terrorise. Elle traverse des chambres pleines d'enfants. La tête lui tourne. Elle se sent observée par trop d'yeux sombres qui semblent contenir toute la douleur du monde. Elle finit par dire à son accompagnatrice : « Allons-nous-en, je vous en prie. »

Au cours de sa relation avec François, elle se croit plusieurs fois enceinte. À chaque fois, elle éprouve une grande joie puis une grande désillusion. Elle écrit dans un poème : « J'ai cru t'avoir perpétué / dans un enfant. / Et j'ai marché seule sur la plage / avec mon illusion, en essayant des prénoms. » Des années plus tard, elle transfigure ces sensations – plénitude qui comble, puis douleur qui vide – dans une scène de son roman *Un Uomo, Un Homme.* Elle raconte la lutte de la femme et d'Alekos devant la porte fermée. Lui qui veut sortir et affronter ses ennemis, elle qui veut l'en empêcher ; un coup de pied l'atteint au ventre par erreur : « Une douleur terrible. La clé est dans tes mains. Ma voix brise le silence pour dire ce que tu ignores . l'enfant. » Nous ne savons pas ce qu'il y a de vrai dans cette scène. À l'époque de sa relation avec Alekos, Oriana a plus de quarante ans. Il reste sûrement le regret, qui deviendra de plus en plus brûlant au fil des ans : « J'aurais voulu un enfant, je me suis soignée pour en avoir, et toutes les fois que j'ai essayé, je l'ai perdu. »

Elle écrit *Lettre à un enfant jamais né* d'un seul jet, aussitôt après avoir perdu son deuxième enfant, en 1966. Puis elle enferme le texte dans un tiroir pendant presque dix ans, épouvantée par cette première version, viscérale et très douloureuse. Lorsque le directeur de *L'Europeo* lui demande en 1974 de préparer un article sur l'avortement, elle s'accorde un peu de temps pour écrire un roman. Elle reste enfermée chez elle pendant quatre mois, puis sort de son isolement une fois son livre terminé. Elle a peaufiné la première version, retiré les éléments trop personnels pour en faire un livre universel : « Du hurlement d'alors, il ne reste que peu de choses : le début, la fin, l'épisode de la Lune qui se défait entre mes mains. Et si, dans le hurlement d'hier, l'héroïne, c'était moi, dans le raisonnement d'aujourd'hui, elle ne l'est plus. C'est, tout au plus, une femme qui me ressemble. »

Dans ses archives, la première version a survécu, écrite sous forme de journal et plus proche des événements autobiographiques. Les dates coïncident parfaitement. Oriana découvre qu'elle est enceinte durant l'été 1965, à New York. Fin septembre, le médecin lui impose de prendre du repos. Ce qu'elle ne se résout pas à accepter : « J'ai expliqué au docteur que je ne peux pas m'accorder le luxe de rester ici sans rien faire, ni celui d'annoncer que je suis enceinte. » Du père de l'enfant, elle ne dit presque rien. On en déduit que c'est un homme qu'elle ne voit plus que rarement, sans la passion des premiers temps. Elle a dû tomber enceinte au cours de l'une de ces situations paradoxales où elle ne sait comment éconduire un ex-amant sans le blesser. « Il est malséant de dire non à un homme qui a eu de l'importance pour vous », écrit-elle. Quand elle s'aperçoit qu'elle est enceinte, elle ne lui dit rien. De toute façon, il est convaincu comme tout le monde qu'Oriana ne peut pas avoir d'enfants. Elle cultive cette grossesse en secret, tel un miracle. Au centre de ce premier texte, une phrase est la source secrète d'où jaillira son roman, des années plus tard : « Si tu mourais, j'en mourrais. J'en mourrais même en restant vivante, car je redeviendrais celle que j'étais. Un arbre sec, sans avenir. Une vaine attente du néant. »

Le roman est publié en 1975, alors que l'Italie est divisée au sujet de la loi sur l'avortement, qui sera approuvée trois ans plus tard. Oriana a une position claire sur la question. Elle est toujours du côté de la vie, de façon presque sauvage. « Supposons que lorsque j'étais un embryon de quelques millimètres, on m'ait dit : "Écoute, Oriana, si tu nais, tu seras un enfant affamé qui mourra à six ans dans un four de Mauthausen. Veux-tu naître quand même ?" J'aurais répondu : "Oui. Ces six ans-là au moins, je les aurai vécus, je suis curieuse de voir le soleil, la verdure, le bleu du ciel, de sentir la vie. » Mais elle pense que les femmes sont les seules à pouvoir décider, et elle est donc tout aussi fermement favorable à une loi qui légalise l'avortement : « Je suis même prête à aller en prison pour défendre pour tous la liberté de l'avortement dans les cas nécessaires. »

En réalité, les débats sur l'avortement ne l'intéressent guère. Certes, ils aideront les ventes de son livre, mais non pas sa compréhension. Dans une lettre, elle décrit les polémiques qui entourent son roman dès le premier jour : « Les femmes s'indignent d'un côté, les hommes se mettent en colère de l'autre, les pro me maudissent car ils en concluent que je suis contre l'avortement, les anti m'insultent car ils en concluent que je suis pour l'avortement. Et personne ou presque ne se rend compte de ce que veut vraiment dire le livre. Dans ces querelles, ni les uns ni les autres n'ont raison, ou bien ils ont tous raison. » Elle répète que son roman n'est pas un livre sur l'avortement, mais sur le doute. Et sur la douleur : « C'est un ami, Giorgio Amendola, qui me l'a fait comprendre. Il a perdu, il y a longtemps, une fille de trente-sept ans, et c'était comme s'il avait perdu un enfant qui devait naître ou venait de naître. Il m'a vraiment dit cela, que c'est un livre sur la douleur. J'en ai eu le souffle coupé : je ne pensais pas avoir écrit un livre sur la douleur. Puis j'ai repensé au jour où j'avais commencé à l'écrire, il y a des années, en pleurant. »

18

Le désert d'Arabie

Pendant une brève période, en mars 1976, Oriana a l'illusion qu'Alekos n'est plus obsédé par sa recherche des archives de la police militaire grecque. Il accepte même d'écrire un livre sur son emprisonnement, comme elle l'y pousse depuis longtemps. Il revient dans leur maison de Florence et se met au travail. Tous les matins, il aligne feuilles, stylos, pipe et briquet sur son bureau, et s'attelle à sa tâche. Il commence par la scène de l'attentat, où il se décrit en train d'essayer de détortiller le fil de la mèche qui s'est emmêlé et doit être raccourci : détail qui fera échouer l'attentat et le perdra pour toujours. Mais, arrivé à son arrestation et aux premiers sévices, très violents, il s'arrête, incapable de continuer. Oriana essaie à tout prix de l'aider, et prépare soigneusement la trame du roman. Pourtant, il finit par renoncer et repart en Grèce. Avant de partir, il lui dit : « Tu l'écriras, toi. »

Durant les derniers mois de la vie d'Alekos, ils ne se voient presque jamais. Il vit à Athènes, elle à New York. Loin d'Alekos, elle peut garder de lui une image idéale, fruit de ses souvenirs ou de son imagination. Au cours des années suivantes, elle transfigurera cette situation, en racontant dans les interviews que vivre éloignés était le choix de deux êtres pareillement obsédés par la liberté : « Quand Alekos est rentré en Grèce, nous vivions à des adresses différentes. Et tout est devenu plus beau, car tout était beaucoup plus libre. » En réalité, leur relation s'est détériorée, même s'ils sont encore très liés. Ils ne restent jamais longtemps sans se téléphoner. La mort interrompt cette situation, en les unissant pour toujours.

Alekos est tué dans un accident de voiture dans la nuit du vendredi 30 avril au samedi 1er mai 1976. Le lundi suivant, il aurait dû apporter au Parlement les documents secrets enfin découverts. Officiellement, c'est un accident, mais Oriana ne doute pas qu'il s'agit d'un meurtre perpétré par des sbires qui l'ont suivi à bord de deux voitures. Bien qu'elle ait financé personnellement les expertises techniques, elle ne parviendra pas à obtenir d'éclaircissements sur le déroulement de l'accident. Tout s'est passé la nuit, sans témoins. Une chose est sûre : la voiture d'Alekos s'est écrasée contre un mur, au bout de la rampe descendante d'un garage. C'est Oriana qui la lui avait offerte quelques mois plus tôt, à Noël. Une voiture d'une insolite couleur vert pomme, presque espiègle. Alekos l'avait appelée Primavera, le Printemps.

« Deux personnes dans ma vie étaient plus importantes que ma vie même : mon homme, et ma mère. Et tous les deux sont morts, l'un après l'autre, en huit mois. À présent que cette double chaîne est rompue, je ne sais que faire de ma liberté. Je suis comme le désert d'Arabie. » En mai 1976, Oriana perd Alekos, et en janvier 1977, Tosca. C'est une terrible période de sa vie, celle où elle fait l'expérience de la disparition des personnes aimées. Si la mort d'Alekos survient brutalement, alors que les dangers liés à la dictature semblaient s'être éloignés, celle de sa mère, en revanche, est attendue pendant des mois, en un lent déclin. « La mort qui goutte comme un tuyau percé : plic, ploc, plic, ploc… Elle goutte et n'arrive jamais. Mais tu sais qu'elle doit arriver et tu ne le veux pas, même si, lorsqu'elle arrivera, ce sera une libération… Voir cette créature qui t'aime, que tu aimes, souffrir, te crucifie comme le Christ… Un tube d'oxygène dans chaque narine pour respirer… et les cordes vocales qui ne fonctionnent plus alors que ces yeux te regardent, essayant de dire ce que la bouche ne dit pas… Alors tu alignes les mots et tu demandes : C'est ça ? C'est ça ? C'est ça ? Et la tête remue doucement, pour dire non, non, non. »

Après la disparition d'Alekos, Tosca, déjà affaiblie par une tumeur, s'est alitée pour ne plus se relever. Quand elle comprend la gravité de son état, Oriana s'enferme à Casole avec elle, afin de rester à ses côtés. « Je tournais dans la maison comme une touriste, à travers les trente pièces, et le silence des lieux me faisait penser à la mort, au mystère, à l'espace, au temps. Je m'observais avec un regard ironique, comme un personnage très romantique, dans une veine qu'aurait pu créer Emily Brontë, et je me disais : “Telle sera ma vieillesse, une vieillesse très solitaire.” »

Elle finit par réagir comme elle l'a toujours fait : en écrivant. Elle s'attelle au projet de roman qu'Alekos a abandonné avant de repartir en Grèce. Bien que la maison soit composée de dizaines de pièces et de grandes fenêtres lumineuses, elle choisit pour travailler un étroit couloir entre sa chambre et une salle de bains. Unique source de lumière, une étroite fenêtre donnant sur un petit champ. « Un matin, je me suis arrêtée pour suivre une pensée.

Soudain, j'ai vu le mur blanc devant mes yeux. J'ai regardé autour de moi : "Mais pourquoi me suis-je enfermée dans ce couloir miniature, sans air ni lumière ?" C'est alors que j'ai compris que mon subconscient avait essayé de m'enfermer dans une cellule. Ce couloir, dans le trou le plus petit de la maison, était ce qui ressemblait le plus, dans les proportions, dans la sensation d'étouffement, de solitude, de punition, à la cellule de Bogiati. »

Elle ressent le besoin d'écrire un roman sur Alekos, comme si elle voulait lui offrir un sépulcre de mots. La tombe que sa famille a érigée à Athènes lui a semblé depuis le début un horrible parc d'attractions, débordant de santons et de lumignons. Elle proteste en vain, arguant qu'Alekos ne l'aurait pas voulue ainsi, et propose de s'en occuper en commandant du marbre blanc de Carrare. La mère et le frère d'Alekos lui répondent qu'ils préfèrent qu'elle se contente de la financer et les laisse décider du reste.

Les jours suivant les funérailles, leurs relations se détériorent rapidement. La famille lui demande de rendre l'argent qu'Alekos avait recueilli à l'étranger et gardait en Italie, sur le compte d'Oriana. Elle répond qu'Alekos comptait le donner aux Résistances espagnole et chilienne. Un million de lires aux Espagnols et un million aux Chiliens. Tout était prévu pour le 5 mai, à Rome, il avait déjà son billet d'avion, explique-t-elle. Elle s'obstine à faire respecter sa volonté. Elle donnera à la famille les reçus des deux versements, et évidemment l'argent restant. L'idée qu'ils puissent penser qu'elle retient des biens qui ne lui appartiennent pas est pour elle une offense mortelle. Elle écrit une lettre très dure, pour répondre qu'elle n'a pas besoin de l'argent d'Alekos, qu'elle est habituée à en donner, jamais à en prendre. Dès lors, tous les contacts entre elle et la famille Panagoulis sont rompus.

Une fois le roman commencé, le travail d'écriture l'absorbe complètement. Elle ne se lève de son bureau que pour dormir quelques heures ou pour aller dans la chambre où Tosca attend la mort. Les derniers jours, lorsque l'état de sa mère semble désespéré, Oriana n'ose pas quitter la chambre, ne serait-ce que pour dormir. Bien des années plus tard, dans une lettre à un ami, elle racontera les dernières heures passées avec sa mère : « Bien que je sois allée vivre dans la maison de campagne pour être proche d'elle, bien que je me sois “faite à l'idée”, j'en ai souffert de manière lancinante. Mon seul réconfort était d'avoir réussi, la veille au soir, à lui trouver un prêtre… “Prêtre”, avait marmonné ma mère avec des yeux implorants, vers minuit. Alors, j'avais aussitôt couru dehors sans même enfiler un manteau. C'était l'hiver et il neigeait. Dans la nuit, j'avais rejoint l'église du village et appelé un certain don Gori, qui refusait de venir. “Demain, demain, maintenant il est trop tard et il fait froid.” Le bousculant, l'insultant, le menaçant, “si vous ne me suivez pas séance tenante, je vous tue”, je l'avais obligé à venir avec son étole violette et le reste. En le voyant entrer, les yeux implorants de ma mère s'étaient illuminés d'une joie insensée. Sublime et insensée. Elle le détestait avant tout car, pour célébrer la messe dans la chapelle de notre jardin, il exigeait à chaque fois vingt mille lires. En plus, durant la messe, il donnait des coups de pied à York, son Yorkshire, qui se couchait au pied de l'autel. Mais absoute par cet homme-là des péchés qu'elle n'avait jamais commis, elle s'est assoupie avec un sourire heureux. »

« La mort de la mère n'est pas comparable à la mort de l'homme que tu aimais. C'est une anticipation de ta propre mort. Parce que c'est la mort de la créature qui t'a conçue, portée dans son ventre. » Face à la disparition de Tosca, Oriana ressent encore plus cruellement le scandale de la mort. Éduquée dans la guerre, repartie au front comme correspondante, elle la voit depuis des années et la raconte dans ses articles et dans ses livres, sans l'avoir toutefois jamais acceptée. La mort est un problème qui l'obsède depuis toujours, et cette année terrible est le moment où Oriana la regarde dans les yeux longuement, pour finir par en être transformée. Son visage se marque de rides et d'ombres irréversibles, comme si elle avait vieilli brusquement.

« Ç'a été traumatisant. Quelque chose s'est passé dans mon âme. Si tu me demandes : "Quel est le mot auquel tu penses le plus, jour et nuit ?", je te répondrai : "La mort. Toujours", racontera-t-elle des années plus tard à un collègue américain. Il existe une série télévisée en Amérique, intitulée *The Bionic Woman*, « La Femme bionique », et c'est l'histoire d'une femme pilote qui tombe de son avion. Elle se fracasse intégralement. Il ne reste rien d'elle, hormis son cerveau. On la récupère et on l'emmène en salle d'opération pour la recoudre. Avec des morceaux de métal et de plastique, on lui refait des yeux électroniques et une pompe à la place du cœur : de son corps d'origine, il ne reste que son cerveau. Eh bien, je ne voudrais pas offrir de prétextes aux imbéciles pour dire que j'ai une pompe à la place du cœur et du plastique à la place de la chair. Mais une chose est sûre : de ce que j'étais avant de tomber du ciel, il ne reste presque rien. »

L'année 1977 change sa vie. Elle démissionne de *L'Europeo*, aidée dans sa décision par le licenciement de Tommaso Giglio, directeur auquel elle est très liée. Depuis un bon moment, elle est fatiguée de son activité de journaliste et rêve de se consacrer à ses livres. « Je me suis regardée dans la glace et me suis rappelé que j'avais plus de quarante ans. Alors je me suis dit : qu'est-ce que je fais ? Je continue de me donner tout entière au journalisme, c'est-à-dire à un métier que j'ai appris à aimer mais que j'ai accepté par nécessité et compromis ? »

Si elle a d'abord été un personnage public, elle devient une femme très secrète, obsédée par le désir de silence. Elle débranche son téléphone, refuse les interviews sur les thèmes d'actualité et décline les invitations à parler en public. Pendant trois ans, elle reste enfermée dans son refuge de Casole, pour travailler à son roman sur Alekos, célébration d'un homme tué par le pouvoir, et qui, en réalité, naît sous le signe de deux pertes – celle de la mère et celle de ce compagnon : « C'étaient les deux êtres que j'aimais le plus. Je les aimais tant que partager mon amour entre eux me coûtait énormément : je veux dire que le temps que je passais avec l'un me semblait volé à celui que j'aurais dû passer avec l'autre et… L'un des escaliers entre le rez-de-chaussée et le premier étage, dans ma maison de campagne, relie l'appartement où vivait ma mère et l'appartement où nous vivions, Alekos et moi. Eh bien, lorsque j'étais là avec eux deux, je ne faisais que monter et descendre ces escaliers. Monter et descendre. » Inaugurant une méthode qui restera la même pour tous ses livres, elle se retire du monde pour écrire, et nimbe son travail du mystère le plus complet. Interdiction absolue aux parents et amis de parler du livre auquel elle se consacre. À ceux qui veulent la rencontrer, ses proches sont chargés de répondre : « Elle travaille. »

« Je l'ai écrit trois fois. Non, quatre. Cinq en comptant les corrections d'épreuves. Les typographes ont fini par me haïr, et même les éditeurs. "Elle n'a pas encore donné le bon à tirer ! Elle ne donne pas le bon à tirer ! Elle en fait n'importe quoi ! Elle est folle, folle !" Ils croyaient que j'étais devenue folle. Et en un sens, ils avaient raison, car je n'arrivais pas à m'arracher à ces épreuves, à les laisser en paix, je trouvais toujours quelque chose à corriger, à changer, à couper ou à ajouter. » Le roman *Un homme* l'éprouve terriblement. « Pour raconter, il fallait que je souffre moi aussi, dira-t-elle. Et, comme si je portais dans mon corps l'âme de cet homme mort, en réécoutant sa voix, pendant deux ans et demi je n'ai pas vécu : je n'ai plus parlé qu'à quelques proches, et me suis isolée du monde. »

Le livre s'ouvre sur la description des funérailles d'Alekos, une grande scène de foule. Puis Oriana raconte l'attentat manqué et l'arrestation. Elle décrit les tortures et la prison, avec un grand réalisme, puis l'histoire d'amour entre eux deux, qui illumine la deuxième partie du roman, jusqu'à la dramatique scène finale de la mort d'Alekos. Dans le livre, tout est décrit en détail, comme si elle avait vécu à la place d'Alekos. Mécontente des chapitres sur la prison, elle est exceptionnellement sortie de son isolement pour aller visiter la cellule d'Alekos à Bogiati, en Grèce : « Je demandai à mon escorte d'être enfermée dans la cellule : "Je veux rester là-dedans, toute seule, le plus longtemps possible." Ils refermèrent la porte et s'éloignèrent. Je m'assis sur ce qui restait du lit de camp. C'était l'été, et pourtant il faisait sombre. La lumière filtrait à travers les barreaux du petit portail qui donnait sur l'entrée, et ce léger reflet de lumière de l'entrée coulait par le grillage du plafond. Tu imagines ce que ça devait être, de vivre là-dedans en hiver ? J'avais apporté un mètre… Je mesurai soigneusement chaque mur : trente centimètres ici, quarante centimètres là, un mètre quatre-vingts de ce côté… et c'est tout. Je dessinai le plan de la cellule. Terminé. Je me rassis pour réfléchir. Impossible ! Un sentiment d'oppression montait en moi, une peur ridicule : et s'ils m'avaient oubliée là-dedans ? Il me semblait qu'un temps interminable s'était écoulé (alors que vingt minutes seulement avaient passé, comme je le découvris par la suite), lorsque je m'agrippai aux barreaux : "Ça suffit ! J'ai compris, ça suffit !" Alekos y avait vécu pendant des années. »

Le livre est publié en juillet 1979 et il rencontre immédiatement un énorme succès, en Italie et à l'étranger. Selon la formule classique des livres d'Oriana, c'est un roman, mais basé sur des faits réels. Ce livre inclassable est à la fois une élégie à son compagnon disparu et un roman-vérité. « Il n'est pas possible de donner une définition précise d'*Un homme*. Car c'est un livre plein de livres », dit-elle. Elle tient à souligner qu'*Un homme* peut être lu comme le récit du héros solitaire en lutte contre le pouvoir : « Le récit suit vraiment la structure classique du conte, qui est toujours la même, que ce soit dans le mythe grec ou dans les légendes populaires de tous les temps. Initiation, période des grandes épreuves, retour au lieu natal, défi final, mort ou apothéose. » Même si elle souligne que chaque fait est vrai, elle revendique sa nature de roman. Elle soutient que seul le roman lui permet de donner une vérité plus vaste, et donc plus universelle, à ce qu'elle raconte.

Le résultat est un livre-fleuve de six cents pages, dramatique, violent, excessif. À travers ce roman, Oriana décrit une saison brève mais très intense de sa vie, à la fois règlement de comptes avec son obsession pour le courage, et difficile histoire d'amour avec un homme trop différent d'elle. « Je me suis maltraitée car je voulais bien le traiter, lui, Alekos. Car je n'ai pas toujours aimé la façon dont je me suis comportée avec lui. Je n'ai pas toujours essayé de le comprendre, d'aller à sa rencontre. Quand il est mort, tout s'est transformé en sentiment de culpabilité. »

Le livre a pour dédicace, en grec et en italien : « *Ghia sena.* Pour toi. » C'est le titre d'un poème que lui a écrit Alekos : « Des pensées d'amour oubliées / ressurgissent / et me ramènent à la vie. » Avec ce roman, Oriana lie pour toujours son nom à celui d'Alekos, par-delà la mort : « Les journalistes me demandent si je tomberai encore amoureuse. Je réponds : Vous plaisantez ? Je n'arrive même pas à imaginer une chose pareille. Je pense que les gens me considèrent comme ces veuves indiennes qui sont brûlées avec le cadavre de leur mari. »

À présent que le roman est terminé, elle peut raconter – et parfois réinventer – *son* Alekos. Dans les interviews, elle explique avoir vécu avec lui une extraordinaire histoire d'amour : « À un moment de ma vie, il est arrivé un miracle : j'ai rencontré Alexandros Panagoulis et je l'ai aimé, et j'ai été aimée de lui. Je dis miracle, car ce n'était pas un amour quelconque : c'était un très grand amour. » Elle peut l'aimer bien plus, maintenant qu'il est mort. Maintenant qu'elle l'a rendu pour toujours à sa légende, il peut devenir l'homme de sa vie.

19

Le retour

La publication d'*Un homme* en Italie, en 1979, oblige Oriana à quitter Casole pour assurer la promotion du livre en Italie et à l'étranger. Après trois ans d'isolement total, elle est de retour, se remet à voyager, à lire les journaux, à regarder la télévision. De temps à autre – lorsque le sujet la touche particulièrement –, elle décide même de faire une interview, qu'elle publie dans l'un des grands journaux américains, comme le *Washington Post* et le *New York Times*, ou dans le principal quotidien italien, *Il Corriere della Sera*.

C'est le cas pour Khomeini, de qui elle obtient une rencontre en Iran. Il n'est pas aisé pour un journaliste occidental d'interviewer le leader de la révolution islamique qui a renversé le Chah, et encore moins pour une femme. Comme par le passé, c'est sa célébrité qui lui ouvre la voie. Oriana est une véritable star en Iran : « En 1973, j'avais interviewé le Chah et écrit que c'était un fils de chien. Alors, Khomeini m'accorda une interview en pensant que j'écrirais grand bien de lui. En réalité, moi aussi je croyais que Khomeini m'aurait plu davantage que le

Chah, mais il m'a suffi de le rencontrer pour comprendre qu'il ne me plaisait pas du tout, que c'était également un tyran et que sa tyrannie avait remplacé celle du Chah. Alors j'écrivis de lui ce que j'avais écrit sur le Chah. »

Pour le rencontrer, elle accepte de porter le tchador, comme on le lui a demandé. Mais lorsque Khomeini, agacé par ses questions sur la condition des femmes en Iran, lui répond de manière sarcastique – « Si la robe islamique ne vous plaît pas, vous n'êtes pas obligée de la porter. Le tchador est fait pour les femmes jeunes et honnêtes » –, Oriana réagit en arrachant son voile dans un geste de colère. C'est l'indignation. Khomeini, qui n'accepte pas de se trouver en présence d'une femme à la tête découverte, quitte la pièce. Oriana refuse de s'en aller, protestant qu'elle n'a eu droit qu'à la moitié de l'interview. Elle reste assise pendant des heures, jusqu'à ce que le fils de Khomeini jure sur le Coran qu'elle sera reçue de nouveau le lendemain. Oriana raconte : « Le lendemain, Khomeini est arrivé. Je l'ai regardé droit dans les yeux et lui ai dit : "Maintenant, imam, reprenons là où nous nous sommes interrompus hier. Vous me disiez que je suis une femme indécente..." Alors, Khomeini a fait une chose très intéressante. Lui qui ne regarde jamais les gens en face, mais a toujours les yeux rivés à terre, il m'a regardée en face avec un sourire amusé ! Il était drôle, parce qu'il ne pouvait pas rire. » Ses amis se souviennent qu'Oriana faisait une imitation très réussie du vieil imam, surtout de son demi-sourire.

L'interview est traduite dans le monde entier et montre qu'Oriana n'a pas perdu son mordant de toujours. Comme d'habitude, elle cherche la confrontation en posant des questions polémiques. Elle demande à Khomeini pourquoi il persécute les rebelles qui ont chassé le Chah et veut faire replonger son pays dans le Moyen Âge. Mais le vieil imam ne saisit pas les provocations. Il répond imperturbablement, ne s'échauffe jamais, évite la confrontation. Lorsqu'une question est particulièrement effrontée, il se contente de soupirer et de murmurer que cette journaliste étrangère le fatigue. Oriana repart frustrée, mais ne cache pas qu'elle a été touchée par le charisme du personnage : « C'est peut-être banal à dire, mais Khomeini est tout simplement un fanatique. Selon moi, un fanatique est nécessairement une personne dénuée d'intelligence, mais je dois admettre qu'il est l'exception qui confirme la règle. J'avais pensé trouver un idiot, mais j'ai rencontré un homme sagace. »

Un mois plus tard, le 4 novembre 1979, une foule de rebelles attaque l'ambassade américaine de Téhéran, prenant en otage tous ceux qui se trouvent à l'intérieur. C'est le début d'une crise diplomatique dramatique. Cinquante-deux otages restent prisonniers pendant plus d'un an. Au-dessus de leurs têtes se joue une guerre de pouvoir interne à la Révolution iranienne, entre modérés et radicaux, et un bras de fer avec le gouvernement américain, qui refuse de livrer le Chah, hospitalisé aux États-Unis et qui y mourra peu de temps après.

Oriana décide d'aller en Iran. Elle part comme envoyée du *New York Times* et obtient un visa en mars 1980. Elle demande à pénétrer dans l'ambassade, afin d'interviewer otages et rebelles. Mais sa requête est refusée. Le souvenir de son geste de défi devant Khomeini est encore très vif dans le pays. Devant l'ambassade, la foule hostile l'encercle, la bouscule. Oriana doit faire marche arrière et retourner précipitamment à l'aéroport.

En 1979 toujours, elle va interviewer Kadhafi, qui a pris le contrôle de la Libye dix ans plus tôt par un coup d'État. Le dictateur a parié qu'à la différence de Khomeini, il arrachera à Oriana une interview positive. « Il adore les défis », lui explique le fonctionnaire du gouvernement qui l'accompagne chez le dictateur. « Et puis il plaît à tout le monde, hommes et femmes, mais surtout aux femmes. Beaucoup, en l'interviewant, tombent amoureuses de lui. »

Oriana le rencontre deux fois, le premier jour dans son quartier général, le second, sous une tente dans le désert. Pour se préparer, elle a lu son *Livre vert*, arrivant rapidement à cette conclusion : « Le petit livre montrait simplement que le colonel était bête. Cela, je l'avais bien compris. » Selon son habitude, elle arrive à cette rencontre avec une liste de questions polémiques – sur le financement des Brigades rouges, sur l'alliance avec Fiat, sur l'hospitalité accordée à Idi Amin Dada, dictateur d'Ouganda – mais Kadhafi lui échappe, et emmêle toutes ses réponses : le Vietnam et le colonialisme italien, la question palestinienne et les bombes à neutrons. « Mon Dieu. C'était comme flotter à la dérive sur un fleuve, sans savoir où il nous mène », écrit Oriana dans une interview digne du théâtre de l'absurde, où elle renonce à suivre le fil des pensées de Kadhafi et choisit en revanche de montrer à ses lecteurs tout le comique du tyran.

En réalité, cette rencontre la bouleverse plus qu'elle ne veut le montrer au public. Des années plus tard, elle dira : « Cette interview fut vraiment effrayante. Kadhafi est cliniquement atteint, c'est un malade mental, un fou idiot. Si j'avais été courageuse comme Alekos, j'aurais tué Kadhafi en allant l'interviewer. J'aurais dû avoir le courage de mourir en le tuant, mais je ne l'ai pas fait. »

La Chine est l'autre pays où, à peine sortie de son isolement, elle demande à se rendre. Grâce au président italien Sandro Pertini, elle est autorisée à participer à un voyage officiel, en août 1980. Elle est remplie de curiosité. Elle veut tout voir, demande à jeter un œil dans la tombe de Mao, ce qui lui est évidemment refusé. Mais elle parvient à rencontrer le Premier ministre Deng Xiaoping. Une nouvelle interview en résulte, qui entrera dans l'histoire. Tiziano Terzani[1], qui se trouvait en Chine à l'époque, lui écrit : « Ici où, à chaque repas, dîner ou cocktail, on ne parle que de toi, il m'est arrivé de me faire ton avocat, et je t'assure que tu aimerais m'entendre. Cette interview est magnifique, c'est la première fois qu'un leader chinois est montré comme un être humain et non comme un perroquet qui répète les propos du *Quotidien du Peuple*. C'est le premier communiste chinois qui semble naturel et nous fait comprendre les problèmes rencontrés par un empereur dans cet Empire du Milieu. »

À son habitude, Oriana a su demander à Deng Xiaoping ce que voudrait lui demander le Chinois de la rue. Elle ouvre son interview en lui souhaitant un bon anniversaire, lequel tombera le lendemain : « "Mon anniversaire ? C'est mon anniversaire demain ?! – Oui, je l'ai lu dans votre biographie. – Hum… si vous le dites… Je ne me rappelle jamais la date de mon anniversaire et de toute façon, si c'est mon anniversaire, pas la peine de me le souhaiter. Cela veut dire que j'aurai soixante-seize ans. Soixante-seize ans, c'est un âge décadent. – C'est l'âge de mon père, monsieur Deng, et si je dis à mon père qu'il est à un âge décadent, il me gifle." »

1. Écrivain et journaliste italien. (*N.d.T.*)

Elle le trouve sympathique, spirituel, délicieusement sourd. Elle le taquine avec des questions impertinentes – au sujet du portrait de Staline sur la place Tienanmen, qu'il serait temps d'après elle de retirer, sur la Bande des Quatre, qui semblent avoir tous les torts alors que Mao est innocent –, lui demande combien de personnes sont mortes pendant la Révolution culturelle. Mais elle ne cache pas qu'au fond, cet homme qui sait rire de lui-même lui plaît. Elle sait qu'elle lui a plu aussi. « Honnêtement, ce qui m'a aidée, c'est non seulement d'être une femme, mais aussi une petite femme. Car Deng aussi est très petit : il est même plus petit que moi. »

Enfin, en février 1981, elle se rend en Pologne, car elle est curieuse de rencontrer Lech Walesa, l'ouvrier qui, à la tête du syndicat Solidarność, met en difficulté le régime communiste et l'Union soviétique elle-même. L'interview n'est pas aisée. Walesa n'a pas confiance en cette journaliste célèbre pour avoir vilipendé de nombreuses personnalités bien plus importantes que lui. Il répète qu'il est un homme ignorant qui n'a jamais lu un livre de sa vie. « Pourquoi me regardez-vous ainsi ? » proteste-t-il, agacé par le regard inquisiteur d'Oriana. « Je vous regarde parce que vous ressemblez à Staline », lui répond-elle, impassible. « Cette interview, comment l'écrivez-vous ? demande-t-il encore, très nerveux. Question-réponse, question-réponse, ou d'une traite avec des commentaires au milieu ? Parce que moi, les commentaires au milieu, je n'aime pas ça. Ce n'est pas honnête, c'est le lecteur qui doit les faire, les commentaires, et décider si la personne est crétine ou pas. » Quand elle le bouscule trop, il proteste : « Vous avez un style autoritaire, typiquement dictatorial, tout comme moi, ce qui pose un problème. Passons un accord : dorénavant, je serai gentil avec vous, et vous serez gentille avec moi. Sinon on va s'étriper, d'accord ? »

Oriana l'interviewe au cours de deux longues rencontres de trois heures chacune, et finit par écrire un portrait par moments très pittoresque, mais somme toute positif, du leader ouvrier. Des années plus tard, elle dira dans un journal italien : « Walesa ne m'avait pas plu. J'avais bien compris que c'était un ignorant vaniteux et prétentieux, un bigot imposé par l'Église catholique comme un producteur de cinéma impose un mauvais acteur. J'avais même flairé en lui un certain relent de fascisme. Il pouvait être de ceux qui, une fois au pouvoir, offrent un siège de sénateur à leur cheval ou à leur chauffeur. Mais après un long dilemme, “j'en parle ou je n'en parle pas”, j'ai décidé qu'en en parlant, je rendrais service aux communistes, et même à Moscou. Le problème, c'est que, dans son immédiateté, le journalisme ne donne pas le temps de penser profondément. »

En cette période de retour dans le monde, c'est surtout le Proche-Orient qui attire l'attention d'Oriana. En juin 1982, Israël envahit le Liban pour contraindre les Palestiniens à se retirer du pays. Elle décide de s'y rendre. Après bien des années, la voici de retour au front. Un collègue se souvient d'elle, assise sur un banc de l'aéroport militaire de Pise, attendant son vol pour Beyrouth. « Qu'est-ce que tu vas faire au Liban, un reportage ? » lui demande-t-il. Elle se pelotonne dans son blouson et hausse les épaules. « Regarder », répond-elle. Puis elle ferme les yeux et fait semblant de s'endormir pour éviter d'autres questions. En réalité, aucun journal ne l'envoie, comme cela est le cas depuis longtemps. C'est elle qui a décidé de partir. Un autre journaliste italien se souvient ainsi de son arrivée à l'hôtel Alexandre, à Beyrouth : « Une bombe venait d'exploser. Des éclats de verre partout, moi avec les cheveux roussis qui me blesse pour en enlever quelques-uns. Soudain, dans le chaos des personnes blessées et haletantes, Oriana surgit. Elle m'apostrophe avec un "Qu'est-ce qui se passe, putain ?", puis se met à protester parce qu'on lui a donné une chambre pleine de morceaux de verre, et m'annonce ensuite qu'elle veut interviewer le chef des forces libanaises, Bachir Gemayel. »

Dix ans auparavant, elle a réalisé le scoop des interviews dans les bases palestiniennes et un grand portrait de Golda Meir. Cette fois encore, elle veut que son œuvre perdure. Quand elle comprend qu'elle ne peut pas obtenir d'interview avec Gemayel, elle mise sur le général Ariel Sharon, commandant en chef de l'armée israélienne. Ce même collègue se souvient : « La voiture de Sharon arrive à l'hôtel Alexandre. Soudain, une femme s'arrête devant le véhicule. J'entends un garde du corps hurler : "*Crazy woman*, Cette femme est folle !" Puis la voix que je connais bien : "*I am Oriana Fallaci, you must give me an interview !*" L'une des personnes qui accompagnent Sharon a dû lire l'un de ses livres, car il lui parle à l'oreille et Sharon abaisse alors sa vitre, se penche et dit à Oriana : "*No problem, Mrs Fallaci, come to my office in Tel Aviv Monday morning at ten o'clock !*" Les envoyés internationaux sont abasourdis et Oriana les regarde, les défiant comme le chat qui a mangé la souris. »

L'interview avec Sharon dure toute la journée. À intervalles réguliers, la femme du général apporte des assiettes garnies qui sont dévorées par l'interviewé. Oriana préfère s'en tenir au café et aux cigarettes. Elle n'est pas tendre avec son interlocuteur. Elle lui rappelle que beaucoup le définissent comme « un tueur, une brute, un bulldozer, un rustre, un assoiffé de pouvoir ». Elle essaie de lui montrer que chasser les Palestiniens du Sud-Liban a été une victoire à la Pyrrhus, et qu'elle leur a même attiré la solidarité internationale. Elle lui fait remarquer que les juifs aussi posaient des bombes, autrefois : « Le fait est que vous utilisez le mot terroriste comme une insulte. Et à raison. Mais vous, qu'étiez-vous d'autre quand vous vous battiez contre les Arabes et les Anglais pour fonder Israël ? » Au terme de l'interview, Sharon lui serre la main et lui dit : « Je savais bien que vous vouliez ajouter un autre scalp à votre collection. Vous êtes dure, très dure. Mais j'ai aimé chaque moment de cette interview houleuse, car vous êtes une femme courageuse, loyale et douée. Personne ne s'est jamais présenté à moi aussi bien préparé que vous. Personne ne va à la guerre comme vous l'avez fait, sous les bombes, juste pour réaliser une interview. »

20

Inchallah

Lorsqu'une force multinationale de sécurité est créée pour le Liban, Oriana se rend à Beyrouth pour aller voir le contingent italien. Elle est touchée par ces soldats, des appelés volontaires pour la plupart mais qui font preuve d'un grand professionnalisme. Au mois d'octobre 1983, elle est bouleversée en apprenant que deux camions chargés d'explosifs et conduits par des kamikazes islamiques ont détruit les casernes des contingents américain et français, tuant dans leur sommeil plus de trois cents soldats. Elle se rend immédiatement à Beyrouth et recueille les témoignages des militaires italiens qui vivent sous la menace du même événement.

Parmi les soldats du QG, elle se lie en particulier à un sergent nommé Paolo Nespoli, deux fois plus jeune qu'elle. Il est né en 1957 et, au sein du contingent en poste à Beyrouth, il est chargé, entre autres, de s'occuper des journalistes italiens qui couvrent le conflit. On lui ordonne d'escorter partout cette célèbre journaliste et de s'assurer qu'il ne lui arrive rien. Paolo Nespoli est un admirateur d'Oriana. Le roman *Un homme* était un des livres préférés de sa mère. Quand il était adolescent, sa petite amoureuse au collège lui avait offert *Si le soleil meurt*, car elle connaissait sa passion pour l'espace. Durant ces longues journées à Beyrouth, entre une interview et une visite des camps palestiniens, Oriana et Paolo ont l'occasion de se connaître à fond. Ils parlent de guerre, d'histoire, de famille, d'idéaux, d'avenir. Oriana est surprise de partager tant de choses avec un jeune homme qui pourrait être son fils.

Elle revient plusieurs fois à Beyrouth, comme en février 1984, lorsque la situation en ville est devenue très dangereuse. Le général Franco Angioni, commandant du contingent italien, se souvient : « À ce moment-là, la situation au Liban s'était totalement détériorée et tout le monde tirait contre tout le monde. Il n'était plus possible d'arriver avec les transports ordinaires. Mais elle obtint, exigea du ministère de la Défense d'avoir la possibilité d'entrer. » Elle est conduite dans un avion militaire à Chypre, d'où elle embarque sur une frégate. Puis, lorsque le pays est en vue, elle monte dans un hélicoptère qui rejoint la côte durant la nuit, vers un lieu balisé par des torches. Elle saute à terre de l'hélicoptère en marche, juste avant que le pilote ne reprenne de l'altitude. « Ce fut une épreuve de courage que peu de personnes auraient été capables d'affronter », commente Angioni.

Elle aurait dû loger dans un hôtel du centre, mais elle reste bloquée à Beyrouth Est, au QG italien. Elle dort avec les soldats dans la cave, où on lui a trouvé un lit de camp d'urgence. Une nuit, arrive de Rome l'ordre d'évacuer. Alors, à l'aube, commence le repli des militaires italiens qui sont retirés des camps, chargés sur des camions et escortés au port pour être embarqués sur des bateaux en partance. Les derniers à être évacués sont justement les soldats du contingent italien. Paolo trouve à Oriana un casque et un gilet pare-balles, trop grands pour elle, comme d'habitude, avec son physique menu. Il la fait monter dans une jeep et exauce son dernier souhait : aller voir une dernière fois l'hôpital de camp italien, cédé à la population civile. Lorsqu'ils arrivent sur place, des bandes d'hommes armés sont déjà en train de saccager la structure et détruisent ce qu'ils ne peuvent emporter, tandis que plusieurs chefs religieux brûlent les provisions de nourriture, qu'ils considèrent comme impures. Oriana, debout sur la jeep, assiste à ce ravage et s'emporte à haute voix. À la sortie, elle découvre une douzaine d'enfants qui, au lieu de tendre les mains pour demander du chocolat, comme ils le font d'habitude, se mettent au garde-à-vous pour saluer le passage de la jeep italienne. Les soldats répondent au salut comme devant un piquet d'honneur. Oriana ne peut retenir ses larmes. Tandis que le navire quitte le port de Beyrouth, elle reste longuement sur le pont à regarder le front de mer qui s'éloigne à l'horizon.

Durant les quatre jours que dure le voyage de retour, elle a amplement le temps de discuter avec Paolo. Ils finissent par se tutoyer, évoquant le présent et l'avenir. Oriana lui demande ce qu'il veut faire plus tard. Il lui avoue qu'il a toujours voulu devenir astronaute, mais que désormais, à vingt-sept ans, sans diplômes et sans parler l'anglais, il sait que la route lui est barrée. Oriana s'insurge. Elle lui explique que s'il croit en un rêve, il doit s'en donner les moyens. En descendant du bateau, elle le prend dans ses bras et lui promet de l'aider.

Les mois suivants, ils se voient très souvent. Ils passent plusieurs week-ends ensemble. Oriana est stupéfaite de pouvoir éprouver encore des sentiments pour un homme. Depuis la mort d'Alekos, elle s'est enfermée dans une solitude sentimentale absolue : « J'avais juré de ne plus jamais toucher un homme. Puis, je t'ai rencontré », lui écrit-elle dans une lettre. Au cours de l'été 1984, lorsqu'ils parviennent enfin à s'octroyer du temps ensemble, elle se retrouve à prononcer des phrases qu'elle ne pensait plus dire, à écrire des poèmes qu'elle recueille – comme elle l'a déjà fait par le passé – dans un cahier pour parler avec l'homme aimé.

L'un des poèmes décrit un saut en parachute de Paolo. Oriana se tient au bord du champ, d'abord inquiète alors qu'il n'est qu'un petit point dans le ciel sur le point de se précipiter vers la terre, et puis soulagée lorsque la grande voile du parachute s'ouvre. « Alors le petit point s'est ouvert, une voile s'est épanouie / large et bleue, en chutant lentement / planant voltigeant palpitant / pour te reconduire vers moi qui renaissais. / Enfin j'ai entendu mon nom, tu l'as crié / joyeux, amusé, et un grand oiseau / vert et suspendu aux fils de la voile / est tombé à mes côtés, sain et sauf, et m'a souri. »

Paolo aussi éprouve des sentiments profonds pour Oriana, par-delà les années qui les séparent. Cette femme, de laquelle il s'est d'abord approché craintivement comme tout le monde, l'écrase d'une vitalité énorme. Son enthousiasme et son envie de vivre la rendent plus jeune que nombre de femmes de son âge. Il lui écrit dans une lettre : « Je pense que cette période en Italie te sera vraiment utile et qu'en résolvant tous les problèmes qui se présentent, tu quitteras ta colère de toujours. Et rien ne pourra te résister. Je pense qu'au fond, tel est le secret de ton éternelle jeunesse et de ta stupéfiante lucidité mentale. »

Les poèmes d'Oriana racontent cet amour avec une grande douceur et en même temps une grande honnêteté.

Oriana sait depuis le début qu'il est condamné à finir bientôt : « Le jetteras-tu distraitement dans un tiroir / comme une vieille chaussure ou un passeport / qui ne sert plus ? / Ou bien inventeras-tu des excuses polies / pour l'extirper de moi sans douleur ? » C'est que tout en eux, vu de l'extérieur, semble insensé : « Nous deux ensemble / nous sommes une hérésie / une hypothèse à écarter / un phénomène à étudier / comme les trous noirs et la théorie quantique. / Rien ne concorde entre nous / ni l'âge ni la taille ni le poids / ni le métier ni l'adresse. » Pourtant, elle célèbre cette relation comme un miracle : « Mais alors pourquoi / nous deux ensemble / sommes-nous si heureux et à l'aise / pourquoi en notre absence mutuelle / nous cherchons-nous et nous attendons-nous, / impatients de nous revoir ? / Pourquoi rions-nous / et nous tourmentons-nous / pour les mêmes choses, / pourquoi dormons-nous ensemble / parfaitement, comme deux cailloux / que le courant du fleuve a polis / et placés l'un sur l'autre ? » Dans son bureau, elle garde une carte de la Brianza et un agrandissement des yeux de Paolo. À ceux qui lui demandent ce que c'est, elle ne répond pas . « Comment expliquer aux gens / que la Brianza est là / parce que tu y es né, / que tes yeux sont là parce qu' / ils savent regarder et voir / par-delà mon visage fatigué ? » Elle ne parle à personne de cette relation. Pour ses amis, Paolo est juste un jeune protégé. Quant aux regards perplexes de ceux qui les voient ensemble au restaurant ou dans la rue, lui si grand et elle minuscule, lui si jeune et elle d'âge mûr, elle essaie de les ignorer : « En effet les gens / nous regardent et n'y croient pas. / Si par hasard ils ont un soupçon, / ils sont perplexes et concluent : non. »

En avril 1985, Paolo quitte l'armée et s'installe chez Oriana, à New York. Pendant quatre ans environ, chacun des deux travaille avec acharnement à son propre projet : pour Paolo, le diplôme d'ingénieur aérospatial à l'École polytechnique de l'Université de New York, pour Oriana, un nouveau livre, qui la tiendra occupée pendant presque dix ans. *Inchallah* est le plus complexe de ses romans, un livre-monde de huit cents pages, petite *Iliade* qui met le lecteur à l'épreuve avec une foule de personnages – soixante-cinq, cent deux avec les figurants – et un choix linguistique radical qui fait parler chaque soldat dans sa propre langue, de l'argot américain des Marines aux dialectes locaux des Italiens. Couvrant une durée de trois mois, de l'attentat au retrait des troupes de l'ONU, et basé sur le suspense d'un éventuel troisième camion destiné au contingent italien, le livre est une tentative de régler ses comptes avec l'« éternel massacre qui a pour nom la guerre », comme l'exprime la dédicace du roman, dédiée aux victimes des attentats mais aussi à tous les hommes, femmes, vieillards et enfants tués à Beyrouth.

Oriana, qui a vu tant de violences dans sa vie, a été bouleversée, au Liban, en voyant les massacres commis par les factions en guerre : « À Beyrouth-Ouest, j'ai été émue. En voyant cette destruction sauvage… sauvage… en sentant la puanteur suffocante des morts, en regardant ces cadavres décomposés », écrira-t-elle dans une lettre. À l'un des personnages de son roman, elle fera dire la triste vérité qu'elle a apprise depuis longtemps : « La guerre ne sert à rien, ne résout rien. À peine une guerre est-elle finie qu'on s'aperçoit que les raisons pour lesquelles elle a éclaté n'ont pas disparu, ou que d'autres se sont ajoutées, à la suite desquelles une autre guerre éclatera. »

Le roman s'ouvre sur l'image des hordes de chiens errants qui, la nuit, prennent le contrôle des rues désertes : symbole des milices luttant pour contrôler la ville. Elle n'épargne au lecteur aucune violence, aucun détail cru. Pourtant, le roman est ponctué de nombreuses histoires d'amour, qui fleurissent en continu dans les situations les plus improbables, comme si la vie ne pouvait s'arrêter, même au milieu de la destruction quotidienne. C'est le roman de la guerre à sa puissance maximale. Chacun à Beyrouth porte une arme, et l'on meurt pour moins que rien. Chaque événement est déclenché par d'autres, minuscules, en apparence éloignés, dans un désordre qui va crescendo. Le chaos est une force perpétuellement en action. Pour exprimer tout cela, Oriana utilise une formule scientifique, la formule de Boltzmann. Ce physicien autrichien, qui s'est suicidé, l'a élaborée à la fin du XIXe siècle pour essayer d'expliquer en termes mathématiques l'entropie, c'est-à-dire le chaos, qui fascine Oriana. Elle trouve que c'est la formule de la guerre. Tout au long du roman, le personnage principal, le sergent Angelo, étudiant en mathématiques, est tourmenté par cette équation qu'il appelle « la formule de la Mort », et se demande s'il existe, à l'opposé, une formule de la Vie.

Inchallah est un roman prophétique par de nombreux aspects. Il montre le Liban comme un laboratoire où se prépare le terrorisme du futur, mélange de politique et de religion qui deviendra bientôt explosif. La religion musulmane se transforme en arme politique et le conflit au Proche-Orient change de nature. Presque vingt ans avant le 11 septembre 2001, Oriana suggère que l'islam radical sortira de l'échiquier proche-oriental pour affronter l'Occident dans une guerre beaucoup plus vaste. Un ami italien se souvient qu'elle s'inquiétait beaucoup de la problématique monde arabe-Occident : « Elle n'avait pas prévu le désastre de New York, mais à cette époque déjà, dans les années quatre-vingt, en parlant avec moi, elle le disait déjà. Tu sais, nous, en Amérique, on sous-estime la haine qui existe, répétait-elle. Qui sait comment elle se manifestera… »

Attentive depuis des décennies aux conflits internationaux, elle devine la nature des affrontements futurs, les nouvelles tensions qui diviseront le monde, et le fait dire sans ambiguïté à un personnage du roman : « Tu parles, les Russes et les Américains, les communistes et les capitalistes ! La prochaine guerre n'éclatera pas entre riches et pauvres : mais entre guelfes et gibelins, c'est-à-dire entre ceux qui mangent de la viande de porc et ceux qui n'en mangent pas, entre ceux qui boivent du vin et ceux qui n'en boivent pas, entre ceux qui marmonnent le Pater Noster et ceux qui bredouillent Allahu Akbar ! »

Elle implique Paolo dans ses recherches, lui demandant des cartes, des photos, des descriptions, des détails. Le soir, au dîner ou devant le matériel accumulé pour recréer l'arrière-plan du roman jusque dans les moindres détails, ils parlent pendant des heures des personnages et des situations représentés. Oriana lit les pages écrites dans la journée, cherchant tantôt la confrontation, tantôt un petit geste d'approbation, ou seulement une écoute attentive. Elle est obsédée par les myriades d'histoires qui se pressent dans sa tête. Tout ce qu'elle a accumulé dans sa vie de reporter de guerre semble frapper à la porte de son esprit, lui demandant d'être raconté. Elle ne sait dire non à personne. Pour avoir ses personnages à l'œil, elle accroche dans son bureau un grand tableau noir où elle note tous les noms, les reliant entre eux par des flèches et des commentaires. Elle inscrit un signe à côté des personnages qui meurent, car on meurt beaucoup dans *Inchallah*. L'une de ses rares amies admises chez elle en cette période se souvient : « Parfois, j'allais lui rendre visite le soir, elle arrivait comme une furie et me disait : "Je l'ai tué aujourd'hui, je l'ai tué !" C'était l'un des personnages de son roman qu'elle finissait par ne plus supporter... "Je l'ai tué, je l'ai fait souffrir..." Elle était heureuse, car elle avait assassiné un personnage. »

Comme toujours quand elle travaille à un roman, elle consacre tout son temps à l'écriture. Elle s'interrompt seulement un peu avant Noël 1987, pour assister son père, à qui on a diagnostiqué une tumeur. Elle rentre en Italie et reste deux mois auprès de lui. Elle est bouleversée en retrouvant le héros de sa jeunesse réduit à un petit oiseau : « J'ai l'impression d'être sa maman. Il est devenu si petit, tu sais, dit-elle à un ami. Quand je le soulève et l'emmène dans la salle de bains, ça ne me demande pas d'effort. »

Edoardo meurt dans ses bras : « J'étais désespérée. Je comprenais que c'était une question d'instants. Il souffrait terriblement et soudain, j'ai eu une illumination. Je lui ai dit : "Quel homme merveilleux tu es, papa, quel homme courageux ! Bravo ! Bravo !" Il a ouvert les yeux, m'a regardée, et a souri. Puis il est mort. » À la courte cérémonie laïque qui l'accompagne au cimetière, avec les drapeaux de Giustizia e Libertà, de l'Associazione nazionale partigiani (Association nationale des partisans) et de la FIOM, Oriana prononce une oraison funèbre qu'elle a écrite pendant qu'elle le veillait. Puis elle repart pour New York et se remet à son roman.

Sa relation avec Paolo dure cinq ans et c'est aussi une longue cohabitation, situation exceptionnelle pour Oriana.

À cause de la différence d'âge, elle se sent souvent en position de faiblesse au cours de ce dernier amour. Et comme elle déteste révéler sa fragilité, elle réagit avec colère à ce qu'elle perçoit comme des trahisons de la part de Paolo : des amitiés avec les gens de son âge à l'université, jusqu'à des situations où elle l'accuse de ne pas l'avoir défendue dans une querelle avec des tiers. Chaque petit incident suffit à provoquer de longues discussions acrimonieuses, au terme desquelles elle refuse de parler à Paolo pendant des jours, et se défoule en lui laissant de longues lettres pleines de reproches. Pour la première fois, elle sent le poids de son âge : « Je me suis toujours sentie bien plus jeune que ce que j'étais et suis. Et, je me suis toujours comportée comme telle. Mais soudain, les années me pèsent. Je me sens, tu m'as fait me sentir plus vieille. »

Malgré les disputes, ils vivent ensemble jusqu'en 1990, l'année de la publication d'*Inchallah* en Italie. La rupture, comme souvent chez Oriana, est déclenchée par une désillusion. En 1989, l'Agence spatiale italienne publie un avis de concours pour sélectionner le premier astronaute italien. Paolo décide d'y participer et Oriana, bien que très prise par les dernières phases de l'écriture de son roman, s'implique pour qu'il soit sélectionné, en faisant pression sur toutes ses connaissances. Paolo proteste. Il trouve cet activisme excessif voire contre-productif. Sur ce point aussi ils se disputent violemment. Oriana le traite de naïf et soutient que lorsqu'il aura passé la sélection, il devra changer d'avis et lui donnera raison. Paolo obtient un bon classement mais n'est pas retenu. C'est un échec cuisant pour eux deux, mais surtout pour Oriana.

Après son diplôme, Paolo trouve d'abord du travail en Italie, dans un laboratoire de recherche et de développement aérospatial, puis en Allemagne, avec l'Agence spatiale européenne. Lorsqu'il part pour l'Allemagne, en janvier 1991, Oriana l'informe qu'elle ne veut plus ni le voir ni l'entendre, promesse à laquelle elle sera toujours fidèle, comme chaque fois qu'elle efface quelqu'un de sa vie.

Le livre est terminé. Une page de sa vie s'est refermée pour toujours. Quelques années plus tard, en écrivant son dernier roman, elle fera dire à l'un des personnages principaux, une femme mûre amoureuse d'un homme bien plus jeune et qui choisit de rompre avec lui brusquement : « Il dit que j'avais été le plus bel amour de sa vie. Le plus pur, le plus honnête, le meilleur. Mais au fond, il préférait qu'il finisse aujourd'hui et de la sorte : aucun amour ne dure toujours. Chaque amour s'abîme, s'éteint. » Elle ne parlera plus jamais avec Paolo, pas même dix ans plus tard, lorsqu'il réalisera enfin son rêve en devenant astronaute.

21

Le coffre d'Ildebranda

Au cours de l'hiver 1991, alors qu'elle travaille aux traductions française et anglaise d'*Inchallah*, Oriana remarque une anomalie dans l'un de ses seins, comme un noyau dur. Elle sait qu'elle devrait se faire examiner par un médecin, mais elle reporte la visite, par peur de devoir interrompre son travail. Ce n'est qu'un an plus tard, une fois *Inchallah* sorti aux États-Unis, qu'elle se décide enfin à rentrer en Italie pour subir des examens. Le verdict est sans appel : tumeur au sein. Elle doit être opérée d'urgence.

À la fin de l'intervention, elle demande à voir la tumeur. « Les médecins m'ont répondu : "Allez, laissez tomber, personne ne fait ça, c'est terrible." Mais j'ai insisté : "Elle est à moi, je veux la voir." C'était une petite chose blanche et oblongue. Comme je la haïssais ! Je me suis mise à lui parler : "Toi, foutue salope, ne t'avise pas de revenir. Tu as laissé des enfants en moi ? Je te tuerai ! Tu ne l'emporteras pas !" Les médecins n'en croyaient pas leurs oreilles. Ils disaient : "Oh, mon Dieu…" »

Ses parents sont morts d'une tumeur, tout comme sa sœur Neera, décédée jeune encore, en 1984. Oriana est certaine que son heure est arrivée et que le cancer reviendra. Elle a toujours eu une santé fragile et une certaine tendance à l'hypocondrie. Un ami se souvient en souriant qu'on lui avait offert un jour une encyclopédie médicale : « Elle a lu le livre et s'est découvert toutes, mais vraiment toutes les maladies. Les maladies fatales, évidemment. » Elle a déjà subi une opération aux cordes vocales, usées par la fumée, et elle souffre depuis des années à cause de ses dents, abîmées par les cigarettes et par une série d'infections qui réclament des soins permanents. Ses agendas sont remplis de noms de dentistes, dont elle change à un rythme effréné. Une amie raconte : « À mon sens, Oriana était très courageuse, mais elle redoutait une seule chose : aller chez le dentiste. » Soudain, elle a l'impression que la vie se resserre autour d'elle. Elle a toujours eu un rapport difficile au temps. Quand elle était jeune, elle n'en avait jamais assez pour accomplir tout ce qu'elle voulait faire, mais elle a maintenant l'impression qu'il lui file entre les doigts.

Elle rentre à New York et décide de se consacrer au roman familial auquel elle pense depuis toujours. Le projet devient une manière de repousser la mort : « Je suis prête pour écrire le livre que j'ai en tête depuis au moins vingt ans (peut-être trente), et que je n'ai pas écrit alors car il n'avait pas assez mûri en moi. Le livre sur ma famille, mon enfance, ma première jeunesse. J'y travaille déjà, je suis en phase préparatoire. C'est à lui que je consacre toutes mes pensées, mon énergie, et il est devenu le but de ma vie. Je devrais peut-être dire : celui qui me tient en vie. Sans ce livre, en effet, je ne me soignerais pas. Je me laisserais mourir comme l'a fait ma sœur Neera, je me rendrais au cancer avec résignation. »

Elle porte ce projet en elle depuis son enfance, lorsqu'elle s'asseyait, émerveillée, devant le coffre d'Ildebranda. En 1972, à la mort de son oncle Bruno, cette pensée est devenue plus consciente. Pour Oriana, c'est un grand chagrin. Avec Bruno Fallaci disparaît le maître de sa jeunesse, l'homme qui l'a guidée dans son rêve de devenir journaliste : « On raconte qu'il a murmuré avant de fermer les yeux : "Et Oriana, où est-elle ? – Encore à Saigon. – Bien, c'est là qu'elle doit être." » Quand elle reçoit le télégramme qui lui annonce la nouvelle, elle se rend compte que les témoins de son histoire familiale disparaissent les uns après les autres et que si elle veut enregistrer leurs souvenirs, elle doit agir vite. Elle recueille les journaux de son oncle, entreprend des recherches sur son passé. Tout ce matériel lui servira pour reconstruire l'arbre généalogique de la famille et de ses quatre branches : les Fallaci et les Ferrieri du côté de son père, les Launaro et les Cantini du côté de sa mère. Tous toscans, mais avec deux greffes extérieures, une espagnole et une romagnole : « Mauvaise alliance, comme de bien entendu, dans ses résultats caractériels. »

Le roman *Un cappello pieno di ciliege*, « Un chapeau plein de cerises », qui sortira à titre posthume, est un long adieu au passé : « Une femme qui sent qu'elle va mourir se remémore sa petite enfance et son enfance. En somme, son entrée dans le monde. Comme si elle essayait de s'expliquer à elle-même le mystère de la Vie, pourquoi elle est née, de qui, elle fouille dans ses souvenirs et cherche un passé dont elle ne sait presque rien. Elle ne l'a jamais demandé. Elle n'en retient que des fragments entendus, peut-être contre son gré, chez ses parents morts. Les autres aussi sont morts : ses tantes, ses oncles, ses grands-parents. Plus personne à qui demander d'assouvir sa curiosité existentielle. Alors, elle s'accroche à ces fragments comme un naufragé à un morceau de bois. Elle les enrichit, les exacerbe à travers son imagination, et en tire des histoires fantastiques. »

Elle doit tout accomplir seule. Elle n'a plus aucun parent à interroger. « Il ne restait qu'une tante de quatre-vingt-quatorze ans qui, à ma prière "raconte-moi-tata-raconte-moi", a à peine remué ses yeux vitreux et a murmuré : "Tu es le facteur ?" » Elle se propose de parcourir chaque branche du grand arbre généalogique de sa famille, en une entreprise quasi impossible de reconstruction du passé perdu. Raconter la vie de ses aïeux dans les moindres détails, la décortiquer et la réinventer, surtout pour se comprendre surtout elle-même, comme si une part de son être se trouvait dans les existences de ceux qui l'ont précédée. Répondre avant tout – « à présent que l'avenir se resserre » – à une question sur elle-même : « Pourquoi j'étais née, pourquoi j'avais vécu, et qui ou quoi avait façonné la mosaïque de personnes qui, depuis un lointain jour d'été, constituait mon Moi. » Pour elle, chercher la réponse à l'énigme de la vie en recourant à l'idée de Dieu est un expédient « jamais compris et jamais accepté ». Il ne lui reste qu'à aller à rebours, dans la mémoire de ses aïeux et les diverses époques qui l'ont précédée. Comme elle l'écrit dans une lettre, « c'est une recherche d'où il ressort que dans toutes mes vies, l'existence a été pour moi chaotique et tourmentée. Elle déborde en effet de paysans, de marins, de plébéiens, d'affamés, mais est composée également des aristocrates auxquels je dois ma superbe ».

Pointilleuse comme toujours, elle veut reconstruire chaque détail des époques traversées par ses aïeux. Elle accumule des cartons de notes et de matériel sur les sujets les plus disparates : les payes des ouvriers-sculpteurs en 1880, la chronique mouvementée des vaudois dans le Piémont, l'histoire de Livourne, les navires à vapeur, le télégraphe, les timbres en usage au XIXe siècle, les ballons aérostatiques, les exilés polonais, les machines à coudre Singer. Elle contacte le musée du Risorgimento de Turin, le Cabinet Vieusseux de Florence, le Lloyd's de Londres, le *National Geographic*, la Marine militaire, les archives paroissiales et les cadastres municipaux. Elle ne néglige rien. Dans ses papiers, il reste des montagnes de documents sur la vie paysanne toscane, sur les plantes qui attirent la foudre et celles qui la chassent, sur les animaux qui annoncent l'arrivée de l'orage, sur les croyances populaires. Une liste (deux pages entières) recueille des proverbes paysans sur le temps. Le roman est un énorme chantier toujours ouvert. Oriana porte en permanence son manuscrit avec elle, dans un sac dont elle ne se sépare jamais.

En 1994, dans une lettre à un historien britannique qu'elle a contacté pour ses recherches, elle évoque longuement son projet : « En ce moment, je suis complètement plongée dans la première partie du livre. Un livre qui commence à la fin du XVIIIe, puis, sautant quelques étapes, se conclut en 1944. Au point où j'en suis arrivée, imaginez-vous que la Révolution va éclater en France. En Amérique, George Washington vise à devenir président, Marie-Antoinette a encore la tête accrochée sur les épaules, Robespierre aussi, et Napoléon est un jeunot. Me voilà donc entre perruques et tricornes. La Résistance est encore loin. À Florence, au cours de mon haletante recherche d'informations et de données, j'ai tout mêlé : XVIIIe, XIXe et XXe siècles. Mais à un moment donné, je me suis aperçue que c'était de la folie, ou plutôt de la bêtise. J'ai interrompu mes recherches sur le XXe siècle pour me concentrer plus logiquement sur la période à laquelle je suis en train de travailler. » Elle lui pose des questions au sujet de la période de la Résistance, à laquelle elle espère arriver en une année. En réalité, sept ans plus tard, en 2001, elle n'aura pas encore achevé la partie sur le XIXe siècle. « Je suis un écrivain lent, prolixe et irrépressible. Ce livre est le plus difficile que j'aie jamais écrit, parce qu'il est lié justement à des événements historiques et à des recherches précises. Il n'admet aucune désinvolture, aucune erreur. »

À présent que ses deux parents sont morts, elle ne rentre plus en Italie aussi fréquemment que par le passé. Le voyage New York-Casole est très long. Elle doit traverser l'océan en avion, puis prendre une voiture avec chauffeur qui la conduise de l'aéroport de Rome ou de Milan jusqu'aux collines florentines. Avec sa sœur Paola, les relations sont souvent tendues, ponctuées de longs silences et de refus de se voir. Sa sœur adoptive Elisabetta, devenue adulte, a coupé tout contact avec la famille. « Il faut savoir se résigner à son destin. Le mien est de vivre dans une solitude monstrueuse la dernière phase d'une existence que seuls les gens superficiels et mal informés peuvent définir comme heureuse », écrit-elle à son neveu Edoardo, l'aîné de Paola, qu'elle voit en revanche assez régulièrement.

Elle apprécie ses visites, chaque fois qu'il se rend à New York pour son travail. Elle trouve délicieuse son épouse, une belle fille des Pouilles qui veut fonder un foyer plein d'enfants. Pour son mariage, elle lui envoie un enregistrement qu'elle a fait d'extraits du *Cantique des Cantiques*, et pour la naissance de chacun de ses enfants elle envoie une pensée, presque toujours un objet fait de ses mains.

D'étranges broderies d'inspiration ancienne, des sacs cousus avec des tissus d'époque. Elle a toujours eu la passion des passementeries, dentelles, nappes, étoffes rares. C'est son côté à l'ancienne, qui cohabite avec sa part extraordinairement moderne et souvent en avance sur son temps.

Les disputes avec sa sœur Paola concernent surtout l'entretien de la propriété de Casole, qui nécessite d'être régulier. Après la mort de leurs parents, c'est Paola qui en a la charge. Oriana s'y rend rarement, mais suit jalousement les moindres modifications et travaux. Personne n'ose rien entreprendre sans la consulter. « On n'avance pas sans tes ordres », telle est la formule utilisée par Paola dans ses lettres, qui sont souvent de longs comptes rendus de travaux et de dépenses : réparation du puits cassé, des tuyaux endommagés par le gel, des murs attaqués par l'humidité, des portes et portails qui cèdent, des poutres mangées par les termites. Oriana sait que maintenir Casole en état est épuisant, mais elle veut qu'il en soit ainsi. Elle souhaite pouvoir arriver sans préavis, ouvrir le portail, voir le chien qui accourt en aboyant, et les chats bien nourris qui lèvent la queue, curieux.

Dans une famille où l'on est pauvre depuis des générations, elle a été, depuis sa prime jeunesse, celle qui gagne le plus d'argent. Ce qui a influencé, et parfois déformé, profondément ses relations. Depuis les années cinquante, tout le monde lui demande de l'argent dans la famille, même ses vieilles tantes non mariées. Oriana, généreuse de nature, ne refuse jamais. Elle fait un virement régulier de son salaire à ses parents. Elle offre des cadeaux grandioses à ses sœurs. Quand elle est inspirée, elle peut offrir, sans autre forme de procès, un appartement, une fourrure, une voiture. En ce qui la concerne, elle déteste gérer l'argent, le sien en particulier. Elle ne tient même pas le compte des droits d'auteur que lui octroient ses livres : « Je hais l'argent. Rien ne me répugne autant que ces morceaux de papier dégoûtants. Ils me brûlent les doigts, je dois m'en débarrasser à tout prix. Alors je les gaspille en absurdités et en vétilles. Puis j'en ai de nouveau besoin. Voilà pourquoi je travaille. » Dans les années soixante, de un journaliste américain qui l'interroge sur son style de vie, elle répond avec impatience : « Je vis comme une milliardaire, et pourquoi pas ? Au diable ! »

Elle passe désormais la majeure partie de son temps dans son appartement de New York, à travailler sur son roman familial. Elle tient beaucoup à ce livre car elle sait qu'il sera le dernier. Elle a peur de mourir avant d'avoir pu le terminer, épuisée par la maladie. « Je crains toujours qu'un jour, on défonce ma porte et me trouve raide morte, voire momifiée comme cette femme de Varese dont on ne s'est aperçu que sept ans plus tard qu'elle était morte », écrit-elle dans une lettre à son neveu Edoardo. Elle passe beaucoup plus de temps avec ses aïeux disparus, qui prennent vie dans le roman, qu'avec ses amis. Sa maison est remplie de notes et de matériel. Elle a apporté à New York toutes ses photos de famille. « Voilà qui est bizarre : je suis une femme moderne, aucun doute là-dessus, j'ai toujours été en avance sur les autres ; mais je vis du passé. » Le livre est une reconstitution de son passé, une invention de tout ce qui l'a précédée et justifiée, presque une compensation pour une vie de véritables succès professionnels, mais très malheureuse dans le privé. Elle dira, dans une lettre écrite peu avant de mourir, en parlant d'elle : « Malheureuse, oui. Privée d'amour, de tendresse, d'affection.

Et, en substance, de famille. En effet, mon roman est la recherche désespérée de la famille. »

Lorsque plusieurs parties du manuscrit sont prêtes, elle se les lit à haute voix, pour en saisir la musique interne. C'est sa méthode pour chacun de ses livres. Elle est obsédée par l'idée de la musicalité, elle veut que son style soit toujours fluide : « Hemingway disait qu'une page bien écrite est comme un champ de neige sans trous, sans cailloux, sans aspérités, qu'on peut y skier, voire y glisser sans rebondir ni être secoué ou dévié. » Chaque phrase doit être en harmonie avec la suivante, comme sur une partition. « Le mot écrit n'est pas muet ! Il est voix. Même quand j'écris, je ne me tais pas. Je me murmure les phrases, je me les dis, me les récite, j'en fais la bande originale dont le ton correspond à celui du récit et des dialogues. »

Voilà pourquoi, en 1993, quand sont produits en Italie les premiers livres audio, elle interrompt son travail sur le roman familial pour enregistrer personnellement *Lettre à un enfant jamais né*. De nombreuses actrices lui ont demandé par le passé l'autorisation de le jouer au théâtre, mais elle n'a jamais accepté. Tout comme n'ont jamais été réalisés de films tirés de ses romans, malgré les nombreuses propositions d'Hollywood. Oriana a toujours refusé les requêtes des réalisateurs les plus prestigieux et a fait bloquer par ses avocats au moins trois films sur sa vie. « S'ils veulent les tourner, que ce soit quand je serai morte », dit-elle. Elle est convaincue que personne d'autre ne peut s'occuper de ses mots et de ses histoires sans les trahir.

Pour le livre audio aussi, elle s'occupe de tout personnellement – enregistrement, choix des musiques, montage – au cours d'un long été, enfermée dans un studio du matin au soir avec un technicien du son : « J'ai la voix plutôt grave, une voix de gorge, et le matin, elle était toujours rauque. J'arrivais donc au studio avec la voix rauque et il protestait. "On ne peut pas ! Comme ça on ne peut pas ! Vous devez vous chauffer la voix !" Pour l'échauffer, je lisais une heure ou deux sans enregistrer. Et au moment d'enregistrer, j'étais déjà fatiguée, la fatigue m'énervait... combien de jurons n'ai-je pas prononcés ! » Cette entreprise la fatigue mais la rend heureuse. Ce livre préféré, construit autour d'un monologue intérieur, a acquis grâce à sa voix une matérialité presque physique.

Pour ouvrir et clore l'enregistrement, elle insère son morceau préféré, *Greensleeves*. « Chacun d'entre nous a un refrain qui touche plus qu'aucun autre son cœur et son cerveau. Pour moi, ce refrain, c'est *Greensleeves*. Je ne sais rien, on ne sait rien de *Greensleeves*. Ni qui l'a écrit, ni quand, ni où. Selon certains, il s'agit d'une vieille berceuse irlandaise. Moi, j'ai l'impression que c'est une musique médiévale, une musique de troubadour. Une chanson d'amour composée à la cour du roi Arthur. Sa douceur et sa mélancolie me bouleversent tant que j'ai l'habitude de dire : "Quand je serai morte, ne perdez pas votre temps avec les funérailles. Même si vous me jetez sous un olivier, ça m'ira. Mais si vous passez *Greensleeves*, alors vous me feriez une gentillesse." »

Cela ne l'ennuie pas de vieillir, car elle n'est pas obsédée par son apparence physique. « Les rides sont mes médailles. Des honneurs que j'ai gagnés, dira-t-elle. Vieillir est magnifique. Comme on dit, en vieillissant on gagne une liberté que l'on n'avait pas, jeune. Une liberté absolue. » Mais elle sait qu'il lui reste peu de temps pour terminer son roman familial. Une fois achevé son séjour en Italie pour l'enregistrement du livre audio, elle rentre à New York et consacre de nouveau tout son temps à son projet.

Selon son habitude, quand elle écrit, rien d'autre n'existe : « Je commence à travailler tôt le matin et je continue jusqu'à six ou sept heures du soir sans interruption, sans manger ni me reposer. Je fume plus que d'ordinaire, ce qui signifie environ cinquante cigarettes par jour. Je dors mal la nuit. Je ne vois personne. Je ne réponds pas au téléphone. Je ne vais nulle part. J'ignore les dimanches, les fêtes, Noël, le nouvel an. »

Tout en travaillant à son roman, elle revient sans cesse en pensée à ses parents, les seuls êtres humains par lesquels elle ne s'est jamais sentie trahie : « On dirait que nous avons tous besoin de relations totales avec quelqu'un. Cette relation, je l'avais : la famille composée par ma mère et mon père, laquelle ne me contraignait ni ne me rendait esclave comme un mari : elle me laissait aller et venir, m'échapper. » Avec son père, la relation a été plus conflictuelle, à cause de leur mauvais caractère à tous les deux, mais elle eut avec sa mère une relation viscérale et sans nuages. « Mon père était un héros de guerre, mais en temps de paix il n'était qu'un homme. Ma mère, par contre, était un être humain merveilleux. »

Tosca avait un caractère doux, et dans une famille où l'on se disputait souvent, c'était toujours elle qui apportait la paix après les querelles. D'une grande beauté, plus grande que son mari, elle n'avait plus jamais mis de talons pour ne pas le froisser, détail dont Oriana se souvenait avec un sourire. Elle aura toute sa vie une authentique vénération pour sa mère. En 1973, devenue célèbre, elle dira, dans une interview à un journal américain : « Je trouve insoutenable qu'une femme comme ma mère – une femme au génie inexprimé – ait dû rester femme au foyer. Son rêve était d'étudier l'astronomie et de voyager. » À chaque moment de sa carrière, la référence à cette mère brillante mais écrasée par sa condition de femme ressurgira, irrépressible. Tosca est le modèle inversé auquel elle se confronte sans cesse jusqu'à la fin. « Ne me dis pas : "Oriana, tu es fantastique" », proteste-t-elle devant une collègue qui l'interviewe. « "Je fais mon travail, et c'est mon devoir de le faire bien. Nous devrions toujours faire les choses bien, tous les jours. Ma mère est une cuisinière merveilleuse, mais le *Time* ne fait pas sa une sur elle parce qu'elle a préparé un excellent rôti." »

Tout au long de sa carrière, elle a toujours trouvé le moyen de téléphoner à Tosca, même depuis les continents les plus reculés, pour le seul plaisir d'entendre sa voix qui criait dans le combiné avec son parler direct : « Salut ! Où es-tu ? » Et de lui écrire de longues lettres pleines d'anecdotes, que sa mère lisait ensuite à haute voix à d'autres. Tosca écrit moins, poursuivant sa fille autour de la planète : « Je te réécris pour la quatrième fois en vain, parce que je t'écris à Saigon et que tu es en Inde, je t'écris en Inde et tu es à Saigon. »

Comme toutes les mères, elle l'enjoint surtout de prendre soin d'elle : « J'espère que tu vas bien, et que tu ne cours aucun danger, car je sais bien que tu n'es pas du genre à les éviter. » Sa correspondance avec Tosca dévoile le côté fragile d'Oriana, celui que les autres ne voient pas. C'est à elle seulement qu'Oriana raconte qu'elle est épuisée, à bout de nerfs. Elle évoque des périodes de dépression où elle a du mal à quitter son lit. Elle parle d'insomnies, de migraines, de fièvres soudaines, de terribles maux de dents.

Les recommandations pour qu'elle fume moins et mange davantage ne servent à rien. Oriana suit sa route, maudissant son mauvais sort mais aucunement disposée à changer de style de vie.

Parfois, son lien avec sa mère lui a pesé. Surtout dans les années soixante, quand son activité de journaliste est à son apogée et qu'elle devient une star mondiale. « Sois tranquille, ça me fait toujours de la peine, tu le sais bien, de te voir toute triste quand je pars. Ce serait tellement plus facile pour moi si tu comprenais que c'est ma vie et que je ne pourrais pas vivre autrement, ni toujours au même endroit. Je deviendrais folle. » Casole est en tout cas le point fixe sur la carte du monde d'Oriana, et elle y passe chaque fois que son avion atterrit en Italie, non sans complexes enchevêtrements logistiques : « Si j'arrive à rentrer au Vietnam, je repasserai par l'Europe en partant d'ici. Si j'arrive à aller en Chine, je dois passer par Varsovie, et je viendrai donc en Europe. Si je n'arrive à aller nulle part, je serai de retour en Italie dans deux mois. Alors tu vois… D'autre part, je ne peux pas non plus laisser complètement tomber l'Amérique, sinon tout ce que j'ai péniblement accompli jusqu'à aujourd'hui s'écroulera. »

Comme tous ses livres, le roman familial est un dialogue avec une personne qui n'est plus là. Dans *Pénélope à la guerre*, elle a parlé de son rêve romantique pour Alfredo. Dans *Lettre à un enfant jamais né*, de ses enfants perdus. Dans *Un homme*, d'Alekos, tué par le pouvoir. Dans *Inchallah*, de Paolo parti faire sa vie. Dans ce roman, rarement nommés mais en vérité au centre du projet, se trouvent Edoardo et Tosca, perdus pour toujours. « Je résumais semblablement les voix et les images de mes parents, ensevelis depuis des années sous une allée parfumée de roses. Je les rencontrais partout. Non pas dans leur vieillesse, quand je les considérais plus comme des enfants que comme des parents, au point qu'en soulevant mon père pour le déposer dans un fauteuil, et en le sentant si léger, rapetissé et sans défense, en regardant sa petite tête tendre et chauve qui s'appuyait avec confiance contre mon cou, il me semblait tenir dans mes bras mon enfant octogénaire. Non, pas dans leur vieillesse, mais dans leur jeunesse. Quand c'étaient eux qui me soulevaient et me tenaient dans leurs bras. Forts, beaux, fiers. »

Elle évoque les aïeux de ses deux parents à travers deux siècles d'aventures, selon la formule devenue sa marque de fabrique : un roman qui réinvente tout à partir de faits réels. Des Fallaci – métayers du chianti, engeance de grands travailleurs et de catholiques dévots dont descend son grand-père Antonio –, elle se souvient surtout de Carlo Fallaci et de sa femme Caterina Zani, qui lui plaît immensément : beauté indomptée aux cheveux roux, qui chevauche et blasphème en signe de mépris envers l'Église qui a brûlé sur le bûcher une bisaïeule hérétique, l'Ildebranda du coffre conservé dans la famille.

De l'autre branche paternelle, les Ferrieri, elle admire surtout Anastasia, superbe et aventureuse, amante dans son adolescence d'un noble de Turin dont elle aura une seule fille, sa grand-mère Giacoma. Dans la famille, le mystérieux aïeul est appelé depuis toujours « l'Innommé » et l'on murmure qu'il est très célèbre, peut-être le roi en personne. Giacoma révèle son nom à Oriana sur son lit de mort, mais en lui faisant jurer solennellement de ne jamais le dire à personne. Oriana tiendra sa promesse. Dans le roman aussi, l'Innommé reste tel. Cependant, Oriana raconte souvent en souriant qu'elle a chez elle une photo de lui : de temps en temps, quand elle est seule, elle la sort et lui parle.

L'histoire de la branche maternelle de la famille, celle qui engendrera Tosca Cantini, est aussi très aventureuse. Là se mêlent les héritages des Cantini, plébéiens pauvres et toujours en lutte contre le pouvoir, et des Launaro, marins et aventuriers. Ceux qui touchent surtout l'imagination d'Oriana sont Francesco Launaro, marin querelleur, et sa femme Montserrat Grimaldi, fille illégitime d'un Grand d'Espagne, qui finira à l'asile, minée par le chagrin après avoir vu mourir quatre de ses enfants dans un naufrage. « Ce couple malheureux et maudit, je le sens en moi comme un poids, un hôte indésirable. À chaque fois qu'une chose va mal pour moi, je me dis : “Voilà l'héritage de Francesco, voilà l'héritage de Montserrat”, et leur histoire m'effraie. » Elle est convaincue que c'est d'eux que vient la prédisposition au cancer qui a touché tant de personnes dans sa famille. C'est Montserrat, l'aïeule catalane, qui aurait apporté la maladie : le *mal dolent*, comme on l'appelle dans sa langue.

Le plan de l'œuvre prévoit de commencer au XVIIIe siècle, puis de poursuivre jusqu'à la Seconde Guerre mondiale et de se conclure sur l'enfance d'Oriana, en 1944, avec les bombes qui touchent la maison des Fallaci : « La dernière scène sera un grand incendie, où brûle et s'écroule la maison de famille, engloutie dans les flammes. » Mais Oriana mourra avant de pouvoir le terminer. Le roman s'interrompt en 1889, l'année du mariage de ses grands-parents Antonio Fallaci et Giacoma.

22

Le grand silence

Dans les années quatre-vingt-dix, Oriana ne quitte presque plus New York. Elle doit s'occuper de son roman et lorsqu'elle écrit, elle ne veut pas être dérangée. Elle a plus de soixante ans désormais, elle est convaincue que la tumeur reviendra bientôt et ne supporte pas l'idée de perdre du temps. D'ailleurs, elle aime être seule. Pour elle, c'est la seule condition possible pour travailler. « Je suis diplomée en solitude à la Sorbonne, a-t-elle dit un jour. J'aime la solitude. Toute seule, je ne m'ennuie jamais. C'est avec les gens que souvent je m'ennuie. »

Elle passe presque tout son temps enfermée dans sa maison de New York, un bel immeuble d'époque à trois étages, sur la 60e Avenue. Elle est fière de cette maison, qu'elle a achetée avec les droits d'auteur de ses livres. Elle dit – usant d'une vieille expression toscane – qu'elle lui a coûté autant que le fleuve Serchio aux habitants de Lucques, en Toscane[1]. La maison est pleine de livres, auxquels Oriana voue un amour absolu, presque physique.

1. Fleuve que les hommes tentèrent de domestiquer pendant des siècles et qui leur causa d'innombrables dommages. (*N.d.T.*)

Elle est passionnée depuis toujours par les ouvrages d'époque, collectionne les premières éditions des œuvres de Shakespeare, des classiques grecs et latins, des grands penseurs comme Voltaire. Dans toutes les villes où elle se rend, elle connaît des libraires antiquaires où elle se fournit et qui la connaissent bien. Elle passe des heures à fouiller dans les rayonnages, s'émouvant à chaque découverte. « Je ne peux pas m'adapter à une pièce sans livres, ça me donne l'impression d'être dans une pièce vide. Chez moi, il n'existe pas de pièces sans livres : ni à Florence ni à New York. J'en garde aussi dans la cuisine, dans les couloirs, et naturellement dans le séjour, ainsi que dans ma chambre où les étagères occupent un mur entier devant mon lit. Ainsi, à mon coucher et à mon réveil, je les vois comme lorsque j'étais enfant. J'aime les livres physiquement, comme des objets. J'aime les regarder, les toucher, les feuilleter. Et je n'arrive jamais à m'en débarrasser. »

Au fil des ans, elle a décoré sa maison avec des meubles apportés d'Italie et des objets provenant de ses voyages, qui s'accumulent en un joyeux désordre dans les pièces qui débordent. Aux murs, elle a accroché des estampes orientales et des tableaux de tout genre : « Je suis folle de peintures. Je peux dépenser des fortunes en tableaux – des icônes russes aux primitifs d'Haïti », écrit-elle dans une lettre. Elle aime les meubles d'époque, les œufs de Fabergé, les lampes colorées, les cartes militaires. Elle a le téléphone à chaque étage, même si rares sont les personnes qui connaissent sa ligne directe. Celles qui la sollicitent doivent passer par sa secrétaire dans les bureaux de la maison d'édition Rizzoli à New York, qu'elle a chargée de répondre aux appels : « Oriana Fallaci n'est pas là, elle est en Chine. » Elle colle des post-it colorés partout chez elle, dans les pages du manuscrit de son roman autant que sur les bibelots et les murs. Sur sa sonnette, elle en colle souvent un qui indique : *Go away*, allez-vous-en.

Avec le temps, son caractère difficile ne fait qu'empirer, virant à la paranoïa. Elle se dispute avec tout le monde. Avec les clients de son restaurant habituel qui parlent trop fort à côté de sa table, avec ses voisins qui laissent les poubelles sur le trottoir, avec les chauffeurs qui accompagnent les clients dans un bar voisin et les attendent toute radio allumé. De temps en temps, sans se soucier de leur carrure, elle sort dans la rue pour leur crier d'arrêter. Elle se fâche régulièrement avec son éditeur italien, et souvent aussi avec les éditeurs étrangers. Les secrétaires que la maison d'édition Rizzoli de New York met à sa disposition changent à un rythme effréné, chassées chaque fois sur des accusations terribles. Et les assistants d'édition qui suivent ses livres depuis l'Italie sont renvoyés *manu militari*, au point que certains d'entre eux, s'ils veulent encore travailler avec Oriana au moins par e-mail, doivent emprunter un faux nom.

Lorsque le directeur du *Corriere della Sera* la sollicite pour avoir un article, elle se fâche : « Vous êtes tous pareils, à la fin c'est la seule chose que vous voulez, je vous connais. » Elle ne veut plus travailler pour les journaux. Elle se considère comme un écrivain, un point c'est tout. Le grand roman familial est sa dernière entreprise, et à ses yeux il mérite un engagement total, quitte à ce qu'elle se prive de tout repos. Elle a dit un jour : « Écrire vole du temps à la vie. Quand j'écris un livre, je vais au lit avec le livre. Je dors avec lui, j'en rêve. Et en rêvant je vois les touches de la machine à écrire, le chapitre sur lequel je travaille, le dialogue ou l'intrigue que je n'ai pas bien rendus. N'étant ni folle ni masochiste, après chaque livre je me jure la chose suivante : "C'est le dernier. Je n'en écrirai plus." Puis je tombe dans des catalepsies qui durent trois, quatre, voire cinq ans. Sourde aux requêtes des éditeurs, des lecteurs qui demandent : "c'est pour quand le nouveau livre, pour quand ?", je me tais, immobile, comme les tortues qui dorment l'hiver sous la neige. Je n'écris plus. Mais arrive toujours le moment où la neige fond et où l'hiver prend fin. Alors je me réveille et, oubliant ma promesse, reprise par la folie, j'écris un autre livre. »

Elle travaille depuis toujours sur une machine à écrire Olivetti, même après l'avènement de l'ordinateur. Elle aime la corporalité qu'elle transmet : « Les porteurs ont des cals dans la paume des mains, moi sur la pointe des doigts. Et je les aime. Bien durs. Si je me pique ici, je ne sens rien. » Elle a besoin d'entendre le bruit des touches, désormais abîmées par l'usage. De poser sa cigarette allumée sur les côtés, à présent tout brûlés. Elle n'a jamais changé de modèle de machine, même si, avec le temps, trouver des rubans ou la réparer se révèle de plus en plus difficile. Un ami se souvient : « Une nuit, elle me téléphone. Anéantie : "Un crétin est venu, un idiot… il n'a pas été capable de réparer ma machine à écrire. Qu'est-ce que je vais faire ? Elle est morte. Je ne peux me servir d'aucune autre." Heureusement, j'en possédais une identique. Elle : "Tu es génial. Tu as tout résolu. Dieu te bénisse…" Le lendemain matin, j'arrive très tôt avec la machine puis je rentre chez moi. Une demi-heure plus tard, elle me rappelle et m'annonce, catastrophée : "Ta machine n'a pas de creux sur les touches. J'en ai presque pleuré. Tu dois comprendre. Je ne suis pas habituée. Je n'arriverai plus à écrire…" Cette fois j'ai été dur : "Débrouille-toi !" »

Lorsqu'elle sort, elle se cache derrière de grosses lunettes de soleil et de grands chapeaux. Elle veut qu'on la laisse tranquille et regrette de s'être autant exposée par le passé. « Un écrivain ne devrait jamais se révéler à ses lecteurs. Il devrait se cacher, ne pas se montrer de trop près. Le problème, c'est que je l'ai découvert trop tard, lorsque les gens me reconnaissaient et m'arrêtaient dans la rue (ce qui m'angoisse énormément), punition bien méritée puisque, pendant des années, j'ai permis que ma photo soit publiée sur la couverture de mes livres. Si je pouvais revenir en arrière, je ne recommencerais pas. » Elle a un rapport conflictuel avec le succès. Elle l'apprécie parce qu'il lui permet de toucher un très vaste public, mais elle se sent prisonnière : « Je n'ai jamais recherché le succès. C'est le succès qui m'a recherchée. »

Elle a renoncé depuis des années à lire son courrier ; elle en reçoit trop. « Vous n'avez pas idée des centaines et des centaines de lettres que je reçois », racontait-elle à un journaliste américain dès 1979. « Je ne peux même plus les ouvrir, je ne les lis pas. Une amie m'a dit : “OK, je les lirai pour toi.” Mais elle a abandonné bien vite et m'a dit : “Je ne peux pas, il y en a trop.” » Au fil des ans, on lui écrit du monde entier : lecteurs ayant aimé ses livres, comités souhaitant son appui pour leur cause, institutions qui l'invitent à venir parler, universités qui la sollicitent pour dispenser des cours.

Dans ses papiers se trouve la lettre d'une faculté américaine qui l'invite à tenir un cours : elle répond en s'excusant, car deux ans et demi sont passés depuis l'invitation. Si elle ne répond pas non plus immédiatement à Howard Gotlieb, qui lui écrit pour lui proposer un fonds à son nom à l'université de Boston, c'est pour une autre raison.

« J'ai pensé que cet homme se moquait de moi, alors je n'ai pas répondu à sa lettre. Il m'en a écrit une autre en me demandant si j'avais reçu la première. Je l'ai donc appelé et lui ai demandé s'il voulait vraiment ouvrir une *Oriana Fallaci Collection*. Il a répondu que oui, bien sûr. J'étais gênée. » Même sort pour la lettre dans laquelle, en 1977, le Columbia College de Chicago l'informe qu'il veut lui remettre un diplôme *ad honorem*. Ces années-là, elle est en train d'écrire *Un homme*, et des mois passent avant qu'elle n'ouvre la lettre : « Je préparais le dîner. J'aime cuisiner, ça me détend. Cette lettre de la Columbia est arrivée et je l'ai ouverte presque distraitement. Je me suis mise à la fenêtre et j'ai appelé mon père qui taillait les roses dans le jardin. Je lui ai dit : “Hey, p'pa. En Amérique, ils veulent me donner un diplôme, avec toge et toque.” Mon père a levé les yeux et a dit : “Ils ont raison”, puis il s'est remis à tailler les roses. »

Elle est toujours stupéfaite par l'affection qu'elle suscite chez les lecteurs. Des gens de tous pays et de toutes conditions lui écrivent. Des enfants des écoles élémentaires, des adolescents qui veulent les adresses des astronautes, des jeunes gens inquiets de l'appel aux armes au Vietnam, une femme qui lui conseille une clinique où on pourrait l'aider à mener une grossesse à terme. « Étrange phénomène que celui d'un écrivain comme moi, si populaire dans le monde entier, bien que son travail ne soit ni facile ni amusant. Mes livres ne sont jamais faciles et jamais légers. Jamais amusants. Je suis mortellement sérieuse, je parle de sujets mortellement sérieux, et la plupart du temps tragiques. »

De temps à autre, elle ouvre une lettre, et si elle se sent touchée, elle prend alors le temps de répondre. Un couple danois, qui a donné son prénom à leur bébé, obtient comme réponse un petit mot adressé à l'enfant : « Je te souhaite d'avoir une bonne vie, Oriana. Une vie pleine, honnête, utile, courageuse. Et si possible, heureuse. Ne sois jamais, jamais épouvantée par ses obstacles et ses chagrins. » Un groupe d'étudiants italiens reçoit une longue lettre dans laquelle Oriana explique les raisons de l'exception qu'elle leur a réservée : « Le hasard de l'avoir ouverte, quarante-cinq minutes que j'avais à disposition pour une fois, l'espoir de faire une chose utile, et enfin un sourire. Celui que vous avez provoqué chez moi en écrivant que vous n'auriez pas eu l'argent pour un coup de téléphone, parce qu'avec vos économies, vous arrivez à peine à vous acheter une pizza pour quatre. » Elle a un faible pour les jeunes. Quand les éditeurs étrangers insistent pour lui organiser une tournée promotionnelle, elle répond qu'elle n'accepte que si des rencontres avec les étudiants sont prévues : « J'aime toujours me rendre dans les universités, où que j'aille, car j'aime parler avec les plus jeunes. Ils ont de l'importance. »

Elle lit toujours attentivement les recensions de ses livres, mais avec les critiques, en général, elle a des rapports difficiles. Elle soutient qu'ils sont paresseux car ils dépassent rarement les premières pages d'un livre, et envieux, car beaucoup auraient voulu écrire mais n'y sont pas parvenus. Pour elle, le vrai critique est le public, qui achète ses livres depuis toujours et montre qu'il l'apprécie. « Un écrivain sans lecteurs est comme une voix qui parle dans le vide, dans le silence, une source d'eau à laquelle personne ne se désaltère. Il se sent plus seul que le dernier poisson de la mer. Moi, quand je vois quelqu'un lire un de mes livres, je suis toujours tentée de m'approcher et de faire comme mon oncle Bruno Fallaci à l'époque où il dirigeait l'un des plus grands hebdomadaires italiens de son temps. Pour avoir une idée du nombre de personnes qui lisaient le nouveau numéro, fruit de son labeur, il se plaçait quelques minutes à côté du kiosque en bas de chez lui. Et dès que quelqu'un achetait le journal, il retirait son chapeau, esquissait un petit salut et disait : "Merci, monsieur. Merci, madame." »

Elle est l'un des grands écrivains populaires du XXe siècle italien. Elle engendre les histoires avec une force semblable à celle que la nature met en œuvre pour produire ses fruits et ses fleurs. Cette image est celle de l'écrivain américaine Janet Flanner, l'une de ses grandes admiratrices : « Tu appartiens à la catégorie des créateurs naturels, de la même manière qu'un arbre fruitier est créatif. » Chaque élément de sa vie passe à travers le filtre de son imagination et devient roman. « Ce que je sais, c'est que je vois de la littérature partout. Quand je mange ou réalise une interview. C'est un peu comme le panthéisme. »

Elle n'écrit pas pour les intellectuels, catégorie pour laquelle elle a souvent des paroles méprisantes, mais pour les gens simples. À un critique qui lui demande, en 1969, à qui elle s'adresse lorsqu'elle travaille à un article ou à un livre, elle répond : « À Romeo, un de mes paysans à l'esprit très fin, à la curiosité infinie et à l'ignorance complète. » Quand elle pense à son public, elle pense à une couturière, une domestique, un ouvrier, un peintre en bâtiment. « Je déteste les mots difficiles, les discours compliqués et fumeux, et j'ai appris à les détester à travers ma mère qui était une femme très intelligente mais peu cultivée, car on ne l'avait pas envoyée à l'école. Ma mère me disait toujours : "Écris simplement, s'il te plaît ! Moi aussi je veux comprendre. »

Dans une généalogie idéale, ses romans descendent directement de Curzio Malaparte, qu'elle a connu, jeune fille, grâce à son oncle Bruno. « Il m'emmenait en promenade à travers la Toscane et, comme un haruspice qui étudie le vol des oiseaux, il m'annonçait un avenir glorieux. "Vous me ressemblez, Oriana ! Un jour, vous connaîtrez un succès éclatant. Mais pas en Italie : à l'étranger. En Italie, on vous détestera à mort comme on me déteste moi. – Pourquoi, Malaparte ? – Parce qu'en Italie, pour être accepté quand on est bon, il faut finir dans un cercueil, enseveli sous un cyprès." » Oriana partage avec lui un style agressif et jamais neutre, ainsi que la crudité dans la description de la violence et de la mort. « Moi aussi, quand j'écris, j'essaie de faire violence à mes lecteurs : de les obliger à me lire. En les surprenant, en les scandalisant, en les agaçant, en les séduisant. C'est un jeu épuisant, mais finalement si amusant. » Pourtant, les écrivains italiens qu'elle admire le plus sont Italo Calvino et Natalia Ginzburg, deux auteurs dont l'écriture est très éloignée de la sienne.

Son style est toujours extrêmement naturel, à l'instar d'une conversation. « J'écris comme si j'écrivais une lettre à ma mère ou à l'homme que j'aime », explique-t-elle. Mais en étudiant le matériau préparatoire à ses livres, on comprend combien la langue très fluide d'Oriana est en réalité le fruit d'un long travail. Elle écrit et réécrit, jette des centaines de pages, des versions entières d'un roman si elle n'est pas satisfaite du résultat. « Je suis une perfectionniste. Une maniaque de la précision. J'ai toujours peur de me tromper, je ne suis jamais contente de ce que j'écris. » Elle vérifie et mesure chaque mot, chaque ligne, obsédée par le rythme : « Il est possible d'écrire une prose qui soit musicale comme un poème, dont le rythme respecte la métrique comme un poème. Il n'existe pas de frontière définie entre poésie et prose, le vers libre peut se confondre entièrement avec la prose. » Elle considère chaque traduction comme une trahison, car dans une autre langue on perd nécessairement le rythme de son italien. Voilà pourquoi elle terrorise ses éditeurs étrangers.

Lorsque la traduction a lieu dans une langue qu'elle connaît, comme l'anglais, le français ou l'espagnol, les révisions deviennent souvent de longs drames éditoriaux, où elle se bat en personne pour un résultat en réalité impossible qui reproduirait exactement son langage d'origine. Elle insiste pour tout garder dans la traduction, y compris la ponctuation et les césures. Peu importe si cela va à l'encontre de la langue dans laquelle le livre est traduit.

À de nombreuses années de distance, l'éditeur américain Jonathan Burnham se souvient encore d'un déplacement qu'il fit pour la convaincre d'accepter la traduction de l'un de ses romans : elle était achevée, mais Oriana la contestait. « Oriana a insisté pour que je vienne en Italie, que je reste avec elle pour regarder la traduction, page par page. Alors, je suis allé à Florence. J'arrivais chez elle à neuf heures le matin et on commençait tout de suite, sans même se dire bonjour, jusqu'à six heures du soir. Il n'y avait rien à manger ni à boire, juste du café et de l'eau. Je me souviens du premier jour, nous avons travaillé vingt minutes uniquement sur la première ligne. J'étais choqué. J'ai compris à ce moment-là que ce qu'elle voulait obtenir, c'était son propre anglais, le *Fallaci English*, et qu'il serait difficile de la faire changer d'avis. »

Plus sa notoriété augmente et plus ses relations avec ses éditeurs deviennent difficiles, notamment avec l'italien Rizzoli.

Lorsqu'elle travaille à un roman, elle est affolée à l'idée que des informations fuitent. Elle envoie souvent ses manuscrits avec de faux titres et nom d'auteur, pour tromper les curieux. Elle recommande à un rédacteur à qui elle vient d'envoyer des textes : « Personne ne doit le voir, hormis l'employé et le compositeur. Le “personne” inclut les parents les plus proches. Le fait qu'un texte entre dans une maison n'autorise pas les étrangers à le lire. Quels qu'ils soient d'ailleurs, y compris le pape. » Elle surveille personnellement les détails de chaque livre, de la police à la couverture. Elle n'accepte de changements d'aucune sorte. Elle écrit, toujours à ce même rédacteur : « Ne touchez jamais, absolument jamais, aux retours à la ligne. C'est mon idée fixe, je les contrôle férocement même dans les traductions, et ils sont là où ils doivent être. Ni plus ni moins. Ils sont sacrés comme le saint-sacrement. »

Le moindre contretemps l'irrite, déchaînant des accès de colère devenus légendaires. Certains de ses amis sont encore tolérés chez elle, mais doivent accepter ses manières brutales. L'un d'eux se souvient d'elle à un dîner, en train de lui couper des feuilles de salade qu'il trouve trop grandes, et criant : « Toujours le même petit con capricieux, mais comment fait ta femme pour te supporter, putain ? » Le politologue Giovanni Sartori, qui l'a connue dans sa jeunesse et la retrouve à New York ces années-là, se souvient en revanche de longs dîners délicieux : « C'était une cuisinière hors pair, et quand elle était calme sous son toit, sa conversation était extraordinaire. » Oriana adore cuisiner pour ses amis, elle est surtout célèbre pour ses fritures très légères. Elle dit que même une *ciabatta*[1] est bonne si elle est frite.

1. Pain blanc contenant de l'huile d'olive. (*N.d.T.*)

C'est Sartori qui la convainc de prendre rendez-vous au Memorial Sloan-Kettering Cancer Center de New York. Après avoir cessé d'être suivie par l'oncologue qui l'a opérée en Italie en 1992, Oriana refuse tout examen, même si de nombreux symptômes révèlent que le cancer est en train de créer des métastases. Monica Fornier, oncologue italienne au Memorial Sloan-Kettering Cancer Center, se souvient bien de cette patiente : « Elle a fait une radiothérapie et une chimiothérapie, mais elle venait rarement à l'hôpital, parce qu'elle n'aimait pas ça, c'était dur pour elle, elle n'avait pas envie de sortir. C'était souvent nous, médecins, qui allions chez elle. Elle acceptait très peu de traitements et les moins toxiques, et elle n'en a pas suivi beaucoup car elle redoutait les effets secondaires. » Elle se souvient que le problème qui la souciait le plus était la propagation de la maladie à ses yeux, qui lui troublait la vue et l'empêchait de travailler. « Elle refusait l'idée d'être en permanence sous médicaments et d'une manière générale sous traitement thérapeutique. Elle disait qu'à partir du moment où une personne est sous traitement, elle est rivée à l'hôpital, aux visites, aux analyses de sang. Elle vit, en ce sens, un ersatz de vie. »

Oriana ne cache pas qu'elle a un cancer. Dès 1992, lors du premier diagnostic, elle l'a annoncé dans une interview au *Washington Post*. Un an plus tard, elle en parle devant les caméras de la télévision italienne. Elle déteste le silence qui entoure souvent ceux qui sont atteints de cette maladie en Italie : « Je ne comprends pas cette pudeur, cette aversion pour le mot cancer. En plus, ce n'est une maladie ni infectieuse ni contagieuse. Il faut faire comme ici, en Amérique, il faut le prononcer, ce mot. Avec sérénité et désinvolture, ouvertement. J'ai un cancer. Le dire comme on dirait j'ai une hépatite, j'ai une pneumonie, j'ai une jambe cassée. C'est ce que j'ai fait, ce que je fais, et ainsi, j'ai l'impression de l'exorciser. » Comme tout le reste dans sa vie, la maladie devient un combat : « Ma relation avec le cancer est un rapport guerrier, un rapport entre deux ennemis qui visent à se détruire, comme à la guerre. Il veut me tuer et je veux le tuer. Je dis lui car je suis incapable d'en parler comme d'une chose ou d'une entité abstraite, pour moi il est une créature vivante, un animal d'une autre planète, un *alien* qui a envahi mon corps pour le détruire. »

Tout en évoquant sa tumeur devant les caméras, elle allume une cigarette après l'autre. À présent que la maladie est diagnostiquée, elle a encore moins de raisons d'arrêter de fumer, dit-elle. En outre, elle est convaincue que si la tumeur se propage dans ses poumons, ce ne sera pas la faute des cigarettes mais du nuage noir qu'elle a respiré au Koweït avec l'armée américaine, quand les Iraniens en déroute mettaient le feu aux puits de pétrole.

En 1991, au moment où une coalition internationale conduite par les États-Unis s'engage dans le golfe Persique, elle revient une dernière fois au front pour voir la guerre à l'heure des moyens de communication de masse. Désormais, le commandement américain contrôle tous les mouvements des journalistes accrédités, et ce qu'elle voit est très différent de son expérience passée : « Pour une femme comme moi qui a été correspondante de guerre une bonne partie de sa vie, c'est avilissant, mortifiant, inconfortable. Ils ne veulent pas qu'on voie les morts. Au Vietnam, nous avons trop raconté. Nous avons vu trop de morts et nous les avons trop montrés, avec des mots et des images. »

La maladie est l'une des causes de sa solitude à la fin de sa vie. « Accorder des rendez-vous me perturbe car je ne sais jamais (je ne peux pas le prévoir) si je serai en forme ce jour-là », confie-t-elle dans une lettre. À New York, elle vit seule. Elle ne veut pas de femme de ménage, même si ses nombreux amis essaient de lui en procurer une. Elle n'en veut pas, pas même si celle-ci est absolument digne de confiance et qu'elle ne parle ni anglais ni italien afin de protéger le secret de son travail. Oriana déteste se montrer affaiblie par la maladie. Un jour, un journaliste italien parvient à la convaincre de le recevoir. Il arrive avec une jeune collègue. Celle-ci se souvient encore de sa surprise en voyant Oriana aussi diminuée par la maladie. « La serrure a sauté deux fois, une petite dame a surgi, jupe sous les genoux, pull bleu, bas couleur chair. Ses petits pieds et ses pantoufles en feutre m'ont touchée. Ils m'ont rappelé les campagnes toscanes et les petites vieilles que l'on rencontre dans les bourgades médiévales, assises devant le seuil de leur maison. Elle m'a pointé du doigt et a dit : "Si tu racontes que tu es venue ici, je te fais couper la tête." »

23

La rage et l'orgueil

Le 11 septembre 2001 au matin, Oriana est chez elle à New York. Comme tous les jours, elle travaille à son roman. Soudain, quelque chose l'alarme. Un silence spécial dans l'air, une étrange suspension du temps. Elle allume la télévision. Le son est coupé, mais ce qu'elle voit sur l'écran parle de lui-même. L'une des deux tours jumelles du World Trade Center est en train de brûler, après avoir été percutée par un avion. Tandis que les chroniqueurs de la télévision interrogent un témoin, un second avion s'écrase dans l'autre tour.

Le pays entier est sous le choc. Pour la première fois, le terrorisme touche les États-Unis, et de manière spectaculaire : en détruisant les gratte-ciel qui symbolisent New York avec deux avions détournés, tandis qu'un troisième tombe sur une aile du Pentagone et qu'un quatrième, se dirigeant vers le siège du Congrès, s'écrase dans un bois, les passagers s'étant rebellés. Al-Qaïda frappe l'Amérique par une attaque sans précédent, et Oriana est là, à quelques blocs d'immeubles. Elle appelle un ami policier car elle veut aller voir : « Elle m'a demandé de l'y amener en voiture, elle voulait pénétrer le périmètre du World Trade Center fermé au trafic, s'approcher. J'ai essayé de lui obtenir un laissez-passer, arguant qu'elle était écrivain et correspondante de guerre, mais ça n'a pas été possible. »

Ne pouvant se rendre sur place, elle regarde en boucle les images des tours en feu transmises par la télévision. Elle est surtout hypnotisée par la vision des personnes qui se jettent des tours pour échapper au feu et font une chute dans le vide, de plusieurs centaines de mètres de haut : « Mon Dieu, moi qui croyais avoir tout vu à la guerre. Je me considérais comme vaccinée, et en réalité, je le suis. Rien ne peut plus me surprendre. Même quand je me mets en colère, même quand je suis outrée. À la guerre, j'ai souvent vu des gens qui se faisaient tuer, mais je n'ai jamais vu des gens se jeter sans parachute depuis le quatre-vingtième, le quatre-vingt-dixième ou le centième étage. »

Ils sont nombreux, ceux qui l'appellent pour prendre de ses nouvelles. S'ils ne l'ont pas au téléphone, ils lui envoient un télégramme. Elle répond à tout le monde pour les rassurer, mais ne veut pas de visites. Elle est trop bouleversée pour parler. Elle écrit à une amie française : « Malgré les horreurs que j'ai vues à la guerre, je suis bouleversée. Et enragée comme une bête. La ville est un cimetière. À la place des bruits infernaux de New York, règne un silence glacial. Ou plutôt de cimetière. Tout s'est arrêté. Les ponts, les tunnels, les bureaux. Seuls les hôpitaux sont ouverts. Et les morgues. » Elle ressent comme siennes les blessures infligées à cette métropole verticale et frénétique qui est son foyer depuis presque un demi-siècle et qu'elle a célébrée en 1962 dans *Pénélope à la guerre*. Dans ce roman – avec la clairvoyance qu'ont parfois les écrivains –, elle avait presque préfiguré cet attentat. L'héroïne monte au sommet de l'Empire State Building de nuit, avec l'homme qu'elle aime : il lui montre un point en contrebas : « "Tu la vois, cette terrasse, en dessous de nous ? Une fois, un avion l'a effleurée. – Oh, mon Dieu ! Et elle n'a pas été détruite ? – Non. C'est l'avion qui a été détruit." »

Elle fait les cent pas chez elle pendant des jours, incapable de s'adonner à toute autre activité. Elle sait qu'elle devrait recommencer à travailler à son roman. Elle est malade, elle a peu de temps devant elle et ne réussira pas à s'y remettre si elle laisse cette irruption de l'actualité la distraire. Finalement, incapable de se calmer, elle fait une chose inhabituelle : elle téléphone en Italie à Ferruccio De Bortoli, directeur du *Corriere della Sera*. Après l'avoir écoutée s'épancher au téléphone, il lui lance une proposition : « On pourrait faire une interview, qu'en dis-tu ? » Oriana accepte, mais à condition que ce soit lui qui pose les questions.

Ferruccio De Bortoli prend l'un des premiers avions à destination de New York après la réouverture de l'espace aérien par les États-Unis. Il arrive chez elle le 15 septembre. Il n'a même pas à faire l'interview, car Oriana l'a écrite, questions et réponses, en l'attendant. Quand il lui propose de la publier sous forme éditoriale, Oriana accepte mais pose de nombreuses questions : elle veut savoir de combien d'espace elle disposera, si elle sera en première page, quelle photo l'accompagnera. Elle choisit un portrait d'elle avec les tours du World Trade Center en arrière-plan. Et un titre : « *La rabbia e l'orgoglio* », « La rage et l'orgueil ».

L'article est publié le 29 septembre dans un supplément de quatre pages du *Corriere della Sera*. Dans l'opinion publique italienne, il fait l'effet d'une nouvelle explosion. Le ton en est passionné, comme le sont toujours les textes d'Oriana, mais plus solennel, proche du sermon. Le sujet est l'attentat de New York, mais elle y accuse surtout l'Europe de faire preuve de lâcheté face à la menace de l'islam radical. Oriana loue le patriotisme des Américains et leur capacité à s'unir dans l'adversité, sentiments qu'elle ne retrouve pas chez les Italiens. L'article se conclut par ces mots : « Ce que j'avais à dire, je l'ai dit. La rage et l'orgueil me l'ont ordonné, la conscience nette et l'âge me l'ont permis. À présent je dois me remettre au travail, je ne veux plus être dérangée. Un point c'est tout. »

Elle pense se remettre à son roman, mais en réalité, ce n'est que le début dc la polémique. L'onde de choc créée par son article enclenche un mécanisme qui occupera les dernières années de sa vie. Le journal est épuisé en quelques heures. De nombreux commentateurs lui répondent les jours suivants dans *Il Corriere della Sera* et dans les autres journaux italiens, créant un vif débat. Bien vite, la controverse gagne les principaux journaux étrangers.

Trois mois plus tard, en décembre, Oriana reprend son texte dans un livre. L'ouvrage, qui sort sous le même titre, recueille les parties précédemment coupées dans le journal pour des raisons d'espace. Le succès est immédiat. En Italie, 700 000 exemplaires sont vendus en deux semaines, pour atteindre bientôt un million. Le livre est traduit en seize langues. Chaque fois, Oriana revoit les traductions, les rallonge parfois, supervisant tout elle-même.

Les accusations qu'elle reçoit pour incitation à la haine raciale et religieuse la poussent à intervenir de nouveau. Des années auparavant, elle écrivait à un collègue étranger :

« Être journaliste signifie pour moi être désobéissant. Et être désobéissant signifie pour moi, entre autres, être dans l'opposition. Pour être dans l'opposition, il faut dire la vérité. Et la vérité est toujours le contraire de ce qui nous est dit. » Les menaces proférées sur les sites islamiques la convainquent encore plus qu'elle doit continuer à dire ce qu'elle pense, sans se laisser intimider. Des années plus tôt, elle répondait ainsi à une question sur son apport personnel à la profession de journaliste : « J'espère avoir apporté avant tout le courage, car le courage est l'une de mes rares vertus, et cela, personne ne peut le nier. Je suis obsédée par le courage, physique comme moral. »

Entraînée par la polémique, elle écrit deux autres livres, tous deux publiés en Italie en 2004 – *La Force de la raison*, centré sur l'histoire séculaire de la pression islamique en Europe, et *Entretien avec moi-même. L'Apocalypse* – plus personnel –, qui, avec *La Rage et l'orgueil*, constituent une trilogie. Elle s'adresse aux Européens pour les secouer et les inciter à défendre leur identité et leurs valeurs, tel un prédicateur médiéval. En réalité, elle se choisit un autre modèle. Elle compare son éditorial au discours de l'historien italien Gaetano Salvemini, en exil à New York, qui tint en 1933 une conférence pour convaincre les Américains du danger représenté pour l'Amérique par Hitler et Mussolini. Le discours, organisé lors d'un meeting antifasciste de Giustizia e Libertà, s'était déroulé le 7 mai à l'Irving Plaza Hotel de New York. Oriana en garde le texte encadré dans son salon.

La polémique l'occupe à temps plein, et son bureau se remplit de nouveaux livres. Elle étudie l'histoire séculaire des relations entre l'islam et l'Europe avec le même soin maniaque qu'en étudiant, quelques mois plus tôt, les cadastres du XVIIIe siècle en Toscane ou le prix des trajets en diligence au XIXe siècle en Amérique. Elle regarde toutes les interviews télévisées des leaders islamiques, lit tous les documents – des résolutions européennes aux actes du Congrès sur l'islam –, suit les polémiques et les discussions suscitées en Italie par les demandes des communautés islamiques locales. Obsédée par cet unique sujet, de plus en plus affaiblie par la maladie, elle concentre dans le travail intellectuel ses dernières forces, et n'est plus que pure passion polémique. Elle écrit dans une lettre : « Je suis un désastre des pieds jusqu'aux yeux. Plus rien ne fonctionne. Mais mon cerveau, si. Il me semble même qu'il s'est amélioré, comme un vin qui vieillit bien. »

Dans les textes de la trilogie, elle reprend en fait des arguments anciens. Ses critiques de l'islam ne naissent pas le 11 Septembre. En 1960, elle a déjà dénoncé le traitement réservé aux femmes par cette religion. Ses reportages de guerre l'ont souvent mise face au mélange explosif qui peut naître de la rencontre entre politique, fanatisme religieux et analphabétisme. En 1971, elle a été particulièrement touchée par un épisode, celui des massacres perpétrés par les islamistes au Bangladesh : dans un stade, l'exécution de prisonniers, tués à coups de baïonnettes devant vingt mille fidèles qui criaient « *Allah Akbar !* » puis piétinaient les cadavres en file indienne. « Je sais, je sais, dans tous les pays d'Europe les chrétiens, ces chrétiens auxquels je reconnais, bien qu'en serrant les dents, la contribution qu'ils ont apportée à l'histoire de la pensée, s'amusaient à regarder brûler les hérétiques. Mais quelques siècles ont passé, depuis lors. »

La trilogie lui permet d'évoquer des épisodes de sa carrière de journaliste qu'elle n'a jamais décrits dans ses articles. Elle raconte comment, à Qom où elle était allée interviewer

Khomeini, elle avait été obligée de signer un contrat de mariage provisoire avec son chauffeur, parce qu'elle avait été surprise seule avec lui dans une chambre par un mollah. Elle raconte les larmes d'Ali Bhutto, le chef d'État pakistanais qui, à la fin d'une interview, lui a révélé en secret son premier mariage forcé, à treize ans seulement, avec une femme beaucoup plus âgée que lui. Ou encore la plaisanterie macabre des fedayin palestiniens qui, durant une attaque, s'étaient abrités dans un refuge antiaérien mais lui en avaient refusé l'entrée parce qu'elle était une femme, et l'avaient obligée à rester toute seule dans une baraque qui s'était révélée par la suite être un entrepôt d'explosifs.

La polémique sur la présence des vendeurs ambulants immigrés dans le centre historique de Florence est beaucoup plus personnelle. Oriana considère sa ville natale comme le noyau de la civilisation européenne et se scandalise de la voir transformée en bazar. « Je me souviens bien qu'en 1978, ils occupaient déjà le centre historique de Florence. "Mais quand sont-ils arrivés ?!?" demandai-je un jour au buraliste de la piazza Repubblica. Il écarta les bras et soupira : "Bah ! Un matin, j'ai ouvert l'commerce, et i'z'y étaient déjà tous." » Oriana se mobilise à plusieurs reprises pour empêcher que Florence ne soit le théâtre de manifestations qui mettent sa beauté en péril, par exemple quand elle essaie de bloquer un forum social destiné à attirer des dizaines de milliers de manifestants, ou bien quand elle tente de faire déplacer du centre-ville une tente installée par un groupe d'immigrés somaliens. Elle raconte à un ami florentin son dégoût devant la dégradation de la ville : « Tu vas dans le vicolo dell'Inferno, dans le vicolo del Purgatorio ou dans le vicolo della Bombarda, ils sont devenus des toilettes publiques à ciel ouvert et personne ne dit rien. »

Comme elle le fait depuis sa jeunesse, elle part en guerre, convaincue, écrit-elle dans sa trilogie, que « l'on ne peut se soustraire à la guerre, car la guerre fait partie de la vie ». Elle ne s'épargne pas, bien qu'elle soit désormais très affaiblie par la maladie. Paradoxalement, elle est capable de grands élans d'énergie, comme si, à présent, seule la force de sa volonté la maintenait debout. Ayant achevé l'édition américaine de *La Rage et l'orgueil*, après l'habituel marathon des révisions et corrections d'épreuves, elle raconte dans une lettre : « L'éditeur qui est venu exprès à New York, jeune et robuste pourtant, s'est évanoui le dernier soir. »

Elle écrit des articles, des lettres ouvertes, fait des interventions publiques. Ses positions sont surtout reprises en Italie par les journalistes de droite, qui la revendiquent comme leur icône. Ils semblent loin, les temps où on la traitait de communiste en Amérique, et où elle affirmait dans une interview : « Je suis, comme on dit, une personne de gauche. Je ne connais pas la signification de ces mots stupides d'aujourd'hui – de droite, de gauche, toutes ces conneries –, mais ce qui est certain, c'est que je suis très soucieuse de la liberté. » En effet, elle défend ses idées et avant tout le droit de les exprimer. Elle est convaincue depuis toujours qu'empêcher quelqu'un de parler relève du fascisme. « Le fascisme n'est pas une idéologie, c'est un comportement », dit-elle.

Une fois qu'elle en a terminé avec la trilogie et ses traductions, elle s'attelle de nouveau à son roman familial, qui a pris beaucoup de retard : « Bien que je ne quitte jamais cette table, il avance plus lentement qu'un voilier qui navigue contre le vent. Je crains souvent de finir moi-même avant le livre. Je suis un écrivain trop lent, trop exigeant. » Elle passe ses journées à écrire, bien que ses problèmes de vue causés par les métastases l'empêchent de voir correctement les touches de la machine à écrire. Elle sait qu'il lui reste peu de temps, ce qui la rend frénétique. Une amie se souvient qu'elle ne sortait plus de chez elle, par peur de ne pas réussir à terminer le livre. « Elle m'appelait de temps en temps, je lui disais : "On se voit ?" Et elle : "Non, non, je ne peux pas, j'écris, j'écris, ne me distrais pas." »

Presque plus personne n'entre chez elle, en raison de l'interdiction de l'interrompre et de son célèbre mauvais caractère. « Je ne réponds pas au téléphone, et si quelqu'un me cherche, je mords », écrit-elle à un journaliste qui lui demande son numéro personnel. À présent, elle endosse le personnage de la femme agressive et intraitable. Pourtant, chaque fois, elle trouve cette image grotesque et en est profondément blessée. Des années auparavant, elle a raconté dans une interview : « Je me souviens qu'un soir, je regardais la télévision avec papa, et sur l'écran Maurizio Costanzo interviewait Ambrogio Fogar[1]. "Monsieur Fogar, avec qui voudriez-vous faire le tour du monde sur votre bateau ? – Avec une seule personne : Oriana Fallaci", a aussitôt répondu Fogar. "Et pourquoi ?" a demandé Costanzo. "Parce qu'elle est courageuse", a déclaré Fogar. "Mais enfin, elle est méchante, la Fallaci, elle est méchante !" a commenté Costanzo. Papa s'est mis en colère. J'étais effarée. »

---

1. Maurizio Costanzo : célèbre journaliste et présentateur télé ; Ambrogio Fogar : navigateur, explorateur et écrivain italien. (*N.d.T.*)

Elle ne nie pas avoir de nombreux défauts : « Je suis trop querelleuse, agressive, et je ne pardonne jamais. Je ne sais pas pardonner. Jamais ! Je ne sais pas oublier. Jamais ! C'est un gros défaut. Et parfois, j'aime me venger. Et je le fais. C'est vraiment un gros défaut, même si j'agis ouvertement, comme les chiens qui aboient avant de mordre. » Et encore : « Je ne souris que lorsque j'en ai envie, je ne parle que lorsque j'en ai envie, et quand je parle, je dis toujours ce que je pense. » Elle est la première à admettre ne pas s'aimer beaucoup, mais elle dit qu'elle se respecte : « Malgré tous ces défauts, je suis quelqu'un de vraiment honnête. Et c'est cela qui compte. Je ne tire jamais la première, jamais. Je tends toujours la main la première. Par contre, si on me la mord, alors oui, je tue. Mais n'est-ce pas humain ? Je n'ai rien à cacher, rien. Il n'est rien dont je puisse avoir honte. Rien. Je ne me suis jamais vendue, ni moralement ni physiquement. »

« Je connais peu de personnes fortes comme moi », a-t-elle écrit dans une note destinée à une interview. Elle se raconte depuis toujours, dans ses articles, ses livres et ses interviews, et a choisi de se dépeindre en femme forte. Élevée comme un soldat, elle a décidé de ne montrer au monde qu'une certaine facette d'elle-même, renonçant à révéler sa part de fragilité, affamée de tendresse. Même les personnes les plus proches d'elle admettent sa profonde complexité. « C'est l'être à la fois le plus simple et le plus compliqué que j'aie jamais rencontré, le plus ouvert et le plus mystérieux », écrit d'elle sa sœur Paola, qui a expliqué mieux que quiconque comment Oriana se dévoile en se cachant. En une heureuse métaphore, elle dira que cette sœur, célèbre dans le monde entier, est un livre ouvert mais écrit en chinois. Oriana parle beaucoup, elle est extravertie en apparence, mais en fait, elle se cache derrière ses mots mêmes. Elle ne raconte d'elle que ce qu'elle veut, toujours les mêmes épisodes, et construit un mur qui la protège de la curiosité des autres. « Plus je parle, et moins j'en dis. Je m'enferme à clé en moi-même », admet Oriana devant une intervieweuse américaine.

Le stéréotype de la femme irascible et intraitable est toujours repris par les journalistes italiens, parfois jusqu'à la caricature. Ce qui n'est peut-être pas un hasard, comme l'observe l'un de ses collègues après sa mort : « Même les honneurs qu'on lui rend semblent différents de ceux qui se rapportent aux "grands hommes", morts ou vivants, de notre journalisme. Chez Oriana, on célèbre son côté exceptionnel, sa personnalité, outre son caractère et son imprévisibilité. Mais personne, personne, même les plus ouverts de ceux qui l'estiment, n'est disposé à reconnaître son autorité. Elle le savait, et c'était justement cela qui la blessait. Oriana a été le plus grand élément révélateur du machisme du journalisme italien. Elle, une star internationale, à qui le *Washington Post* avait établi un contrat exclusif pour l'Amérique, a été dépeinte en Italie comme une folle, une ratée et, les dernières années, comme une vendue à la droite. »

Oriana sait bien que tout le monde n'apprécie pas que le journaliste italien le plus célèbre au monde soit une femme : « Il y a des années, on m'a attribué un prix que je n'ai pas pu retirer personnellement, car j'étais alors en train de couvrir la guerre au Bangladesh. Alors, j'ai délégué un collègue masculin pour le faire, et quand il s'est levé, une voix féminine a lancé avec acrimonie : "Je le disais bien que la Fallaci est un homme !" Mais quand je l'ai appris, cela ne m'a pas fait rire du tout. Au contraire, j'étais offensée. »

La dernière année de sa vie, pour elle, seul existe son roman. Elle ne sort presque plus de chez elle. Elle écrit, relit, peaufine, et le soir, elle téléphone à quelques amis, les réveillant à cause du décalage horaire s'ils se trouvent en Italie. L'une des rares personnes à avoir accès à sa ligne directe est l'archevêque Rino Fisichella, alors recteur de l'Université pontificale du Latran. Leur amitié est aussi soudaine que profonde. C'est elle qui prend l'initiative de le contacter en juin 2005, après avoir lu un article dans lequel Fisichella a pris sa défense. « Vous m'avez émue », lui écrit-elle sans préambule. Comme chaque fois qu'une personne la touche, elle est prête pour une amitié immédiate : « Me voici, à moitié aveugle, sèche comme une brindille, mais me voici. » Tout devrait les séparer, surtout leurs idées sur la foi, mais pourtant, entre eux, débute une correspondance très dense et affectueuse.

Oriana ne lui cache pas sa part sombre, qui progresse à cause de la maladie : « J'ai aussi des moments de dépression glaciale, c'est vrai. Surtout la nuit quand, au lieu de dormir, je réfléchis à ce que j'aurais dû faire et n'ai pas fait, à ce que je méritais d'avoir et n'ai pas eu. » Elle lui parle de son roman inachevé : « Ce livre qui dort dans la commode de la chambre bleue au quatrième étage. Maudit 11 Septembre, maudit islam, maudite moi. » Elle l'invite à venir la trouver : « La maison est charmante, sympathique, assez démodée pour une personne à contre-courant comme moi, mais offrant l'avantage d'une intimité à l'épreuve du feu. En effet, personne ne sait où j'habite. Pas même le facteur, qui se trompe toujours en distribuant le courrier. Dans les maisons voisines, personne ne sait qui je suis, je n'adresse la parole à personne et personne ne me l'adresse. »

Elle apprécie, chez Fisichella, son optimisme et sa culture. Plus elle correspond avec lui, plus certains palais du Vatican lui apparaissent comme « une oasis de civilisation dans la barbarie ». Elle découvre avec surprise que dans ce minuscule État théocratique, on conserve des us et coutumes d'autres temps, et des rites millénaires qui la touchent. Elle se définit comme une athée chrétienne, car elle apprécie le patrimoine culturel du christianisme. Tout dans ses racines la ramène à cette religion : « J'ai grandi dans un paysage d'églises, de couvents, de christs, de madones et de saints. La première musique que j'ai entendue en venant au monde était celle des cloches. »

Elle sera toujours fière de sa naissance au son des cloches du Duomo de Santa Maria del Fiore, la cathédrale de Florence, détail récurrent dans ses écrits et interviews. Elle admet aussi que le message du Christ la fascine : « Le christianisme est vraiment une irrésistible provocation. Un pari éclatant que l'homme fait avec lui-même. » Mais, concernant la foi, elle a ses idées depuis toujours, et en changer à l'approche de la fin lui semblerait une lâcheté : « Vivre est très difficile, mourir est toujours désagréable, et l'idée d'un Dieu qui aide à affronter ces deux entreprises peut procurer un soulagement infini, je le comprends bien. De fait, j'envie ceux qui croient. Parfois, j'en suis carrément jalouse. »

Avec l'aide de Fisichella, elle parvient à rencontrer le pape Benoît XVI, pour lequel elle a une grande estime. « J'adore Ratzinger, non seulement parce que c'est un homme cultivé et intelligent, mais aussi parce qu'il a des couilles. Il est le seul, par exemple, à avoir pris une position claire au Vatican contre les prêtres pédophiles aux États-Unis. Et le seul, que je sache, qui défende l'Occident. En fait, j'aime tout de lui. Même son visage et sa drôle de voix de grand-mère bienveillante mais prête à balancer des gifles. » Depuis longtemps elle lit ses discours et ses livres, et rêve de le rencontrer. Elle ne pense pas à une interview – elle est trop fatiguée – mais à une rencontre privée. Elle confie, dans une lettre à un confrère : « Mis à part que pour interviewer Ratzinger il faille dix diplômes en philosophie et onze en théologie, sans parler de longues recherches scrupuleuses, j'ai toujours imaginé un égoïste tête-à-tête, c'est tout. Pour lui exprimer ma gratitude et ma sympathie. Pour lui dire que, grâce à lui, je me sens moins seule. »

La rencontre avec Benoît XVI a lieu le 27 août 2005 à Castel Gandolfo, la résidence estivale du souverain pontife. Elle est entourée du plus grand secret et soigneusement préparée. Oriana ne voyage presque plus, pour des raisons de sécurité mais surtout de santé. Elle écrit à Fisichella : « Je dois venir quelques jours avant. Parce que voyager m'éreinte. Depuis presque huit mois, soit depuis que mon état a empiré, je ne sors de chez moi que pour me rendre à l'hôpital, qui n'est qu'à cinq blocs de ma *brownstone*. Quand je rentre chez moi, je titube comme un brin d'herbe fané. Après huit heures d'avion, j'aurai besoin de me reposer au moins quarante-huit heures. Et encore. Je ne suis pas tire-au-flanc, mais une bête de somme qui supporte les charges et la douleur physique avec un louable stoïcisme. À l'hôpital, on m'appelle "le fakir". » La nouvelle ne fuite que trois jours après, et se retrouve dans tous les journaux italiens. L'écrivain devenue le porte-drapeau de la guerre à l'islam et le pape de la religion de l'amour, la grande athée et le guide spirituel : les titres se divisent entre stupeur et polémique. Sur le contenu de cette rencontre, en revanche, rien ne filtrera.

Les derniers mois de sa vie sont intégralement consacrés à sa préparation à la mort. Elle avance le plus possible le manuscrit du roman et laisse des directives précises pour la publication de ses livres posthumes. Pour *Un cappello pieno di ciliege*, elle insiste pour que le titre italien respecte l'orthographe toscane qu'utilisait sa mère sur les bocaux de confiture de cerise maison. Elle règle les questions d'argent et de succession, établissant son testament en faveur de son neveu Edoardo, donnant ses livres anciens à l'Université du Latran dont Fisichella est le recteur. Elle prend ses dispositions pour ses funérailles, qu'elle veut privées et laïques, et pour sa sépulture, qu'elle souhaite au côté de ses parents, dans le cimetière évangélique des Allori, le cimetière des étrangers qui ont aimé Florence, sur les collines en dehors de la ville.

Elle prépare tout dans les moindres détails. Elle veut qu'on la revête d'une certaine robe, qu'on pique sur sa poitrine une broche de l'époque napoléonienne, qu'elle mettait souvent, jeune, pour ses interviews des hommes d'État : « Pour inspirer la crainte », disait-elle en souriant malicieusement. Et surtout, elle répète qu'elle veut mourir à Florence, dans une chambre dont la fenêtre donne sur la coupole de Brunelleschi et le campanile de Giotto. Elle rêve que les cloches des églises de sa ville sonnent pour la saluer. Elle adore leur sonorité, qui remplit l'air de coups joyeux. Elle écrit, dans une lettre à Fisichella : « J'aime le son pascal des cloches. Si j'étais un roi, j'ordonnerais de faire carillonner les cloches tous les jours. »

Je n'ai jamais compris la mort. Je n'ai jamais compris ceux qui disent que la mort est normale, que la mort est logique, que tout finit et que donc, moi aussi. J'ai toujours pensé que la mort est injuste, que la mort est illogique, et que nous ne devrions pas mourir du moment que l'on naît.

L'avion atterrit à Florence le 4 septembre 2006, au petit matin. Tandis qu'il manœuvre, les personnes qui accompagnent Oriana s'activent autour d'elle. Elle n'a pas la force de se lever seule de son siège. Elle tourne lentement la tête et regarde par le hublot. Elle cligne des yeux. Ces derniers temps, sa vue se brouille et elle a l'impression d'être en permanence enveloppée dans un brouillard.

Elle voit s'avancer une ambulance sur la piste. Elle lui rappelle l'une des jeeps qui, des années auparavant, circulaient sur le tarmac à Saigon, entre les avions-cargos militaires et les sacs de sable. Elle a peur de voler, elle a toujours eu cette peur. Et elle a peur de mourir. Mais, face au danger, elle n'a jamais reculé. Elle devine la porte de l'avion qui s'ouvre, et se prépare à sortir. Elle part à la guerre, une dernière fois.

Elle meurt durant la nuit du 14 au 15 septembre, dans une chambre de la clinique Santa Chiara de Florence. Par la fenêtre, on aperçoit toute la ville. Les cloches de la cathédrale carillonnent tandis que son cercueil quitte l'édifice.

Sources

Ouvrages sur Oriana Fallaci

Santo L. Aricò (éd.), *Contemporary Women Writers in Italy : a Modern Renaissance*, University of Massachusetts Press, Amherst, 1990.
Santo L. Aricò, *Oriana Fallaci : the Woman and the Myth*, Southern Illinois University Press, Carbondale, 1998.
Alessandro Cannavò, Alessandro Nicosia et Edoardo Perazzi (dir.), *Oriana Fallaci : intervista con la storia*, Rizzoli, Milan, 2007.
Umberto Cecchi, *Oriana Fallaci. Cercami dov'è il dolore*, Mauro Pagliai Editore, Florence, 2013.
Daniela Di Pace, Riccardo Mazzoni, *Con Oriana*, Le Lettere, Florence, 2009.
Maria Giovanna Maglie, *Oriana*, Mondadori, Milan, 2006.
Riccardo Mazzoni, *Grazie Oriana*, Società Toscana di Edizioni, Florence, 2006.
Riccardo Nencini, *Oriana Fallaci : morirò in piedi*, Edizioni Polistampa, Florence, 2007.
John Gatt-Rutter, *Oriana Fallaci : the Rhetoric of Freedom*, Berg Publishers, Oxford, 1996.
Aldo Santini, *Lavorando con l'Oriana Fallaci*, Debatte Editore, Livourne, 2008.

Oriana, une femme libre

Ouvrages d'Oriana Fallaci

I sette peccati di Hollywood, Longanesi, 1958.

Le Sexe inutile, voyage autour de la femme (Il sesso inutile), trad. Frances de Dalmatie, Julliard, 1961.

Pénélope à la guerre (Penelope alla guerra), trad. Claude-Antoine Ciccione, La Table ronde, 1963.

Se il sole muore, Rizzoli, 1965.

Témoignage sur le Nord-Vietnam, une journaliste italienne parle, Imprimerie Cocconier, 1969.

Les Abusifs (*Gli antipatici*), trad. Henriette Valot, Buchet-Chastel, 1969.

La Vie, la guerre et puis rien (Niente e così sia), trad. Jacqueline Remillet, Robert Laffont, 1970.

Quel giorno sulla Luna, Rizzoli, 1970.

Entretiens avec l'Histoire (Intervista con la storia), trad. Marianne Véron, Flammarion, 1975.

Lettre à un enfant jamais né (Lettera a un bambino mai nato), trad. Charlotte Wagner, Flammarion, 1976.

Dedicato a Pier Paolo Pasolini, Grammalibri, 1976.

Un homme (Un uomo), trad. Bruno Granozio et Denis Bourgeois, Grasset, 1981.

Inchallah (Insciallah), trad. Victor France, Gallimard, 1992.

La Rage et l'orgueil (La rabbia e l'orgoglio), trad. Victor France, avec la coll. de l'auteur, Plon, 2002.

La Force de la raison (La forza della ragione), trad. Victoire Simon, Éd. du Rocher, 2004.

Entretien avec moi-même. L'Apocalypse, trad. Victoire Simon, Éd. du Rocher, 2007.

Un cappello pieno di ciliege, Rizzoli, 2008.

Remerciements

« Je n'ai jamais autorisé et n'autoriserai jamais une biographie sur moi. Je te l'ai dit mille fois. Mes avocats ont toujours arrêté ceux qui voulaient écrire ma biographie, l'histoire de ma vie et de ma famille. Tu en connais les raisons. Premièrement, je ne confierai jamais à quelqu'un d'autre l'histoire de ma vie ; deuxièmement, les biographes sont des traîtres au même titre que les traducteurs qui, de bonne ou mauvaise foi, se trompent toujours ; troisièmement, je suis obsédée par le respect de ma vie privée. » Voilà ce que répondait Oriana dans les années quatre-vingt-dix à un chercheur américain qui voulait écrire sa biographie. Il est certain qu'elle aurait désapprouvé ce livre.

En effet, au début, elle m'a fait la guerre, bien qu'elle ne fût plus de ce monde. Elle a visité mes nuits. Moi qui ne rêve jamais, j'ai fait des cauchemars terribles pendant des années. L'un en particulier était récurrent. Oriana m'insultait en criant que je ne comprenais rien, puis me montrait son journal. Mais quand je m'approchais pour le lire, les mots se décoloraient comme s'ils étaient plongés dans l'eau. Le jour, ça n'allait pas mieux. Le matériel issu de ses archives révélait des lacunes. De nombreuses personnes refusaient de me rencontrer, car autour d'Oriana abondent les querelles, les jalousies et les rancœurs. Ceux qui me rencontraient avaient des souvenirs que l'âge rendait souvent confus et contradictoires. La vie de cette femme qui a tant parlé d'elle-même se révélait une longue série de vides. Je commençais à comprendre qu'Oriana avait toujours et seulement raconté certains moments de son existence, en se cachant derrière un mur de mots.

J'ai décidé de m'inspirer de sa ténacité proverbiale. J'ai baissé la tête et suis allée de l'avant pendant des années, un pas après l'autre, comblant les vides, croisant les informations, confrontant les lettres et les récits des témoins. Je devais saisir la trame de cette longue vie exposée aux feux de la rampe, et pourtant secrète. Et je savais que cette part d'inconnu, je devais la chercher dans sa vie privée. Je devinais des failles : les origines modestes, sa relation avec sa mère, la contradiction entre fragilité intérieure et agressivité extérieure, l'obsession pour les racines, le jeu de miroirs continuel entre la vie et l'œuvre. Enfin, une nuit, j'ai fait un très beau rêve, dans lequel elle n'était plus en colère. Elle n'était peut-être que très faible, et certainement très vieille. Je la soulevais dans mes bras et elle était légère comme une plume. Je lui murmurais à l'oreille : « Oriana, si tu me promets de ne plus te fâcher contre moi, je prendrai soin de toi. » L'écriture a commencé à ce moment-là et s'est révélée étonnamment rapide.

Comme je ne l'ai jamais rencontrée, je l'ai cherchée dans son œuvre. J'ai lu tout ce qu'Oriana a publié, articles et livres, plusieurs fois, car elle est tellement présente dans ce qu'elle écrit que cela revenait à la fréquenter. Grâce à de nombreux documents inédits fournis par ses héritiers, j'ai consulté ses agendas, regardé ses photos et lu ses poèmes, sa correspondance et ses notes. J'ai interviewé de nombreuses personnes, prenant chez chacune un fragment qui, utilisé directement ou indirectement, a contribué à la narration. Beaucoup demandaient à ne pas être citées, et j'ai respecté cette requête à la lettre. J'ai donné le moins de noms possible, afin que le récit de la vie de cette femme qui a connu tout le monde puisse se concentrer exclusivement sur elle.

Remerciements

J'ai délibérément choisi de n'interviewer aucun journaliste italien : les relations entre Oriana et le journalisme de son pays composent un sujet si vaste et si complexe qu'il mériterait un livre à part entière. Chaque biographe réinvente son personnage, et travaille avec le matériel à sa disposition. Les erreurs sont possibles, et si j'en ai commis, je m'en excuse auprès de ceux qui les identifieront et auprès des lecteurs. J'ai essayé d'être le plus rigoureuse et discrète possible : en m'approchant, en écoutant. Quelqu'un fera peut-être mieux un jour. Des sources encore cachées ou qui me sont inaccessibles se révéleront à l'avenir. L'histoire d'Oriana ne s'arrête sûrement pas ici.

Je remercie Edoardo Perazzi, héritier d'Oriana, et sa femme Alessandra Ricci, qui m'ont immédiatement accordé leur confiance ; Roberto Santachiara, mon agent, qui m'encourage et me soutient depuis toujours ; Paolo Zaninoni, directeur éditorial de la maison d'édition Rizzoli, qui a parrainé le projet ; Giorgio Boatti, ami et écrivain, qui m'a nourrie de ses *manincaretti* lorsque j'arrivais chez lui tard le soir, affamée, après des heures d'écriture, et qui a vérifié avec un soin d'historien les différents passages de la biographie. Je remercie particulièrement Gabriela Jacomella et Sara Galinetto, les deux extraordinaires collaboratrices qui m'ont aidée dans mes recherches, respectivement aux États-Unis et en Italie, et sont devenues mes amies. Je tiens également à citer Daniela Di Pace, assistante et amie d'Oriana qui, dès notre première rencontre, assise sur son divan, m'a écoutée avec une grande générosité : j'ai compris pourquoi Oriana, qui s'est disputée avec tout le monde, ne s'est jamais disputée avec elle.

Je remercie enfin les nombreuses personnes qui ont accepté de m'aider et de partager des informations et des souvenirs sur Oriana : Rino Fisichella, François Pelou, Chantal Clappier, Isabella Rossellini, Jane Dreyfus, Monica Fornier, Paolo Klun, Mirella Florita, Alessandro Cannavò, Jonathan Burnham,

Katherine Benvin Quinn, Shirley MacLaine, Vita Paladino, Francesca Tramma, Eleonora Vallone, Fabiola Rocha, Giorgio Boccolari, Barbara Zaczek, Ben Bradlee, Bruno Coppi, Christiane Amanpour, Daniel Pipes, Dolly Borgia, Dominic Di Frisco, Francesca Forcella, Howard Modlin, Janet Levy, Jim Lovell, Jurat Kazickas, Maria Campbell, Maristella Lorch, Marta Lotti, Martin Peretz, Mauro Lucentini, Megan Kashour, Nan Talese, Norman Alexandroff, Patricia Volante, Robert Spencer, Sandro et Anna Fioriti, Scott Manning, Tony D'Angelo, Tunky Varadarajan, Alberto Vitale, Adina, Naomi et Michelle Kohan, Sirio Maccioni, Alberto Vacchi, Arrigo Brandini, Tommaso Marroncini, Paola Kennealy, Renata Brasca, Piero Gelli, Paola Locchi, Giovanna Govoni Salvadore, Andrea Salvadore, Francesca Della Monica, Maria Luisa Marcolin, Simonella Condemi.

Parmi les institutions qui m'ont ouvert leurs archives, je voudrais rappeler en particulier RCS Media Group qui a été pendant des décennies la maison d'édition d'Oriana, ses dirigeants ainsi que la fondation *Corriere della Sera* qui conserve les archives professionnelles d'Oriana Fallaci. Je remercie en outre le Howard Gotlieb Archival Research Center de l'Université de Boston, les archives Cesare Zavattini au sein de la bibliothèque Panizzi de Reggio Emilia, les archives historiques de l'Université de Florence, l'institut d'État d'Études supérieures Niccolò Macchivelli de Florence, l'Institut historique de la Résistance en Toscane, l'Ordre des journalistes de Toscane, les archives contemporaines Alessandro Bonsanti au sein du Cabinet G.P. Vieusseux de Florence, la bibliothèque centrale de Florence, les archives du XXe siècle de l'Université La Sapienza de Rome, l'office de l'état civil de Florence, la fondation Carlo Cassola au sein de la surintendance des archives de Toscane, la fondation Sandro Pertini de Florence, la fondation Pietro Nenni de Rome.

Je remercie enfin le chêne du jardin de la société Canottieri Ticino de Pavie, mon club sportif sur la rive du fleuve, où j'ai écrit ce livre au cours de trois longs étés italiens. Cet arbre m'a offert avec générosité son ombre, sa fraîcheur et le son merveilleux de ses frondaisons ondoyantes. Un jour que je m'obstinais à écrire malgré la menace de l'orage, il m'a fait tomber une branche sur la tête, peut-être pour m'avertir de quelque chose. Je me suis contentée de cacher la branche, par peur qu'il ne vienne au jardinier l'idée de le tailler, comme le font malheureusement les hommes, empêchant les arbres de se développer selon leur propre voie : en suivant toujours, mystérieusement, la ligne de la plus grande beauté. Je suis obsédée par les arbres, tout comme l'était Oriana. J'ai découvert avec émotion que nous avons ce point commun. Il n'y en a pas beaucoup d'autres. Contrairement à elle, par exemple, qui voyait la politique partout et disait en riant : « Je n'ai jamais écrit de livre de cuisine, mais je suis certaine que si j'en écrivais un, je le transformerais en livre politique », je suis totalement apolitique. Mon unique expérience en ce sens fut, enfant, de participer à une chaîne humaine avec les habitants de mon quartier pour empêcher qu'on abatte plusieurs arbres. Malheureusement, cela ne servit à rien. Je rêve que, quelque part, quelqu'un plante un arbre, ou en défende un en danger, en souvenir d'Oriana.

Index

Table

DU MÊME AUTEUR

Belinda et le monstre
Vie secrète de Cristina Campo
Éditions du Rocher, 2006

Aventurières américaines
Éditions Anatolia, 2008

Composition Nord Compo
Impression CPI Bussière en février 2015
Éditions Albin Michel
22, rue Huyghens, 75014 Paris
www.albin-michel.fr

ISBN : 978-2-226-31273-0
N° d'édition : 21392/01 – N° d'impression : 2013749
Dépôt légal : mars 2015
Imprimé en France